원칙중심 회계

: 부 딪 혀 야 빛 을 낸 다

한국회계학회

한종수(대표저자)

김응길·박종성·송민섭

이영한·조성표·한승수

신영사

[추천사]

보다 유용한 정보를 위하여

김의형

(한국회계기준원 원장)

국내에서 회계기준이 처음 제정된 이후 약 60여 년이 지났습니다. 1958년 재무부가 "기업회계원칙"을 제정·발표한 후 60여 년간 회계기준은 수많은 변화와 개편을 겪었습니다. 그중 가장 중요한 변화로 한국회계기준원의 설립을 통한 기준제정기구의 변경과 국제회계기준(IFRS)의 도입, 두 가지를 들 수 있습니다.

1999년 회계기준원의 설립은 IMF로 대표되는 선진국들의 강력한 권고에 의한 것입니다. 반면에 2011년 IFRS의 도입은 외부의 제안이나 강권에 의한 것이 아닙니다. 또 선진국들의 제도를 단순히 벤치마킹하거나 모방하여 도입한 것도 아닙니다. IFRS의 도입은 이를 통해 예상되는 다양한 혜택을 고려한 전략적 결정입니다. IFRS 도입을 결정한 2007년 당시 한국의 자본시장은 이미 규모나 질적인 특성에서 성숙한 시장의 면모를 갖추고 있었습니다. 이런 모습의 우리 자본시장을 더욱 성장시키고 국제화하기 위해서 시장에 상장된 기업들의 재무보고에 IFRS를 적용하는 것이 필수적이라는 판단하에 IFRS를 도입한 것입니다.

IFRS를 도입하고 국내 기업들에 적용함으로써 얻은 혜택은 다각적입니다. 기업들이 전 세계 투자자 누구라도 이해할 수 있는 기준에 따라 재무보고를 하게 됨으로써 기업정보의 가시성이 높아졌습니다. 또 전 세계 모든 기업과 동일한 수준의 정보를 제공함으로써 기업 간 및 산업 간 국제적인 비교가 가능하게 되었습니다. 하지만 그보다 더 중요한 혜택은 "보다 유용한 정보"의 생산과 전달입니다. IFRS가 다른 어떤 기준보다도 기업의 "경제적 실질"을 더 충실히 보여줄 수 있도록 설계되어 있기 때문입니다. IFRS는 재무제표의 작성자인 기업이 자신의 경제활동이나 그 성과를 보고함에 있어서 스스로 판단하고 결정할 수 있도록 재량권을 부여함으로써 기업에 경제적 실질을 보다 충실히 표현할 수 있는 기회를 제공합니다.

반면에 IFRS의 도입으로 상당한 사회적 비용을 지불해 온 것도 사실입니다. 그 비용 중에는 종전의 회계기준을 포기하고 IFRS로 전환하는 데 소요된 인적 또는 물적 비용도 포함되어 있고 IFRS의 적용이 정부 정책 목적과 충돌할 때 발생하는 사회적 비용도 포함되어 있습니다. 하지만 이에 못지않게 부담스러운 비용이 회계기준 자체의 어려움입니다. IFRS 기준서를 이해하고 적용하기 어렵다는 사실에 많은 분들이 공감합니다. 회계기준서의 서술 자체가 서양식 언어구조와 문장구조로 되어 있어 우리에게는 생소합니다. 또 회계기준 제정에 참여한 다수 저자들의 문화적 배경이나 논리 전개방식이 우리와 다르기 때문에 어렵기도 합니다. 그러나 IFRS의 이해와 적용을 어렵게 하는 보다 중요한 이유는 IFRS가 "원칙중심"의 회계기준이기 때문입니다.

원칙중심 회계란 회계기준을 제시함에 있어 구체적이고 개별적인 규칙이나 지침을 제공하지 않고 원칙만을 제공하는 회계의 방법을 말합니다. 중요한 행사의 초대장에 "참석시 품위 있는 복장을 갖추어 달라"라는 요청이 있다면 무척 난감할 것입니다. 정장을 요구하든지, 검은색의 옷을 입으라든지, 넥타이를 착용하라든지 구체적인 지침에 익숙한 우리로서는 "품위 있는 복장"이 무엇인지 알기도 어렵고 판단에 어려움을 겪을 것입니다. 하지만 색과 모양이 똑같은 일사불란한 복장보다는 각자가 최선을 다한 품위 있는 복장이 행사를 더 품위 있게 할 수 있다는 믿음이 "원칙중심"의 철학이 아닐까 생각합니다.

한국회계학회는 지난 1년간 IFRS의 실제 적용상 문제점들을 "원칙중심 회계"의 관점에서 매우 정밀하게 관찰하고 분석하였습니다. 그리고 발견된 문제점들에 대한 평가와 함께 이를 해결하기 위한 방안들을 광범위하게 검토하였습니다. 이 자료집은 이런 노력의 과정과 결과를 종합적으로 정리한 완성품입니다.

누구도 시도하지 못했던 방대한 연구를 주저 없이 맡아서 진행하고 놀라운 성과를 내놓으신 한국회계학회의 모든 연구진분들께 고개 숙여 감사드립니다. 연구결과는 다섯 번의 세미나를 통해 상세하게 전달되었고 진지하게 토론된 바 있습니다. 그리고 이렇게 연구자료로 완성되기에 이르렀습니다.

연구와 세미나 그리고 자료집이 나오기까지 전 과정을 시종일관 주도하신 한종수 교수님, 아낌없는 지원을 보내주신 한국회계학회의 조성표 전임 회장님, 정석우 회장님께 특별한 감사를 전합니다.

2020년 4월

[추천사] 전문가판단 존중이 IFRS의 핵심

최중경

(한국공인회계사회 회장)

빅뱅방식(Big bang approach)에 의한 국제회계기준의 도입 후 10여 년이 지난 시점이지만 여전히 원칙중심 회계 적용의 어려움이 사회 각 분야에서 언급되고 있습니다. 회계투명성 향상을 위한 원칙중심 회계의 도입이 과연 그 효과를 발휘하고 있는지 의구심을 표시하는 전문가들도 존재합니다. 이러한 시점에 한국회계학회에서 원칙중심 회계에 대한 다양한 이해관계자들의 시각에서 연구를 진행하고 그 결과물로 이 책자를 발간하게 되어 시의적절하다고 생각됩니다.

국제회계기준을 도입하였지만 현장에서는 과연 원칙중심 회계가 의미하는 바가 무엇인지, 기존과 무엇이 달라졌는지 체감하지 못하는 경우도 많은 것으로 보입니다. 결과적으로 원칙중심 회계가 추구하는 정신을 제대로 홍보하지 못했던 것 같습니다.

이 책은 원칙중심 회계가 무엇인지, 원칙중심 회계로 인하여 발생하고 있는 문제점들이 무엇인지, 이를 위하여 각 이해관계자들이 취해야 하는 자세나 방법론이 무엇인지를 제안하고 있습니다.

원칙중심 회계는 기준서가 제시하는 원칙 범위 내에서 회사의 경제적 실질을 나타내는 것입니다. 이를 위해서는 회사의 경영진이나 회계

전문가의 판단이 반드시 필요하며, 이러한 전문적인 판단은 존중되어야 합니다. 예를 들어 자산평가에 있어 사실, 논리적 연계, 수리모형에 결함이 없는 한 평가 결과가 전문가에 따라 차이가 있어도 각각 존중되어야 하는 것입니다. 따라서 전문가끼리 서로의 판단을 존중하는 자세가 반드시 필요하며, 금융당국과 사법당국에서도 이러한 전문가의 판단을 존중하여 원칙중심 회계가 올바르게 정착될 수 있도록 지원하여야 할 것입니다.

국제회계기준은 'a single set of high quality, global accounting standards'입니다. 그러나 이는 반드시 모든 기업이 회계기준을 획일적으로 적용해야 한다는 의미보다는 회계사건의 실질을 제대로 보여주는 데 그 의미가 있다고 생각됩니다. 따라서 전문가들이 집단지성을 발휘하여 해당 국가와 산업의 특성을 반영할 수 있는 회계기준의 적용을 선도해야 할 것입니다. 이를 위해서 금융당국, 한국공인회계사회와 한국회계기준원이 어떠한 역할을 할 수 있는지도 심도 있게 고민해봐야 할 것으로 생각됩니다.

오랜 기간의 연구와 수차례에 걸친 세미나 등을 통한 결과물인 이 책자가 원칙중심 회계의 정착을 위해 노력하는 정부기관과 기업, 학계와 회계업계 모두에게 큰 도움이 될 것이라고 생각합니다. 이 책이 앞으로 원칙중심 회계를 제대로 정착시키는 데 중요한 밑거름이 되기를 기대합니다.

2020년 4월

[추천사] 원칙 있는 '원칙중심 회계' 정착을 위한 과제

정구용

(한국상장회사협의회 회장)

지난 2011년 상장회사와 금융회사를 중심으로 IFRS가 전면 도입된 이후 원칙중심 회계의 특징으로 인하여 시장에서 많은 혼란이 있었습니다. 하지만 기업, 감사인, 당국은 IFRS가 연착륙될 수 있도록 최선을 다해 각자의 역할을 수행해 왔습니다.

그런데 2018년 신외감법이 시행되면서 감사인 주기적 지정제 등 회계업계 전반에 걸친 큰 변화가 있었으며, 감사인과 회사 그리고 감독당국 간 재무제표의 특정 항목에 대한 적정성을 놓고 의견충돌이 심화되는 등 IFRS 적용과정에서의 문제점이 다시 수면 위로 떠오르고 있습니다.

이와 같은 혼란한 시장상황에서 한국회계학회가 원칙중심 회계의 실무적용과정에서의 문제점을 파악하고, 그 해결방안을 제시하고자 관련 연구를 선제적으로 수행해 왔고, 2년여에 걸친 연구와 토론 끝에 이번 연구보고서를 발간하였습니다.

동 연구보고서는 기업에 회계전문성과 판단 근거에 대한 정당한 절차를 갖추도록 하고, 감사인에게는 감사품질을 제고하기 위해 전력을 다하면서 타감사인의 의견을 존중하도록 하고 있습니다. 뿐만 아니라, 감독당국에는 사전예방적 감독체계를 갖출 것을 요구하는 등 원칙중심 회계가 연착륙할 수 있도록 회계를 둘러싼 여러 이해관계자가 노력해야 할 실천사항을 구체적으로 제시함으로써, 원칙중심 회계가 올바르게 구현될 수 있는 중요한 출발점을 제공하고 있습니다.

또한 회사, 감사인, 감독당국 그리고 투자자 간의 끊임없는 소통을 강조하고 있는바, 최근 회사의 전 · 당기감사인 간 갈등을 중재하기 위해 운영되고 있는 '전기오류수정협의회' 또한 이러한 소통의 출발점이 될 수 있을 것으로 기대하고 있습니다.

아무쪼록 본 연구보고서가 IFRS 연착륙과 우리나라의 회계투명성을 높이는 데 기여할 수 있기를 기대하며, 본 연구보고서가 발간되기까지 고생을 하신 한국회계학회 정석우 회장님, 조성표 교수님, 한종수 교수님을 비롯한 모든 연구진분들께도 깊은 감사의 말씀을 드립니다.

2020년 4월

[추천사] 기업이 바라는 원칙중심 회계

정재송

(코스닥협회 회장)

안녕하십니까? 코스닥협회 회장 정재송입니다.

한국회계학회는 2018년 가을 '원칙중심 회계'를 주제로 세미나를 시작하였습니다. 이후 2019년 5월 국회 헌정기념관에서 열린 다섯 번째 행사를 마지막으로 1년여에 걸친 세미나의 대미를 장식하였습니다. 2009년 국제회계기준을 처음 도입한 이후 10년을 맞은 시점에서 원칙중심 회계가 우리나라의 회계 전반에 미친 영향과 문제점들을 고찰해 보기 위한 시도였습니다. 이를 통해 국제회계기준의 필요성에 대한 근본적인 의문을 비롯해 다양한 사례에 대한 논의까지 많은 관심과 화제를 낳았습니다. 기업의 입장에서도 '최선의 회계기준이란 무엇인가'란 질문에 대한 성찰의 시간으로서 매우 뜻깊은 세미나였습니다. 하지만 기업인들 중에는 바쁜 업무를 이유로 직접 세미나에 참석하지 못한 분들이 많았습니다. 그런 분들에게 이번 '원칙중심 회계 : 부딪혀야 빛을 낸다' 발간은 무척이나 반가운 소식입니다.

이 책은 원칙중심 회계 도입 이후 기업, 감사인 및 감독기관이 겪었던 애로사항을 검토한 후 앞으로 원칙중심 회계의 정착을 위해 필요한 개선방안을 각 분야별로 제시하고 있습니다.

첫 번째는 기업과 관련한 부분입니다. 원칙중심의 회계는 회계처리의 기본 원칙과 방법론만을 제시합니다. 전통적으로 규정중심의 법체계가 기반인 우리나라에서 구체적인 회계처리방법을 제시하지 않는 국제회계기준은 기업에게 매우 낯설고 어려운 개념입니다. 또한 원칙중심 회계는 규칙중심보다 더 많은 판단과 추정을 요구합니다. 따라서 기업의 회계역량이 그 어느 때보다 더 중요합니다. 아울러 기업에 대한 배려도 잊어서는 안 될 것입니다. 중소규모의 기업을 대기업과 동일한 수준으로 규제하면 비교적 회계자원과 인프라를 확보하기 어려운 중소상장기업은 더욱 큰 혼란에 직면할 수도 있기 때문입니다.

두 번째는 감사인에 대한 것입니다. 기업의 노력 못지않게 감사인도 변해야 한다고 주장하고 있습니다. 높은 수준의 전문성과 독립성을 유지하기 위한 감사인의 절치부심을 요청하고 있습니다. 이를 위해 감사인에 대한 교육과 품질감리부서에 대한 강화를 강조합니다. 또한 감사인들은 전문가적 판단의 근거를 최대한 상세하게 문서화해서 감사과정에서 절차적 정당성을 확보할 것도 주문하고 있습니다. 더불어 주기적 지정제도의 본격적인 시행과 맞물려 전·당기감사인의 의견불일치 문제가 부각되고 있는 만큼 회사와 타감사인의 의견도 존중해야 할 것입니다.

세 번째는 감독기관에 관한 것입니다. 공시활성화를 유도하여 정보부족으로 인한 불확실성을 방지하는 사전예방적 회계감독체계로의 전환이 필요하다고 주장하고 있습니다. 결과만으로 처벌하지 않고 정확한 회계정보 생산을 위한 과정과 절차를 설명하고 있습니다. 아울러서 감독기구의 인프라 확충에 대한 고민도 필요할 것입니다. 원칙중심 회계 취지를 벗어나지 않는 수준에서 감독지침과 질의회신제도도 활발히 운영되고, 또한 회계이슈에 대한 정보도 사전에 제공되어야 할 것입니다.

최근 「주식회사 등의 외부감사에 관한 법률」 전부 개정 및 시행으로 인해서 기업들은 국제회계기준 도입 이후 또다시 새롭고도 어려운 변화의 한복판에 서 있습니다. '주기적 지정제도', '표준감사시간' 등은 세계적으로 유례가 없을 만큼 강력한 규제입니다. 회계투명성 제고라는 큰 목적과 당위성에 대해서는 기업들도 충분히 공감하고 있습니다. 다만 기업의 수용성을 담보하는 수준에서 점진적인 변화를 이끌어야만 성공적인 개혁이 될 것입니다.

마지막으로 옥고를 위해 많이 고심하고 해외 주요 사례 등을 연구하여 결실을 맺은 연구진 여러분과 출판을 위해 힘써주신 한국회계학회 관계자분들께 감사인사를 드립니다. 원칙중심 회계가 기업의 발전과 나아가 우리나라의 회계투명성을 한 단계 발전시킬 수 있기를 진심으로 기원합니다.

감사합니다.

2020년 4월

[발간사] 더 높은 회계투명성을 위하여

정석우

(제38대 한국회계학회 회장)

우리나라가 원칙중심의 국제회계기준을 도입한 지도 올해로 10년이 되었습니다. 그동안 회계기준원, 회계업계, 기업 및 감독기관, 회계학회 등 모든 회계분야 구성원들의 부단한 노력으로 우리나라의 회계관련 제도는 어느 나라보다도 우수하고 원칙중심 회계기준의 올바른 적용을 위해 노력해 온 것으로 인정받고 있습니다. 그럼에도 불구하고 아직 우리의 회계투명성에 대한 평가는 일부 해외평가기관으로부터 매우 낮은 것으로 인식되고 있는 점은 우리를 안타깝게 하고 있습니다.

이에 본 학회의 제37대 회장이신 조성표 교수님께서 우리 경제에서 원칙중심 회계기준의 효과적인 구현을 위한 방안을 찾으려 2018년 7월 시작하였던 프로젝트의 결과물을 더 많은 분들과 공유하여, 우리 기업들이 제공하는 회계정보가 더 높은 투명성을 갖게 하기 위한 사회적 지혜를 모으고자 본서를 발간하게 되었습니다.

원칙중심 회계기준은 구현할 수 있는 역량을 제대로 갖춘 경우에만 규칙중심의 회계기준보다 경제적 실질을 잘 반영할 수 있습니다. 즉 원칙중심 회계기준이 정보이용자들에게 보다 유용한 정보를 제공하기 위해서는 재무제표의 작성과 이용과정에 관여된 모든 구성원들이 경제적 실질에 대한 올바른 판단과 일관된 해석을 할 수 있는 역량을 골고루 갖추고 있어야 함을 전제로 합니다.

본서의 연구진들은 우리에게 맞는 원칙중심 회계기준을 효과적으로 구현하기 위한 방안을 제시하기 위해 감독기관, 회계산업종사자, 법률적 관점, 기업 분야로 나누어 광범위한 문헌 검토, 국내외 회계정보이용자에 대한 설문조사, 국내외 제도의 실행상 문제의 법률적 검토 및 전문가들의 의견 수렴 등은 물론 영국과 독일의 원칙중심 회계기준 적용 경험을 조사하였습니다. 그 과정에서 지난 2년간 5차례의 세미나를 통해 그 연구결과를 사회와 공유해 왔습니다. 이제 그 모든 노력의 집약체인 본서의 발간을 통해 많은 사람들에게 이 내용이 사회적으로 공유됨으로써 모든 회계분야 구성원들, 특히 기업과 투자자들이 더 높은 회계투명성을 달성하는 데 공헌할 수 있는 계기가 되었으면 좋겠습니다.

본서가 발간되기까지는 집필진 이외에도 회계의 여러 분야에 많은 분들의 도움이 있었습니다. 프로젝트를 시작한 본 학회 제37대 회장이신 조성표 교수님, 한국회계기준원 김의형 원장님, 한국공인회계사회 최중경 회장님, 지난 2년간 5차례에 걸친 세미나에 참석해 주신 많은 회계전문가들 및 한국회계학회의 많은 후원기관들께 모두 감사드립니다. 그리고 그 누구보다도 이 프로젝트의 처음부터 끝까지 많은 분들의 노력이 하나의 방향으로 향하게 5차례의 세미나는 물론 전체 집필과정을 총괄하고 검토하시느라 수고하신 한종수 교수님과 책자의 집필에 열정적으로 참여해 주신 모든 집필진의 노고에 진심으로 감사드립니다.

학회에서는 올해에도 원칙중심의 회계원칙의 효과적 구현을 통해 우리 기업들의 회계투명성 향상을 위한 연구자료의 지속적인 발간을 계획하고 있습니다. 오늘의 이러한 우리의 노력들이 모여 머지않은 미래에 우리 기업들이 국제회계기준에 의거하여 제공하는 회계정보가 세계 최고의 투명성을 갖고 있음을 인정받게 하는 초석이 되었으면 합니다.

2020년 4월

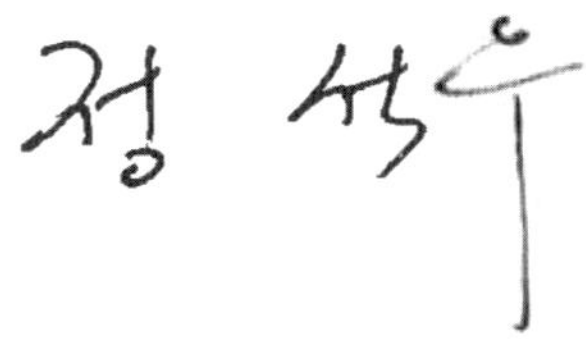

목 차

제 3 장_원칙중심 회계 해법 만들기

부록_회계강국의 감독제도 엿보기

프롤로그

우리들의 회계는 부딪혀야 빛을 낸다

2007년 3월 금융감독원은 국제회계기준(IFRS, International Financial Reporting Standards) 도입 로드맵을 발표했다. 금융위원회는 이 로드맵에서 국제회계기준 도입의 목적을 회계투명성을 높이고 회계기준 단일화라는 국제 추세에 부응하기 위함이라고 밝히며, 2년 후인 2009년부터는 희망하는 기업들이 조기 조입하고, 4년 후인 2011년까지는 모든 상장기업이 국제회계기준을 의무 도입하도록 했다. 공공기관 역시 국제회계기준을 도입하도록 촉진했다. 그 후 로드맵에서 예고한 대로 2011년 1월 1일부터 우리나라의 모든 상장기업은 국제회계기준을 도입하였고 2020년 현재 국제회계기준, 즉 IFRS를 10년째 활용하고 있다.

IFRS는 너무 어려워, 회계는 너무 괴로워

IFRS가 도입된 지 10년이 되었지만 기업과 감사인 모두 회계기준 해석에 대해 다양한 어려움을 토로하고 있다. 2018년 7월 한국회계학회는 IFRS 도입에 따라 발생한 문제점을 분석하고 이에 대한 해법을 모색하기 위하여 원칙중심회계연구위원회를 구성하여 연구를 수행했다. 연구팀이 기업 회계담당자와 공인회계사를 대상으로 설문조사한 결과, 감사인 중 71.3%가 IFRS 도입 이후 경영자의 이익조정 가능성이 커졌다고 답했고, 91.5%는 감사인과 감독기관과의 회계처리의 적절성에 대한 판단이 달라 감리에서 지적받을 가능성이 높아졌다고 응답했다. 또한 응답자들은 이구동성으로 '가이드라인 부재'와 '기준 해석의 어려움'을 IFRS 적용에 따른 애로사항 1, 2위로 꼽았다. 이는 IFRS가 몇 번이나 입어봤으나 여전히 어색한 새 옷처럼 아직 우리의 회계기준으로서 정착되지 않았다는 반증이다.

그렇다면 기업 회계담당자와 공인회계사, 규제당국 담당자, 회계 교수 등 국제회계기준과 관계된 다양한 사람들은 좀 더 구체적으로 어떤 어려움을 겪고 있을까? 그들이 겪고 있는 어려움은 새로운 제도가 정착할 때 필요한 일반적 마찰의 수준일까? 아니면 그 밖의 다른 이유가 어려움을 가중하고 있는 걸까?

회계는 기업의 이해관계자들에게 유용한 정보를 제공한다. 기업 내부의 임직원과 달리 속 깊은 정보를 접할 수 없는 주주나 채권자와 같이 기업 외부에 있는 이해관계자들은 기업의 속사정을 알 길이 거의 없다. 따라서 기업의 재무보고에 담긴 회계정보는 이들에게 더할 나위 없이 중요한 정보의 원천으로서, 수많은 선택의 기로마다 어떤 결정이 더 합리적인지 판단할 수 있는 중요한 정보를 제공한다.

그런데 이 재무보고과정에서 재무제표의 작성과 공시에 대한 틀을 제공하는 것이 바로 회계기준이다. 회계기준은 기업의 경영활동을 어떻게 파악하고 무엇을 기록할 것인지에 대한 잣대가 된다. 만약 회계기준이 없다면 기업은 자신에게 유리한 정보만을 취사선택하여 보고할 가능성이 매우 높다. 실제 역사에서 경영자들의 기회주의적 회계보고는 1930년대 세계 대공황의 주요 원인이 되었다. 불명확한 기준을 악용한 회계보고가 끔찍한 결과를 초래했던 것이다. 이에 대한 반성으로 이후 미국을 중심으로 기업이 재무보고를 작성할 때 일정한 규칙을 따르도록 하는 움직임이 시작되었고, 이것이 회계기준의 시발점이 되었다.

회계기준은 상거래의 합의를 돕는다. 이는 회계기준이 갖고 있는 매우 중요하고 본질적인 기능이다(Ball 2006). 예를 들어 보자. 자금이 부족한 기업이 자산가에게 돈을 빌려달라고 요청했다. 자산가는 기업에게 돈을 빌려주되 기업은 부채비율을 200% 이하로 유지하라는 조건을 제시했다. 그런데 어떤 기준으로 계산하느냐에 따라 부채비율은 달라질 수 있기 때문에 명확한 회계기준이 있어야 부채비율 계산방법에 합의할 수 있다. 이처럼 회계기준은 정보의 신뢰성을 크게 높여준다. 이해관계가 대립하는 양쪽 모두에게 서로 믿을 수 있는 잣대가 되어주기 때문이다.

정리하자면 회계기준은 상업적 거래의 식별, 처리, 보고, 공시에 관한 전반적인 사항을 결정하는 규칙이다. 그리고 우리나라는 지난 2011년 국제회계기준을 대한민국의 회계기준으로 전면 도입하였다. 국제회계기준의 도입은 단순히 회계기준의 내용이 일부 변경된 수준이 결코 아니다. 이는 회계기준의 기초를 이루고 있는 개념구조부터 근본적으로 탈바꿈했다는 뜻이다.

그런데 바로 이 사실에 매우 중요한 포인트가 있다. 국제회계기준 도입에 따른 여러 혼란과 실무자들의 고충이 바로 국제회계기준의 도입을 회계기준의 일부 내용 변경으로만 오해하는 데서 비롯되었다는 사실이다. 즉, 우리가 겪고 있는 국제회계기준에 따른 문제들은 IFRS를 종전의 규칙중심 회계와 차이가 별로 없을 것이라는 오해, 그래서 문구 등의 내용 일부만 국제회계기준에 맞춰지도록 바꾸면 실제 적용을 할 때에는 과거의 회계기준과 차이가 없을 것이라는 착각에 근본원인이 있다.

로마에서도 서울에서도 같은 법을 따라라

국제회계기준은 '국제' 회계기준이다. 말 그대로 국내가 아니라 국제, 특정한 하나의 나라가 아니라 유럽이든 아시아든, 개발도상국이든 경제선진국이든 어느 나라에서나 통용되는 기준이라는 뜻이다. 그런데 잘 생각해 보면 사회적 규범인 회계기준을 이처럼 전 세계적으로 통일하려는 노력은 매우 특별한 현상이다.

자연과학 법칙이 전 세계에 공통적으로 일치하는 것은 필연이다. 나무에서 떨어지는 사과는 우리나라나 미국이나 똑같이 아래로 떨어진다. 만유인력의 법칙은 전 세계적으로 동일하게 작용하기 때문이다. 컵 속에 들어 있는 물은 섭씨 0도가 되면 북반구의 하얼빈에서든 남반구에 있는 시드니에서든 얼음으로 변한다. 그러나 사회과학 법칙이나 규범은 나라마다 다르다. 자동차가 우측통행하는 나라가 있는 반면 좌측통행하는 나라가 있다. 심지어 사회규범은 같은 나라 안에서도 상이할 때도 있다. 미국의 텍사스 주에서는 총기를 소지할 수 있지만, 같은 나라의 다른 주(洲) 콜로라도에서는 불법이다. 이처럼 각 국가와 지역을 규제하는 사회적 법규는 그 나라의 정치, 경제, 문화 등 여러 환경을 반영하여 서로 다르게 제정된다.

마찬가지로 자연법칙이 아닌 사회규범인 회계기준 역시 종전까지는 각 나라마다 다르게 적용되어 왔다. 그런데 국제회계기준은 여기에 반기를 들었다. 국제회계기준은 기업의 활동을 측정하고 보고하는 회계기준으로 모든 국가들이 똑같은 기준을 사용하자는 것이다. 각 국가마다 법률이나 경제적 환경이 천차만별임에도 불구하고 동일한 기준을 쓰자는 이야기이다. 그런데 이런 전대미문의 시도는 이미 성공을 거두고 있다. 벌써 전 세계 140개 이상의 국가가 국제회계기준이라는 동일한 사회적 기준을 사용하고 있다. 특정한 사회적 법규가 이처럼 빠르고 광범위하게 전 세계로 확산되는 현상은 아마 IFRS가 유일한 것으로 보인다.

지구상에 있는 수많은 나라들이 똑같은 회계기준을 적용하고자 하는 목적은 자유로운 투자를 통해 자본 이동을 원활하게 함으로써 지구촌을 하나의 시장, 하나의 경제공동체로 만들고자 함이다. 즉, 각국의 투자자들에게 기업의 정보를 동일한 기준으로 제공하여 투자의 흐름을 원활하게 하고자 하는 노력의 일환이다.

수많은 국가들이 이와 같이 회계기준을 통일하여 같은 기준으로 기업의 정보를 공유하고자 노력하는 모습은 회계정보가 기업 평가에서 가장 기초가 되는 핵심 정보라는 사실을 말해준다. 특히 회계정보는 기업의 경영성과와 재무적 상태를 충실하게 표현하는 것이 생명이다. 단순히 거래의 형태가 아닌 거래가 발생하여 기업에 미치는 영향을 실질적으로 반영할 수 있는 정보, 즉 경제적 실질(economic substance)을 숫자로 충실하게 표현하는 것이 핵심이다. 그렇지 못하면 회계정보는 정보로서의 효용이 줄어드는 것은 물론 도리어 올바른 판단을 방해하기 때문이다.

회계정보가 기업의 경제적 실질을 충실하게 표현하려면 회계정보 생산과정에서 적용되는 회계기준이 매우 중요하다. 제조물의 좋은 품질이 완성 이후가 아닌 제조과정에서 결정되듯, 질 높은 회계정보를 생산하려면 고품질의 회계기준을 제정하고 이를 생산과정에서부터 적용해야 한다.

서울에서도 적용되기 시작한 만국 공용의 회계기준

원칙중심 회계와 IFRS에 대한 심도 있는 이해를 위해서는 1997년 외환위기 때로 거슬러 올라갈 필요가 있다. 당시 IMF(International Monetary Fund, 국제통화기금)는 우리 정부에 구제금융을 제공하면서 민간 회계기준제정기구를 설립하여 높은 품질의 회계기준을 제정할 것을 요구하였다. 이에 따라 1999년 민간 회계기준제정기구인 한국회계기준원이 설립되었고, 한국회계기준원은 국제회계기준을 참고하여 우리나라 실정에 맞는 선진화된 회계기준서를 발간하였다.

이처럼 공공이 아닌 민간기구에서 회계기준을 제정한 것은 회계를 권력으로부터 독립시켜 공정한 회계기준 제정을 위한 기반을 조성했다는 큰 의미가 있는 일이었다. 그러나 국제사회의 반응은 싸늘했다. 국제금융기구와 다른 나라들은 한국회계기준원이 만든 회계기준을 '한국적 회계기준'에 불과한 것으로 간주하였다. 국제회계기준에 준하는 기준(IFRS equivalent)으로 인정하지 않겠다는 뜻이었다.

우리나라의 회계기준과 회계투명성에 대한 국제사회의 불인정은 우리 기업의 가치에 큰 흠집을 내는 소위 'Korea Discount'의 요인 중 하나가 되었다. 이러한 문제점을 해결하기 위하여 우리나라는 세계적으로 높은 품질로 인정받는 IFRS를 도입하여 우리나라 기업들의 회계정보 품질에 대한 자신감을 보여주기로 결정하였다. 그 결과 2007년 IFRS 도입 로드맵을 선언했고, 4년의 준비 기간을 거쳐 2011년부터 국제회계기준을 모든 상장기업과 금융기관에게 의무 적용하도록 하였다. 준비 기간 중이던 2009년부터 IFRS의 조기 도입도 허용했는데, 이에 따라 삼성이나 LG 등 대기업과 일부 발 빠른 중소기업들은 국제회계기준을 조기 도입하였다.

도입 당시 기대했던 IFRS의 효과는 크게 다음과 같은 다섯 가지였다.[1] 첫째, 우리나라 회계투명성에 대한 신뢰도를 제고하여 Korea Discount를 해소한다. 둘째, 글로벌 기업들의 회계장부 작성의 이중적 부담을 경감한다. 셋째, 국제 자본시장을 통해 국내 기업의 자금 조달을 원활하게 한다. 넷째, 국내 자본시장의 국제화에 기여하여 외국인 투자자들의 국내 투자를 유도한다. 다섯째, 국내 기업의 외국 진출과 외국 기업의 국내 진출을 촉진한다.

도입 후 10년이 지난 현 시점에서 IFRS는 이와 같은 기대효과를 어느 정도 달성하고 있을까? 물론 IFRS는 상당 부분 우리나라의 회계 수준을 발전시켰고 다섯 가지 기대효과를 어느 정도 실현하였다는 평가도 있다. 그러나 품질 높은 회계기준을 도입했다고 해서 우리 기업들의 회계투명성이 저절로 높아지는 것은 아니다. 이는 마치 좋은 장비를 구입해도 곧바로 골프 실력이 향상되지 않는 것과 마찬가지 이치이다. 실제로 IFRS 도입 이후에도 대우조선해양과 삼성바이오로직스 등의 분식회계 논란이 일어났고, 스위스 국제경영개발대학원(IMD, International Institute for Management Development) 등 공신력 있는 국제기관이 내놓는 대한민국의 회계투명성에 대한 평가는 그다지 개선되지 않고 있다.

특히 최근에 불거진 삼성바이오로직스 사태는 IFRS, 나아가 원칙중심 회계의 실현 가능성에 대해 심각한 회의를 불러왔다. 그렇다면 IFRS는 우리들의 회계를 더 정확하게 바꾸는 데 성공하고 있는 걸까? 아니면 먹을 것 없는 소문난 잔치처럼 요란하게 변죽만 울리고 있는 걸까? 나아가 IFRS는 본래의 목적인 투명성 제고와 회계기준 단일화라는 소기의 목적을 달성하고 있는 걸까? 만약 그렇지 못하다면 IFRS라는 제도의 정착과 효과적 활용을 위해 우리는 지금 무엇을 어떻게 해야 할까?

뿌리부터 다른 IFRS

이러한 논란의 밑바탕에는 새로 도입한 IFRS가 종래의 한국 회계기준과 뿌리부터 다르다는 엄연한 사실이 깔려 있다. IFRS를 도입하기 이전 우리나라 회계기준은 철저하게 규칙중심(rule-based)이었다. 반면 IFRS는 원칙중심(principle-based) 회계이다. 규칙중심 회계와 원칙중심 회계, 언뜻 생각하면 비슷하기도 한 용어이지만 사실 이 둘 사이에는 넘을 수 없는 근본적 차이가 있다.

규칙중심 회계는 개별 사안에 대해 구체적인 회계처리 방법과 절차를 회계기준에 세밀하게 규정한다. 따라서 규칙중심 회계에서는 구체적으로 정해놓은 세부적인 규정에 따라 회계를 처리하면 되므로 기업 회계담당자나 감사인들이 재량에 따라 판단할 수 있는 여지가 거의

[도표 1] 규칙중심 회계와 원칙중심 회계의 개괄적 비교

규칙중심 회계	구 분	원칙중심 회계
구체적 회계처리 방법과 절차의 세밀한 규정	특징	회계처리의 기본 원칙과 방법론 제공
거의 없음	담당자의 재량 및 판단 여지	매우 높음
규칙에 대한 정확한 이해와 숙지	회계처리 필요역량	적합한 판단과 이에 대한 구체적 근거 제시

없다. 반면 원칙중심 회계는 구체적인 회계처리방법을 제시하는 것이 아니라, 회계담당자가 경제적 실질에 기초하여 합리적으로 처리할 수 있는 회계처리의 기본 원칙과 방법론만을 제공한다. 따라서 기업과 감사인은 스스로 판단을 해야 하고 판단의 구체적 근거를 제시하고 문서화해야 한다. 이처럼 원칙중심 회계는 구체적인 회계처리방법을 명료하게 제시하지 않기 때문에 회계담당자나 감사인들이 자신이 내린 판단에 대해 근거를 제시해야 하는 어려움이 있다.

전통적으로 우리나라는 규칙중심 법규체계가 매우 강하다. 더군다나 규칙중심 회계에서는 실무자가 기술된 규칙을 따르면 되었기 때문에 스스로 판단을 할 일이 많지 않았고, 따라서 기업 회계담당자와 감사인 모두 판단을 하는 일은 물론 판단의 근거를 제시하는 데 익숙하지 못했다. 감독기관도 마찬가지이다. 역할만 다를 뿐 규칙중심 회계에서는 판단은 사람이 아니라 정해놓은 규칙 자체가 했기 때문이다. 감독기관 역시 원칙중심 회계에서 회계처리와 감사를 어떻게 감독해야 하는지 제대로 알지 못하였다.

도입 초기 우리들은 대부분 내용만 조금 다를 뿐 IFRS도 기존 회계기준과 비슷하다고 생각했다. 그러나 원칙중심 회계의 본 모습은 규칙중심 회계와 전혀 다른, 그래서 우리에겐 매우 생소한 개념이었다. 우리는 이 둘 간의 차이가 엄청나다는 사실을 도입 후 10년이 가까워 오면서 원칙중심 회계의 문제점들이 누적되고 있는 지금에야 비로소 실감하고 있다.

원칙중심 회계, 넘어야 할 산이 아직도 많다

삼성바이오로직스 사태는 원칙중심 회계의 실현이 얼마나 어려운지를 잘 보여준다. 이 사태의 쟁점은 삼성바이오로직스가 투자한 삼성바이오에피스를 종속회사로 보아 삼성바이오로직스가 단독의 지배력을 가진 것으로 볼 것이냐, 아니면 바이오젠이라고 하는 회사와 공동의 지배력을 가진 것으로 볼 것이냐 하는 관점의 차이이다. 종전의 규칙중심 회계에서는 지분율이 지배력 구분의 명백한 기준이었다.[2] 그러나 국제회계기준은 종속회사를 구체적으로 정의하지 않는 대신, 실질적 지배력에 따라 판단하도록 하고 있다. 따라서 실질적 지배력에 대한 판단을 어떻게 하느냐에 따라 종속회사로 볼 수도 있고 관계회사로 볼 수도 있으며 이에 따라 자연스럽게 논란의 소지가 발생한다.[3] 조금 더 구체적으로 양측의 주장을 대비하여 살펴보자(조중희 2019).

사례 | 삼성바이오로직스의 종속회사와 관계회사 분류

삼성바이오로직스는 삼성바이오에피스가 설립된 2012년부터 단독 지배력이 있다고 판단하고 종속회사에 포함시켜 연결재무제표를 발행하였고, 2015년에는 합작회사인 미국 바이오젠의 콜옵션 행사 가능성이 높아짐에 따라 단독 지배력을 상실할 것으로 판단하여 2015년 말 삼성바이오에피스를 관계회사로 변경하여 지분법을 적용하였다.

이러한 회계처리에 대하여 증권선물위원회는 삼성바이오로직스가 삼성바이오에피스에 대해 최초 설립 시기인 2012년부터 단독 지배(연결)가 아닌 미국 바이오젠과 함께 공동 지배(지분법)한 것이 맞다고 판단했다. 이에 따라 2012년부터 2014년까지 삼성바이오에피스를 연결대상으로 처리한 것과 2015년부터 지분법을 적용하여 공정가치로 삼성바이오에피스를 평가하여 관계회사로 변경한 것에 대해 '고의적' 회계기준위반이라고 결정하였다(2018.11.14).

이러한 상반된 판단에 대해 당사자인 증권선물위원회와 삼성바이오로직스뿐만 아니라 여러 시민단체, 기관, 정치인 또는 개인들 사이에서도 의견들이 분분하였다.

이와 같이 금융위원회는 1차적으로 삼성바이오로직스의 분식회계를 판정했지만 현재까지 소송은 계속되고 있다. 이 논란은 원칙중심 회계의 실행에 대해 몇 가지 핵심질문을 던지고 있다.

첫째, 원칙중심 회계는 단순한 지분율이 아니라 실질적 지배력(de facto control)을 가지고 있느냐에 따라서 판단하라고 규정하고 있는데, 구체적인 상황에서 삼성바이오로직스가 실질적으로 삼성바이오에피스를 단독 지배하는지 공동 지배하는지를 어떻게 판단할 것인가?

둘째, 기업이 내린 판단의 정당성을 어떻게 입증할 것인가?

셋째, 실질적 지배력과 같이 판단이 매우 어려운 경우에는 기준해석이 필요해지는데, 국제적 협업을 통하여 제정되는 기준을 해석하는 주체는 누구인가?

넷째, 공정가치에 대한 평가는 어떤 과정을 거쳐 결정하여야 하는가? 예를 들어 비상장 중소기업 주식의 공정가치는 어떻게 측정할 것인가?

이와 같은 질문들은 결국 IFRS가 지닌 특성 전반에 걸친 물음이라고 할 수 있다. 즉, 이 질문들은 국제적 협업을 통한 기준 제정, 원칙중심의 기준체계, 연결재무제표 중심, 공정가치 평가 확대라는 IFRS의 특성과

직결되기 때문에 회계와 관련된 모든 사람들이 매우 진지하고 치밀하게 고민해야 할 도전적인 과제라고 할 수 있다. 이에 대한 해답은 당장의 현안 문제를 해결하는 것만이 아니라, 원칙중심 회계의 정착과 발전을 위해 앞으로도 계속적으로 추구되어야 하는 과제가 될 것이다.

도입 이후 국제회계기준은 기업과 감사인은 물론 금융감독원 등 감독기관에도 적지 않은 변화를 가져왔고, 그 과정에서 모든 회계주체들은 과중한 어려움을 호소하고 있다. 기업은 재무제표의 신뢰도는 일부 향상되었지만 회계비용과 위험은 증가했다며 불만을 토로하고, 감사인은 감사환경이 악화되고 불확실성이 높아져 감사위험이 크게 늘어났다고 볼멘소리를 하고 있다. 또한 감독기관 역시 감리과정에서 그 나름대로 다양한 고충을 앓고 있다.

우선 기업의 재무제표 작성과정이나 감사인의 감사과정에 위험이 높아진 것은 원칙중심 회계가 지닌 특유의 모호성으로 인해 회계처리의 정당성을 입증하기 어렵기 때문이다. 또한 회계기준의 모호성에 따른 어려움은 감독과정에서도 나타난다. 원칙중심 회계에서는 감독기관이 회계기준의 해석에 있어 기업이나 감사인과 견해가 대립될 가능성이 매우 높으며, 특히 감리과정에서 기업의 회계처리에 문제가 있다는 증거를 제시하는 일이 매우 어렵기 때문이다. 특히 우리나라를 비롯한 동양권 국가들은 공공기관의 영향력이 매우 강력하다. 게다가 우리나라는 원칙중심 회계를 도입했지만 여전히 규칙중심 법규와 집행체계를 가지고 있기 때문에 IFRS의 효과적 실행에 다양한 어려움이 가중되고 있는 실정이다. 요컨대 국제회계기준은 애초 의도한 기대효과를 일부 실현하고 있지만, 기업과 감사인들의 위험과 불확실성을 높이는 등의 부작용을 적지 않게 초래하고 있다.

그렇다면 IFRS는 잘못된 회계기준일까? 원칙중심 회계는 우리에게는 맞지 않는 방법이기에 지금이라도 종전과 같이 규칙중심 회계로 다시 돌아가는 게 현명한 선택일까?

결론부터 이야기하자면, 원칙중심 회계는 매우 유용한 회계기준이며 국제회계기준 역시 거스를 수 없는 대세이다. 문제는 회계기준과 제도 자체가 아니라 우리들이 미처 준비가 덜 된 상태로 새로운 제도를 도입했다는 점이다. IFRS 도입에 따라 예상되는 어려움들에 대한 충분한 논의가 이루어지지 않았기 때문에 도입 후 10년이 지난 지금까지 각 회계주체들 간에 다양한 이견이 노출되고 있을 뿐만 아니라 심화되고 있는 것이다.

정답이 아닌 모범답안을 위하여

이러한 어려움을 해소하기 위하여 한국회계학회는 2018년 가을부터 1년간 원칙중심 회계기준 구현방안 세미나를 다섯 차례 진행하였다. 이 세미나는 명확한 해결책을 제시하기보다는 기업, 감사인, 감독기관, 법률가, 회계학자, 회계정보 이용자 등 중요한 회계주체들이 함께 모여 원칙중심 회계 구현방안에 대한 합리적 토론을 하는 것을 목적으로 진행되었다. 원칙중심 회계는 본질적으로 전문가들의 견해와 토론을 통한 합의 도출이 매우 중요하기 때문에 이해관계자들과 함께 원칙중심 회계에 대해 함께 논의하는 일은 그 자체만으로 매우 큰 의미를 지닌다.

2018년 11월 열린 제1차 세미나는 원칙중심 회계와 감독방향, 제2

차 세미나(2019.1)는 회계감사, 제3차 세미나(2019.3)는 기업 회계처리, 제4차 세미나(2019.4)는 관련 법적 이슈에 대하여 논의하였고, 2019년 5월에는 제5차 세미나를 국회에서 열어 네 차례 논의했던 내용에 대해 종합토론을 가졌다. 이 기간 중에는 미국 증권거래위원회(SEC, Securities and Exchange Commission), 영국 재무보고위원회(FRC, Financial Reporting Council), 독일 회계기준위원회(DRSC, Deutsche Rechnungslegungs Standards Committee)와 재무보고감리위원회(DPR, Die Deutsche Prüfstelle für Rechnungslegung), 금융감독청(BaFin, Bundesanstalt für Finanzdienstleistungsaufsicht) 등 회계 선진국들의 회계기준제정기구와 감독기관, 더불어 PWC, KPMG 등 현지 대형 회계법인을 방문했다. 이를 통해 우리보다 먼저 원칙중심 회계를 적용하고 있는 국가들의 다양한 경험을 생생한 현장에서 자세히 조사하였다.

또한 원칙중심 회계 도입 이후 기업, 감사인, 감독기관이 겪고 있는 고충사항을 확인하기 위해 한국회계학회는 총 162개 대기업 및 중견-중소기업 회계담당자와 공인회계사 188명을 대상으로 설문조사를 실시하였다. 기업 회계담당자, 기업 회계임원, 소위 'Big 4'로 일컫는 4개 대형 회계법인 및 중소형 회계법인의 대표 등 최고경영진들을 면담하였다. 회계법인 심리실 관계자들뿐만 아니라 감독기관의 회계감독 담당자와도 심층 인터뷰를 실시하였다. 후술될 여러 통계자료들은 이 설문과 심층 인터뷰에 기초한 것이다.

본 책자는 그동안 한국회계학회의 원칙중심 회계 연구팀과 감독기관, 회계법인, 법무법인, 기업 등의 관계자들이 IFRS의 부작용을 줄이고 원칙중심 회계의 발전을 모색하는 방법에 대해 함께 고민한 내용을 모은 것이다. 먼저 제1장에서는 원칙중심 회계인 IFRS에 대해 개괄적으로 설명하고 제2장에서는 원칙중심 회계가 도입된 이후 우리나라에 어떠한 변화가 있었는지 문제점을 중심으로 각각의 회계주체들을 구분하여 상세히 살펴본다. 제3장에서는 원칙중심 회계가 우리나라에 제대로 구현되기 위해서 무엇이 필요한지에 대해 우리들의 주장들을 기술한다. 끝으로 영국, 독일, 미국의 회계기준 감독에 대한 조사 내용을 부록에 담았다.

원칙중심 회계에 대해 많은 고민을 나눈 이 책의 집필진 역시 원칙중심 회계를 우리 사회에 어떻게 구현할 것인지에 관한 명확한 해답을 합의하진 못하고 있다. 그 이유는 무엇보다 원칙중심 회계가 우리 모두에게 아직도 생소한 개념이기 때문이다. 여전히 규칙중심 법규체계에서 살고 있는 우리들이 원칙중심 회계를 정착시키기 위해서는 앞으로도 많은 시간이 필요할 것이다. 그러나 대부분의 선진국에서 도입하였거나 동의하고 있는 원칙중심 회계를 우리 사회에 성공적으로 정착시키는 일은 우리가 반드시 해결하여야 할 과제임이 분명하다.

원칙중심 회계의 정착을 위해서는 기업과 감사인, 감독당국이 모두 변해야 한다. 기업의 인식 변화, 회계 인프라 강화뿐 아니라 감사인의 전문성과 독립성 강화도 필요하다. 원칙중심 회계에 대한 견해차로 인해 계속해서 발생하는 갈등을 줄이기 위한 감독기관의 노력도 필요하다. 그러나 원칙중심 회계의 정착은 그가 누구이든 어떤 회계주체 혼자서 절대로 이루어낼 수 없다. 원칙중심 회계의 정착을 위해서는 기업, 감사인, 감독기관, 회계정보 이용자 그리고 회계학계 모두가 머리를 맞대고 슬기롭게 지혜를 모아야 한다.

우리들의 부싯돌은 부딪혀야 빛을 낸다

“우리들의 부싯돌은 부딪혀야 빛을 낸다.” 프랑스의 철학자 볼테르(Voltaire, 1694~1778)의 명언이다. 토론을 위해서는 서로 간의 불가피한 충돌을 두려워해서는 안 되며, 서로 다른 견해를 마음속에 숨겨두는 것이 아니라 위험을 무릅쓰고서라도 표현해야 올바른 진리를 찾을 수 있다는 뜻이다. 그간 우리들은 원칙중심 회계에 대해 각자의 부싯돌을 숨겨왔다. 논의가 덜 된 채 도입된 국제회계기준은 그래서 우리들에게 아직은 야생마처럼 길들여지지 않은 존재인 것이다.

원칙중심 회계의 정착과 발전을 위해 우리 모두는 부싯돌을 꺼내야 한다. 기업, 감사인, 감독기관, 회계학계 모두가 각자의 부싯돌을 꺼내 치열하게 부딪혀가며 토론해야 원칙중심 회계는 아름다운 빛을 발할 수 있다. 모쪼록 그동안 노력한 연구의 흔적들이 빼곡한 이 책이 각자의 부싯돌을 꺼냄은 물론, 회계주체들의 토론을 활성화하여 우리 사회에 원칙중심 회계가 정착하는 데 작은 밀알이 되길 바라는 마음 간절하다.

세미나와 원고에 대해 귀한 의견을 주신 한국회계학회 회원들과 세미나와 이 책의 발간을 위해 후원해 준 한국공인회계사회, 한국회계기준원, 한국상장회사협의회, 한국코스닥협회, 삼일회계법인, 삼정회계법인, 안진회계법인, 한영회계법인, 성도이현회계법인, 삼덕회계법인, 신한회계법인, 한국경제신문사, 그리고 원칙중심 회계 세미나를 함께 주최해 주시고 참석하여 많은 조언을 해주신 민병두, 김병관, 유동수, 김종석, 채이배, 김부겸, 김관영 국회의원에게도 깊은 감사를 드린다.

2020.4 저자 일동

제 1 장

원칙중심 회계 개념 추리기

1. 국제회계기준을 소개합니다
2. 규칙중심 회계의 다섯 가지 문제점
3. 적용하기 힘들어도 원칙중심 회계를 선택한 이유

1 국제회계기준을 소개합니다

국제회계기준(IFRS)의 개요

국제회계기준은 International Financial Reporting Standards, 약어로 흔히 IFRS라고 부른다. 국제회계기준은 국제회계기준위원회(IASB, International Accounting Standards Board)라는 기구에서 제정하고 개정의 권한 역시 국제회계기준위원회가 갖고 있다. 국제회계기준위원회는 영국 런던에 본부를 두고 있으며 2020년 1월 현재 전 세계를 대표하는 14명의 위원으로 구성되어 있다. 이 14명 중에는 아시아-오세아니아 지역을 대표해서 우리나라와 중국, 일본, 호주 위원이 있다. 우리나라를 대표해서는 서정우 위원(국민대학교 교수)이 2020년 현재 활동하고 있다.

2020년 현재 국제회계기준은 전 세계적으로 통용되고 있다. 국제회계기준위원회 조사에 의하면 전 세계 국가 중 144개 국가, G20 국가 중 15개 국가가 자국 기업들에게 국제회계기준 의무 적용을 요구하고 있다. 의무 적용을 요구하지는 않지만 자국 기업들이 국제회계기준을 자발적으로 사용하는 것을 허용하고 있는 나라도 12개국이 있는데, 그중 대표적인 국가가 바로 미국이다. 미국은 자국의 회계기준인 US-GAAP를 사용하면서도 외국기업이 국제회계기준으로 만든 재무제표를 US-GAAP로 전환하지 않아도 자국 내에서 사용하도록 허용하고 있다. 일본 역시 국제회계기준을 자국 기업들에게 의무적으로 적용하도록 요구하지는 않고 있지만, 자국 기업들이 국제회계기준을 자발적으로 적용하는 것은 허용하고 있다. 이에 따라 실제로 글로벌 비즈니스를 펼치는 일본의 대기업 상당수가 국제회계기준을 적용하고 있다.

국제회계기준이 빠르게 확산된 이유

사실 국제회계기준위원회는 이미 1973년에 구성되었다. 당시 국제회계기준위원회의 영문 이름은 IASC(International Accounting Standards Committee)였으며 국제회계사연맹(IFAC, International Federation of Accountants)의 재정 지원을 받았다. 그러나 47년 전인 이때 전 세계가 하나의 회계기준을 사용하리라 믿는 사람은 없었다. 회계기준은 사회과학의 산물이므로 각 국가의 산업과 경제 등과 같은 특징을 반영해야 한다고 믿었기 때문이다.

그랬던 국제회계기준이 2002년이 되면서 주목을 받기 시작했다. 여러 회원국들이 함께 사용할 수 있는 회계기준을 찾고 있던 유럽연합(EU)이 국제회계기준을 유럽연합의 회계기준으로 사용하기로 결정하였기 때문이다. 이에 따라 직전 해인 2001년 국제회계기준위원회는 조직 명칭을 IASC에서 IASB(International Accounting Standards Board)로 변경하였다. 그러나 더 큰 변화는 국제회계사연맹으로부터의 재정적 독립이었다. 재정의 독립이라는 것은 회계기준을 보다 독립적인 측면에서 만듦으로써 회계기준의 품질을 향상시킨다는 것을 의미한다.

현재 국제회계기준위원회는 전 세계를 대표하는 선출된 위원들에 의해서 이루어지고 있다. 사실 여기에도 문제가 없는 것은 아니다. 어느 조직이나 돈줄을 쥐고 있는 쪽이 입김이 강한 법, IASB 역시 분담금을 가장 많이 내는 유럽연합, 중국, 일본 등의 발언권이 가장 세다. 14인의 국제회계기준위원회 위원 중에 유럽연합 대표 3명, 중국 대표 1명, 일본 대표 1명이 포함되어 있는데, 분담금을 많이 지불하는 만큼 다른 국가 위원들과 달리 이들의 숫자는 변하지 않는다. 게다가 위원장도 유럽연합이기 때문에 이 숫자까지 포함하면 유럽연합의 대표가 모두 4명이다.

분담금을 비교적 덜 내는 우리나라는 현재 1명의 위원이 있지만 이 숫자는 고정된 것이 아니다. 실제로 인도와 싱가포르 등의 국가에서 우리나라가 차지하고 있는 위원석을 노리고 있는 것으로 알려져 있다.

주변 강국의 IFRS 적용 현황

사실 미국도 IFRS를 받아들이기 위해 오래전부터 국제회계기준위원회와 함께 일을 해왔다. 그런데 미국은 우리나라와는 조금 다르게 'conversion approach'라는 것을 사용하였다. 이는 회계기준을 한꺼번에 IFRS로 바꾸는 것이 아니라 오랜 기간에 걸쳐 IFRS와 미국 회계기준을 통합하는 작업을 거친 후 IFRS를 더 좋은 회계기준으로 변경함으로써 미국의 회계기준으로 채택한다는 것이다.

미국은 지난 2002년부터 US-GAAP와 IFRS를 합치하는 작업을 국제회계기준위원회와 진행했다. 그런데 2016년 12월, 미국은 이 작업을 중단하겠다고 선언하였다. 그 이유는 분명하지 않다. US-GAAP가 IFRS보다 우월한 회계기준이란 사실을 확인했기 때문에 굳이 IFRS를 채택할 필요가 없다는 분석도 있고, 국제회계기준위원회와의 논의과정이 너무 길고 힘들어 자원 낭비가 심했기 때문이라는 추측도 있다. 또는 자국의 산업을 보호하기 위한 조치라고 보는 시각도 있다.

어쨌든 미국은 IFRS 도입을 중단했다. 하지만 영원히 그럴 수는 없을 것이다. 미국의 감독기관인 증권거래위원회(SEC, Securities and Exchange Commission)는 '예상되는 미래(foreseeable future)'에는 IFRS로 바꾸지 않을 것이라고 발표하면서도 IFRS 도입 노력이 완전히 끝난 것은 아님을 내비친 바 있다.

경제규모에서 세계 1위 국가는 미국이고, 2위는 중국, 3위는 일본이다. 그리고 이들 세 나라는 모두 우리나라를 둘러싸고 있다. 그렇다면 중국과 일본은 IFRS에 대해 어떤 움직임을 보이고 있을까?

먼저 중국은 자국 회계기준을 IFRS와 합치하는 작업을 해왔다. 실제로 일부를 제외하고는 중국 회계기준이 IFRS와 매우 유사하다고 한다. 여기서도 만만디(慢慢的) 정신을 발휘하고 있는 것 같다. 그럼에도 2018년 기준으로 시가총액의 30%가 넘는 기업들이 IFRS에 준하는 재무제표를 발표하고 있다고 한다. 이들 기업은 주로 홍콩 등 중국 본토가 아닌 다른 국가에 상장되어 있다.

일본에는 IFRS, JMIS(Japanese Modified International Standards), US-GAAP, Japanese-GAAP 등 모두 4개의 회계기준이 존재한다. 일본의 상장기업은 자율적으로 이 중 한 가지 기준을 선택해서 사용할 수 있다. 이런 의미에서 일본 기업은 자율적으로 IFRS를 선택해서(voluntary adoption) 사용할 수 있는 상황이다. 2018년 4월 현재 161개의 기업이 IFRS를 자발적으로 선택하여 사용하고 있다. 대부분 대기업인 이들 기업의 시가총액은 도쿄 주식시장의 약 33% 정도라고 한다

(Gray et al. 2019). 일본에서 IFRS는 앞으로도 빠르게 확산될 것으로 예측된다.

한국채택국제회계기준(K-IFRS)

한국채택국제회계기준(K-IFRS, Korean International Financial Reporting Standards)은 2011년 우리나라가 국제회계기준을 도입하면서 정한 명칭이다. 우리나라가 채택한 회계기준의 본래 이름은 국제회계기준이지만, 이를 우리말로 번역하여 대한민국이 채택한 회계기준이라는 의미에서 한국채택국제회계기준이라고 명명했다. 실제로 영어로 쓰인 국제회계기준이 우리나라에서 그대로 적용되지는 않는다. 원문을 한국회계기준원이 한국어로 번역한 후 이를 한국회계기준위원회와 금융위원회가 승인을 해야 비로소 효력을 발휘한다.

그러나 영문이 아닌 한국어로 번역했다는 차이일 뿐, 국제회계기준(IFRS)과 한국채택국제회계기준(K-IFRS)은 기본적으로 동일하다.[4] 이에 따라 이 책에서는 별다른 논의가 없는 경우에는 모두 국제회계기준과 한국채택국제회계기준을 동일한 의미로 사용했고 같은 용어의 국문 표기와 영문 표기인 국제회계기준과 IFRS를 혼용했다.

그렇다면 현재 우리나라에 존재하는 회계기준은 K-IFRS 하나만 있을까? 그렇지 않다. 우리나라에는 크게 세 가지 기업회계기준이 존재한다. 먼저 우리나라의 모든 상장기업(유가증권시장 및 코스닥시장에 상장된 기업)과 금융기관은 IFRS를 사용해야 한다. 그러나 그 외의 중소기업들은 중소기업회계기준, 중소기업보다는 크지만 상장을 하지 않은 기업들은 일반기업회계기준을 국제회계기준 대신 사용할 수 있다. 물론 국제회계기준보다 일반기업회계기준이, 일반기업회계기준보다 중소기업회계기준이 더 간단하다. 세 가지 회계기준의 적용대상을 연혁에 따라 정리하면 다음의 도표와 같다.

[도표 2] 우리나라의 세 가지 회계기준

구 분	2008년 이전	2009~2010년	2011~2012년	2013년 이후	비 고
조기 도입기업			K-IFRS		삼성, LG 등 대기업 및 일부 중견·중소기업
상장기업					금융기관 포함
비상장기업	한국 기업회계기준 (K-GAAP)		일반기업회계기준		비상장 대기업 및 중견기업 등
중소기업				중소기업회계기준	중소기업

그러므로 상장기업과 금융기관은 반드시 국제회계기준을 사용하여 재무제표를 작성해야 하지만 비상장기업들은 국제회계기준을 사용할 의무가 없다. 하지만 비상장기업이 상장을 하려면 반드시 국제회계기준을 채택해야 한다. 또한 비상장기업이라고 해도 지배회사와 동일한 회계기준을 적용할 필요가 있을 때, 또는 거래처의 요구에 의해 국제회계기준을 자발적으로 채택할 수 있다. 이러한 이유로 상장기업이나 금융기관이 아닌 기업들 중에서도 IFRS를 사용하는 곳이 상당수 존재한다.

한국채택국제회계기준의 제정 및 적용 프로세스

국제회계기준은 어떤 절차를 거쳐 제정되고 또 개정되는 걸까? 국제회계기준위원회는 먼저 회계기준의 제정 필요성이 있다고 판단하면 연구를 통해 토론서를 정리해 각 기관과 국가에 제시한다. 토론서는 새로운 회계기준이나 개정된 회계기준에 대해서 제정 및 개정의 이유, 새로운 회계기준의 내용, 이전 회계기준과의 차이 등을 설명하는 보고서이다. 이후 토론서를 바탕으로 여러 기관 및 국가가 피력하는 해당 회계기준에 대한 여러 의견들을 수렴한다. 이후 국제회계기준위원회는 이 의견들을 고려하여 공개초안을 작성하여 발표하고, 공개초안에 대해 다시 한 번 의견수렴 절차를 거친다. 이러한 의견을 또다시 수렴하여 기준서를 제정하게 된다.

우리나라 한국회계기준원은 이렇게 제정된 국제회계기준서를 한국어로 번역한 뒤 이를 감독기관과 회계법인 등의 도움을 받아 수정 및 보완한다. 이렇게 만들어진 한국어로 번역된 국제회계기준은 한국

[도표 3] 국제회계기준 및 한국채택국제회계기준 제정 절차

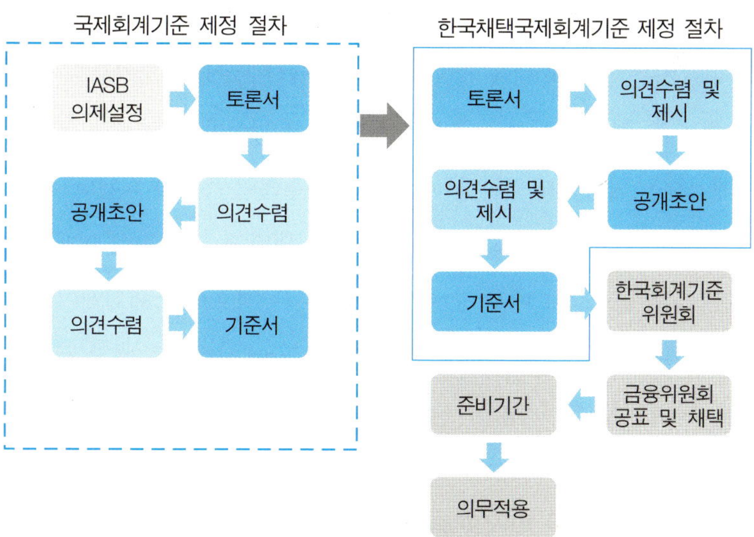

회계기준위원회와 금융위원회의 승인을 거쳐 금융위원회가 공표함으로써 효력을 발휘한다. 이것이 한국채택국제회계기준, 즉 K-IFRS이다.

법률적인 측면에서 볼 때 한국채택국제회계기준은 국내 법규이다. 우리나라 기업들이 재무제표를 작성하는 데 준거로 사용하는 규정으로서 '주식회사 등의 외부감사에 관한 법률(약칭 외감법)'에서 규정한 국내 법규이다. 그런데 재미있는 것은 이 국내 법규를 우리나라 입법기관이 아니라 국외 민간기구인 국제회계기준위원회가 제정한다는 사실이다. 즉, 한국채택국제회계기준이라는 국내 법규를 우리나라의 권한으로 통제할 수 없는 국외 소재 국제회계기준위원회가 제정함으로써 우리나라 법규를 국외 기관에서 제정하는 이원화된 체계를 갖추고 있는 것이다.

국제회계기준 도입 여부에 대한 격렬한 논의가 이루어지는 과정에서 다른 나라와 마찬가지로 우리나라에서도 자국 법규를 스스로 제정하지 못하는 문제에 대해 많은 논란이 있었다. 특히 회계기준은 국가의 법률적, 경제적 환경을 충실히 반영할 수 있어야 하는데, 자국만의 회계기준을 제정하지 못한다는 점에 대한 우려의 목소리가 컸다. 그러나 회계정보의 품질과 대외 신뢰도 향상을 위해 높은 수준의 회계기준을 도입할 필요성이 매우 강했기 때문에 최종적으로 국제회계기준을 도입하기로 결정하였다. 대신, 우리 스스로 국제회계기준 제정 절차에 적극 참여하여 우리나라의 상황을 반영하는 회계기준을 제정하도록 노력하는 방향으로 의견이 모아졌다. 이에 따라 한국회계기준원 등은 토론서 및 공개초안 작성을 위한 의견수렴과정에서 우리나라의 특성에 대한 의견을 적극적으로 개진함으로써 자국 법규로 활용하는 데 문제가 없도록 노력을 지속하고 있다.

국제회계기준의 효력 발생과 해석 절차

한 나라에만 적용되는 새로운 법률을 제정하려고 해도 많은 시간과 노력이 필요하다. 이해당사자들의 의견도 수렴해야 하고 다른 법률과의 충돌 소지가 있는지도 꼼꼼히 확인해야 한다. 따라서 각 국가마다 법규로 활용되는 국제회계기준의 제정을 위해서는 훨씬 더 많은 시간이 소요된다. 실례로 IFRS 15 '고객과의 계약에서 생기는 수익'이라는 명칭의 수익인식기준서는 제정되기까지 거의 9년이란 시간이 걸렸다. 국제회계기준위원회가 이 기준서안을 안건으로 채택한 시점이 2006년 9월이었는데, 기준서가 최종 공표된 것은 2014년 5월이었다.

이처럼 회계기준 제정에 많은 시간이 드는 가장 큰 이유는 분명하다. 상황과 문화가 다른 여러 국가들에게 모두 적합한 최선의 회계기준을 만들기 위한 과정에서 각 국가는 자국에 유리한 회계기준을 제정하고자 적극적으로 참여하기 때문에 다양한 의견을 조율하기란 여간 어려운 일이 아니다. 회계기준 제정 안건이 생기면 우리나라도 한국회계기준원을 중심으로 국제회계기준의 제정과정에 열심히 참여한다. 그래야 우리나라와 우리 기업 특성이 반영된 더 좋은 회계기준을 만들 수 있기 때문이다.

다양한 국가의 서로 다른 의견들을 종합하여 제정되고 공표된 새로운 회계기준의 효력은 곧바로 발생하지 않는다. 일반적으로 국제회계기준위원회는 각 국가의 기업들에게 약 3년의 준비기간을 부여한다.

2018년 1월 1일부터 적용된 IFRS 15 역시 준비기간으로 약 3년 반을 부여했다. 이 기간 동안 우리나라는 국제회계기준을 한국어로 번역한 뒤 한국회계기준위원회와 금융위원회의 승인을 거쳐 공표한다. 이때 만일 한국회계기준위원회 또는 금융위원회가 새로운 회계기준을 승인하지 않는다면 IFRS 15의 효력이 우리나라에서는 발생하지 않는다. 두 기관의 승인이 있어야 국제회계기준은 한국채택국제회계기준이 되고 그래야 법규로서의 효력을 갖게 되기 때문이다. 그렇기 때문에 국제회계기준의 공표일과 한국채택국제회계기준의 공표일이 달라질 수도 있다.[5]

이렇게 많은 수고를 들여 만든 회계기준일지라도 실제 사용을 하게 되면 불가피하게 부족한 부분이 발견된다. 실무적용과정에서 불분명한 점이 있거나 기존에 있던 다른 회계기준과 충돌이 일어나기도 한다. 이런 경우를 해결하기 위해 국제회계기준위원회는 국제회계기준해석위원회(IFRS Interpretations Committee, 약칭 해석위원회)라는 산하기관을 운용하고 있다. 2020년 현재 우리나라에서는 한종수 위원(이화여자대학교 교수)이 해석위원회 위원 중 한 명으로 활동하고 있다. 해석위원회는 각 국가의 기업, 감사인, 감독기관 등이 특정 회계기준을 어떻게 적용할 것인지에 관해 질의하면 이에 대해 답변하는 역할을 수행한다.

이 과정에서 해석위원회는 회계기준에 문제가 있으면 국제회계기준위원회에 개정을 요청하고, 회계기준에 존재하지 않는 내용에 대해서는 해석서를 따로 제정한다. 이렇게 제정된 해석서는 국제회계기준의 일부로 간주되어 국제회계기준과 동일한 효력을 갖게 된다. 또한 해석위원회가 내린 결론은 국제회계기준을 사용하는 모든 국가에 영향을 미친다.

우리나라는 이와는 별도로 해석위원회의 기능과 유사한 질의회신 제도를 운영하고 있다. 우리나라 기업에게 문제가 되는 회계처리에 대해 신속하고 정확하게 회신함으로써 우리 기업의 재무제표 작성을 돕기 위해 마련된 제도이다. 질의회신제도를 통해 간단한 질문에 대해서는 담당자가 곧바로 회신하지만, 담당자가 답변하기 어려운 질문은 회계전문가로 구성된 'K-IFRS 질의회신 연석회의'에서 해당 안건에 대한 논의를 한 뒤 회신하고 있다.

이때 놓치지 말아야 할 중요한 주의점이 하나 있다. 바로 우리나라 질의회신제도의 결론은 우리나라에서만 유효하기 때문에 세계적으로 통용되는 것은 아니라는 사실이다. 따라서 우리나라의 질의회신 내용과 해석위원회의 결론이 서로 엇나가는 경우에는 해석위원회의 결론이 우선된다는 점을 유념해야 한다.

국제회계기준은 원칙중심의 회계

국제회계기준을 도입하기 이전에 우리나라가 사용해 오던 회계기준을 일반적으로 K-GAAP(Korean Generally Accepted Accounting Principles)라고 부른다. 이 K-GAAP란 이름은 공식적인 명칭이 아니고 K-IFRS와의 명확한 구분을 위해 편의상 사용하는 명칭이다.

그런데 K-IFRS와 K-GAAP 사이에는 단순한 명칭 이상의 매우 중대한 차이가 있다. K-GAAP는 규칙중심(rule-based) 회계이고 국제회계기준은 원칙중심(principle-based) 회계라는 것이다. 규칙중심이냐 원칙중심이냐 하는 것은 헌법이 성문의 대륙법계이냐 불문의 영미법계이냐, 화학물질이 산성이냐 염기성이냐 하는 차이만큼 매우 본질적인 차이이다.

물론 우리나라는 국제회계기준을 적용하기 이전에도 국제회계기준의 많은 부분을 도입하여 사용해왔다. 즉 K-GAAP의 많은 조항은 IFRS와 동일했다. 그러나 회계기준의 조항이 동일하다고 해서 같은 회계기준이라고 말할 수는 없다. 규칙중심 회계와 원칙중심 회계는 기본 가정과 출발점이 전혀 다르기 때문에 회계기준의 적용과 규제에 있어서도 매우 큰 차이를 보이기 때문이다. 그렇다면 우리나라는 왜 조항을 생각할 때는 별반 차이가 없는 K-GAAP 대신 IFRS를 도입했을까? 좀 더 본질적으로는 규칙중심 회계와 원칙중심 회계의 차이는 무엇일까?

2 규칙중심 회계의 다섯 가지 문제점

규칙중심 회계에서 기업은 회계기준에서 정하는 방식에 따라 회계를 처리한다. 즉, 우리나라의 경우 회계기준제정기구인 한국회계기준원 또는 감독기관인 금융감독원이 구체적 회계처리방법이 포함된 상세한 회계기준서를 제공하면, 기업은 이 회계기준서에 명시된 대로 회계처리를 수행한다. 규칙중심 회계에서 기업의 회계처리에 대한 근거는 반드시 이 회계기준서에 제시되어야 한다. 따라서 기업은 회계처리 중 궁금한 점이 발생할 때마다 기준원이나 감독기관에 질의를 해야 하고, 기준원이나 감독기관은 구체적이다 못해 시시콜콜한 상황까지 적용할 수 있는 실무지침을 제공해야 한다. 그래야 기업이 회계기준을 적용할 수 있기 때문이다. 이처럼 규칙중심 회계는 제3자인 회계기준제정기구나 감독기관이 회계기준을 통해 구체적이고 상세한 회계처리방법을 제시함은 물론, 회계기준에 대한 해석과 질의회신 등의 지침(guideline)을 기업에 적극 제공함으로써 모든 기업이 동일한 회계처리를 하도록 유도하는 회계이다.

그런데 규칙중심 회계는 몇 가지 문제점을 갖고 있다. 현재까지 계속 규칙중심 회계를 사용하는 미국에서조차 규칙중심 회계의 문제점들을 지적하고 있는데, 이를 크게 다섯 가지로 요약할 수 있다(FASB 2003).

진짜 모습을 완벽히 보여주지 못하는 문제

첫째, 규칙중심 회계는 경영활동의 실질을 제대로 반영하지 못한다. 규칙중심 회계에서는 회계기준제정기구나 감독기관이 회계기준도 해석하고 실행지침도 제공한다. 따라서 규칙중심 회계는 비슷한 거래나 사건에 대해서 모든 기업들이 회계처리를 동일하게 하도록 유도하는 경향이 강하다. 공장에서 같은 제품을 일률적으로 찍어내듯 회계처리 역시 똑같이 하도록 한다는 뜻이다. 이렇게 하면 비슷한 경우가 생길 때마다 기업들이 같은 방법으로 회계를 처리하기 때문에 감독기관 입장에서는 기업들을 서로 비교하고 감독하는 일이 매우 쉬워진다.

그러나 이와는 정반대로 기업 입장에서는 동일한 회계처리로 인해 자사의 재무 현황과 경영활동을 제대로 반영하지 못하는 문제에 직면

한다. 겉으로 보이는 거래형태는 유사하더라도 기업이 처한 상황과 거래목적이 다르고 이에 따라 속모습인 경제적 실질은 서로 다를 가능성이 매우 높기 때문이다. 요즘 유행어대로 모든 사건은 '케바케', 즉 케이스 바이 케이스(case by case)로 각양각색인데, 이를 똑같은 방법으로 회계처리하려고 하다 보니 기업 입장에서는 자사만의 독특한 상황과 변수를 고려하지 못하는 문제가 발생하는 것이다. 좀 더 쉽게 설명하자면 똑같이 배가 아픈 증상이더라도 한 사람은 장이 안 좋아 아랫배가 살살 아픈 것이고, 다른 사람은 위염 때문에 위가 퉁퉁 부은 건데 배 아픈 건 마찬가지니까 같은 약을 먹이는 것과 마찬가지인 셈이다. 요컨대 규칙중심 회계에는 경제적 실질을 반영하지 못할 위험이 항상 존재한다.

사례 | 거의 똑같은 리스자산을 내용연수 0.2% 차이 때문에 다르게 처리해야 한다?

A기업은 동일한 두 개의 생산장비를 리스(lease)로 사용하고 있다. 그런데 이 중 한 장비의 리스기간은 내용연수의 74.9%이고, 다른 장비의 리스기간은 내용연수의 75.1%이다.

K-GAAP는 리스기간의 내용연수에 따라 리스를 금융리스와 운용리스로 분류하도록 규정했다. 즉, 리스기간이 리스자산 내용연수의 75% 이상이면 금융리스, 그 미만이면 운용리스로 분류했다. 이처럼 분명한 선을 제시하는 방법을 양적 판단기준방법(bright line method)이라고 하는데, 이는 규칙중심 회계의 전형적 방법이다.

이 방법을 적용하면 A기업은 두 개의 리스 생산장비에 대해 전혀 다른 방법으로 회계처리해야 한다. 그런데 사실 내용연수 대비 리스기간이 74.9%라는 것과 75.1%라는 것이 해당 자산을 전혀 다르게 회계처리할 정도로 다르지는 않을 것이다.

이처럼 규칙중심 회계를 적용하면 실질적으로는 동일하다고 볼 수 있는 리스자산에 대해 서로 다른 회계처리를 적용함으로써 회계가 경영활동을 실질적으로 반영하지 못하게 되는 문제가 자주 일어난다.

회계공학의 위험

둘째, 규칙중심 회계는 회계공학(accounting engineering)의 위험을 내포한다. 규칙중심 회계는 회계기준서를 기반으로 매우 기계적으로 적용되기 때문에 재무제표 작성자가 규정을 우회하여 자신이 원하는 회계수치를 얻어내는 회계처리가 가능하다.

두 개의 생산장비를 리스하고 있는 A기업의 경우를 다시 생각해 보자. A기업은 마음만 먹으면 얼마든지 이 기준을 이용해 자신들이 의도하는 대로 회계처리를 할 수 있다. 예를 들어 A기업이 리스기간을 내용연수의 75.1%로 만들면 금융리스로, 74.9%로 만들면 운용리스로 회계처리하는 것이 가능하다. 마찬가지로 둘 다 금융리스로 처리하고 싶으면 74.9%를 적용한 리스를 0.2%만 늘리면 되고, 거꾸로 하고 싶으면 75.1% 리스를 0.2%만 줄이면 된다. 그러나 A기업이 어떻게 처리하든 내용연수 75.1%와 74.9%는 경제적 실질에서는 차이가 거의 없다고 할 수 있다.

이와 같이 규칙중심 회계에서 기업은 회계기준서에서 제시하는 양적 판단기준을 벗어나는 계약을 채택하여 기업의 의도에 따라 회계처리할 수 있다. 이를 기술자가 기계를 조작하듯 회계를 조작한다는 뜻으로 회계공학이라고 부르는데, 이처럼 규칙중심 회계에는 같은 효과를 갖는 거래에 대해 기업이 회계공학에 따라 다른 재무정보가 생성되도록 할 수 있다는 부작용이 존재한다. 더불어 이와 같은 회계공학이 분명한 의도적 회계조작임에도 불구하고 분식회계로 간주되지 않는다는 점이 규칙중심 회계가 갖고 있는 심각한 문제이다.

TMI의 가능성

셋째, 규칙중심 회계는 회계기준이 너무 복잡하고 방대해 적용이 어렵다. 회계기준의 분량이 너무 많아서 여러 가지 부작용이 생긴다는 의미이다. 즉, 규칙중심 회계에는 요즘 젊은이들이 많이 사용하는 필요 이상의 쓸데없이 많은 정보인 TMI(Too Much Information)의 가능성이 높다.

규칙중심 회계는 실행과정에서 각 회계기준에 대해 수많은 예시와 예외를 만들지 않으면 안 된다. 기존에 없던 새로운 거래가 생기면, 이 거래는 기존 거래와 거의 유사하다고 하여도 완전히 똑같을 수는 없고 그 차이가 두 거래 간의 경제적 실질을 다르게 만든다. 그러면 규칙중심 회계에서는 새로운 거래에 대한 해석과 지침을 추가해서 제정해야 한다. 이는 모든 것을 규정해야 하는 규칙중심 회계의 특성상 없어서는 안 될 조치이다.

이렇게 해석과 지침이 많아지면 자연스럽게 재무제표 작성을 위해 알아야 할 해석, 지침, 예외사항 역시 점점 증가한다. 결국 규칙중심 회계의 수많은 회계기준들은 갈수록 더 복잡해지고 그에 따라 실무적용은 더욱더 어려워진다. 시간이 지날수록, 경제가 발전할수록, 새로운 경제적 사건은 끊임없이 출현하기 때문에 규칙중심 회계는 끊임없이 복잡해지고 어려워질 수밖에 없다.

속도가 느릴 수밖에 없다는 태생적 한계

넷째, 규칙중심 회계는 새로운 거래에 대해 신속하게 대응하기 힘들다. 즉, 회계기준 제정의 적시성 부족이라는 문제를 갖고 있다. 규칙중심 회계는 기존 기준서로 처리가 어려운 새로운 거래가 발생할 때마다 적절한 회계기준을 곧바로 제공해야 하는데 이는 매우 어렵다.

반면, 기업의 입장에서는 어떤 거래에 대해 회계처리를 어떻게 하는지의 내용이 기준서에 제시되어 있지 않으면 회계처리를 적시에 할 수 없게 된다. 규칙중심 회계에서는 기업이 회계기준서에서 제시하는 방법으로 회계처리를 수행해야 하는데, 회계기준서를 패스트푸드처럼 즉석에서 만들 수는 없기 때문이다. 마치 윗사람의 결재를 받아야 그 다음 일을 할 수 있는 기업의 업무구조와 유사한 셈이다. 그런데 윗사람이 빠르게 결재를 해 줄 수가 없다. 회계처리를 하려면 새로운 회계기준이 필요한데, 이를 제정하려면 상당한 시일이 소요되기 때문이다.

이처럼 규칙중심 회계는 회계처리에 대한 기준 · 해석 · 지침을 적시에 공급하기 힘들며, 이에 따라 속도가 느려져 새로운 거래에 탄력적으로 대응하기 힘들다는 한계를 태생적으로 갖고 있다.

회계기준제정기구와 감독기관의 오류 가능성

다섯째, 규칙중심 회계는 거래당사자가 아닌 제3자가 회계기준 자체를 잘못 제정하고 이에 따라 그릇된 기준을 활용할 가능성이 있다.

제3자가 일반적 상황이나 통상적 거래에 대해 회계기준을 올바로 만드는 일도 쉽지는 않다. 그런데 제3자인 회계기준제정기구나 감독기관이 기업의 경제적 상황과 거래조건 등 사실관계에 따라 회계처리가 달라지는 복잡하고 구체적인 상황에 대한 회계기준을 만들어야 하는 경우에는 잘못된 회계기준을 만들어낼 가능성이 높아진다. 제3자로서 기업만 겪고 있고 당사자만 알고 있는 특수한 상황에 대해서까지 정확히 이해하기 힘들기 때문이다. 집안 사정도 잘 모르는 손님이 집안일에 대해 감 놔라 대추 놔라 훈수 두는 격이 되기 십상이라는 뜻이다.

규칙중심 회계에서는 규칙을 만드는 제3자인 회계기준제정기구나 감독기관의 권한은 그만큼 중요하고 막강하다. 그런데 회계기준제정기구에 충분한 정보가 전달되지 않는 경우, 잘못된 정보가 전달되는 경우, 또는 올바른 정보가 충분히 전달되었다고 하더라도 회계기준제정기구가 기업 현장에 익숙하지 못해 특수한 상황을 제대로 이해하지 못한다면 올바르지 못한 회계기준이 제정될 수 있다는 의미이다.

3 적용하기 힘들어도 원칙중심 회계를 선택한 이유

사실 회계기준을 바꾼다는 것은 결코 쉬운 일이 아니다. 회계기준 변경 자체는 물론 변경으로 인해 파생되는 수많은 후속조치들은 매우 복잡다난하다. 기업들은 새로운 회계기준을 기반으로 전산화된 회계정보 시스템을 재구축해야 한다. 은행이나 기업평가기관 등도 기업에 대한 신용평가모형을 수정해야 한다. 세법뿐 아니라 상법 및 자본시장법 등 많은 법률도 역시 새로운 회계기준에 따라 개정되어야 한다. 또한 예상하지 못했던 많은 문제점이 내재되어 있을 수도 있다.

그래서 많은 나라들은 순차적인 방법을 통해 단계적으로 IFRS를 도입하였다. 그러나 'Dynamic Korea' 대한민국은 2011년 1월 1일을 기해 전면적으로 회계기준을 K-GAAP에서 IFRS로 교체했다. 'Big bang approach'라고 부르는 이런 전면 교체 방법을 선택한 국가는 대한민국이 거의 유일하다.

물론 우리나라가 전면 교체에 따른 충격을 예상하지 못한 것은 아니다. 그러나 큰 충격을 감수하면서까지 K-GAAP를 포기하고 IFRS를 도입한 가장 큰 이유는 원칙중심 회계인 IFRS를 사용함으로써 규칙중심 회계인 K-GAAP의 한계를 극복할 수 있다는 생각 때문이었다.

규정 대신 원칙을 제공하는 원칙중심 회계

원칙중심 회계의 기본은 "기업을 가장 잘 아는 것은 기업 자신이기 때문에, 기업에게 가장 잘 맞는 회계처리를 아는 것도 기업이다"라는 신념이다. 회계정보는 기업의 경제적 활동의 본질을 최대한 있는 그대로 담아내야 의사결정을 위한 정보로서의 유용성이 높아진다. 경제적 활동의 본질을 순수하게 담아내기 위하여 원칙중심 회계는 경영진의 전문가적 판단(professional judgment)을 중요시한다. 기업을 가장 잘 아는 주체는 회계기준제정기구나 감독기관이 아닌 기업 자신이기 때문이다. 따라서 원칙중심 회계는 경영진이 전문가적 판단을 통해 기업의 경제적 실질을 가장 합리적으로 나타낼 수 있는 회계처리 대안을 선택함으로써 투자자의 의사결정에 도움이 되는 회계정보를 제공할 수 있다고 여긴다.

이러한 신념에 따라 원칙중심 회계는 회계처리를 위한 상세한 규정 대신 개념체계(conceptual framework)에 기반을 둔 회계원칙(accounting principles)을 제공한다(SEC 2004, Schipper 2003).

기업 스스로 자신이 처한 구체적인 상황에 대한 적절한 회계처리를 가장 잘 결정할 수 있다고 믿기 때문에, 원칙중심 회계는 구체적 회계처리방법 또는 명확한 양적 기준이나 예외사항들을 제시하지 않는다. 대신 일관된 개념체계에 근거하여 넓은 영역을 다룰 수 있도록 적절하게 정의된 기준만을 제공하고, 기업의 재무제표 작성책임자가 합리적 판단에 따라 회계처리를 할 수 있도록 허용한다.

원칙중심 회계에서 재무제표 작성자들은 세부적 회계처리에 적용할 수 있는 세밀한 조문이나 규정을 바탕으로 회계처리하지 않는다. 대신 회계기준서에서 공표하고 있는 회계처리 원칙과 회계처리를 통해 작성되는 재무정보의 목적에 집중해야 한다. 제정기구나 감독기관도 마찬가지이다. 이들 기관은 구체적인 회계처리에 있어서 자신의 생각 대신 기업의 판단과 선택을 존중해야 한다. 유사한 거래에 대하여 각 기업들이 회계처리를 서로 다르게 했다고 하여도, 감독기관은 제재 이전에 왜 기업이 그렇게 회계처리를 선택했는지 심사숙고해야 한다.

원칙중심 회계가 규칙중심 회계보다 좋은 점

결론부터 이야기하자면 원칙중심 회계의 장점은 규칙중심 회계의 단점을 보완할 수 있다는 점이다. 좀 더 구체적으로 원칙중심 회계의 장점은 크게 네 가지로 설명할 수 있다(Black et al. 2007, DiPiazza et al. 2008, 서원정 2009).

첫째, 원칙중심 회계는 시장의 혁신(innovation)에 대해 효과적으로 대응할 수 있다. 원칙중심 회계는 구체적 사안이 아닌 원칙을 제공하기 때문에 시장상황이 변경되더라도 규정을 바꿀 필요가 별로 없다. 가령 새로운 유형의 매출거래가 발생해도 새로운 회계기준 제정 없이 기업 스스로 기존 거래의 원칙과 수익인식기준을 고려하여 새로운 매출거래에 대한 회계처리를 결정할 수 있도록 한다.

둘째, 원칙중심 회계는 회계공학을 효과적으로 방지할 수 있다. 규칙중심 회계에서 기업은 특정한 양적 기준값(threshold)만을 준수해 자신이 의도한 목적을 위해 회계기준 위반을 피해 회계처리할 수 있다. 하지만 원칙중심 회계에서는 규정 준수 여부가 아니라 회계기준 원칙이 달성되었는지를 확인하기 때문에 의도적으로 왜곡된 회계처리를 어렵게 한다.

원칙중심 회계가 회계공학을 줄인다는 사실은 연구결과를 통해서도 확인되었다. Cohen et al.(2013)은 그룹을 둘로 나눠 한 그룹은 규칙중심 회계기준에 따라, 다른 그룹은 원칙중심 회계기준에 따라 동일한 리스분류 의사결정을 하도록 했다. 실험 결과 원칙중심 회계기준을 따른 그룹이 왜곡된 회계처리를 줄이는 방향으로 움직이는 것을 발견했다. 즉, 리스를 운영리스보다 금융리스로 더 많이 분류하는 경향을 발견했다. 이는 규칙중심 회계에 비해 원칙중심 회계를 따를 때 기회주의적 목적을 위한 회계처리 가능성이 낮아진다는 의미이다.

셋째, 원칙중심 회계는 회계기준이 공룡처럼 커지는 것을 방지한다. 원칙중심 회계는 본질적으로 규제자인 감독기관과 피규제자인 기업 모두가 지엽적인 부수 규정이 아니라 핵심적인 주요 규정에 집중하도록 함으로써 세부적 가이드라인의 필요성을 줄이는 효과를 갖고 있다. 세부적 가이드라인은 감소하기 때문에 원칙중심 회계의 규정들은 비교적 간단하다. 또한 회계기준의 조문 개수가 상대적으로 적기 때문에 복잡함도 줄어든다.

새로운 거래가 나타날 때마다 세부적 가이드라인이 추가되어야 하고 그에 따라 점점 몸집이 불어나는 규칙중심 회계와 달리, 원칙중심 회계는 핵심규정의 추가 또는 수정이 필요한 극소수 경우를 제외하고는 새로운 가이드라인을 추가할 필요가 거의 없다.

넷째, 원칙중심 회계는 경제적 실질을 충실히 반영하는 회계정보를 만들어낸다. 원칙중심 회계는 궁극적으로 기업이 구체적인 회계처리를 가장 적절하게 하도록 지원하며 회계정보가 기업이 처한 상황과 경영활동을 더 정확하고 충실하게 반영할 수 있도록 돕는다.

앞에서 동일한 두 개의 장비를 각각 내용연수 74.9%, 75.1%로 사용하는 A기업의 사례로 규칙중심 회계의 한계를 이야기한 바 있는데, 이 회사를 한 번 더 생각해 보자. 규칙중심 회계인 K-GAAP에 따르면 이 회사는 두 장비를 서로 다르게 회계처리해야 한다. 규정이 그렇게 되어 있기 때문이다. 그러나 원칙중심 회계에서는 이 두 장비의 리스기간이 실질적으로 동일하기 때문에 동일한 회계처리를 해야 한다. 실질적으로 동일한 리스자산에 대해서는 동일한 회계처리를 적용해야 한다는 것이 원칙중심 회계의 원칙이기 때문이다. 이처럼 규칙중심 회계가 기업 경영활동의 실질을 제대로 반영하지 못할 위험이 있는 반면 원칙중심 회계는 기업 경영활동의 실질을 더 잘 반영할 수 있다.

원칙중심 회계에 따른 지배력 판단

최근 여러 회계사건에서 쟁점이 되고 있는 연결종속회사 여부의 결정을 좀 더 깊게 생각해 보자.

연결종속회사 여부의 핵심 판단기준은 지배력 판단이다. 규칙중심 회계는 C기업의 D기업에 대한 지분율이 50%를 초과하면 지배력 요건을 충족한다고 보아 D기업을 C기업의 연결종속회사로 분류했다. 반면 원칙중심 회계는 지분율 이외에도 '실질적'으로 C기업이 D기업을 지배하고 있는지 판단하여 지배력 여부를 결정한다. 예를 들어 보자. C기업이 D기업에 대해 40%의 지분율을 갖고 있다. 하지만 C기업을 제외한 나머지 다른 주주들은 숫자가 매우 많고 이에 따라 지분율도 분산되어 있기 때문에 C기업이 최대주주이다.

이와 같은 상황일 때 규칙중심 회계는 단순히 50%라는 규칙에 따라 C기업이 D기업에 대해 지배력은 없다고 판단한다. 지분율이 50%를 초과하지 않기 때문이다. 그러나 원칙중심 회계에서는 C기업이 D기업을 실질적으로 지배한다고 판단할 수 있다. 실질적으로 C기업 이외 다른 주주들이 의견을 하나로 모아 C기업을 능가하는 일이 어렵기 때문이다.

이처럼 원칙중심 회계에서는 지배기업과 종속기업의 실질적 관계를 고려하여 연결재무정보를 공시하고, 투자자는 이를 통해 기업의 실질적 재무성과를 투명하게 알 수 있다.

실제로 IFRS 도입 직후인 2012년부터 우리나라에서 실질지배력을 강조한 새로운 연결재무제표 기준서가 시행되었다. 그 결과 2013년 연결재무제표 작성시에는 연결대상기업 수가 18%가량 증가한 것으로 나타났다. 금융감독원에 따르면 자산규모 상위 상장기업 중 주요 업종에 속하는 50개 상장기업을 대상으로 조사한 결과, 연결대상 기업 수는 2012년 말 2,664개사에서 2013년 6월 말 3,137개사로 17.8% 증가했다. 기업별 평균 연결대상기업 수도 2012년 말 53개사에서 2013년 6월 말 63개사로 늘어났다. 이는 과거 규칙중심 회계가 지배기업과 종속기업 간의 실질적 관계를 반영하지 못했음을 나타낸다고 할 수 있다.

회계의 투명성을 높여 주주와 기업에게 이익을 주는 원칙중심 회계

원칙중심 회계의 긍정적인 효과는 이 외에도 다양하다.

먼저 원칙중심 회계는 재무보고 품질을 개선한다. 실제로 국제회계기준을 도입한 기업이 도입하지 않은 기업에 비해 이익조정 정도가 감소하고 손실보고의 적시성 등이 개선된 결과가 확인된 연구가 있다(Barth et al. 2008). 국내에서도 국제회계기준 도입 이후 이익조정이 감소하여 재무보고의 품질이 향상되었다는 보고가 있다(김경태 2014).

또한 원칙중심 회계는 국가 간의 비교 가능성을 개선한다. 여러 나라들을 같은 잣대로 비교할 수 있기 때문에 자연스럽게 갖게 되는 장점이다. 국제회계기준을 도입한 22개 국가와 도입하지 않은 18개 국가의 재무상태표 계정 금액들의 분산을 비교하여 국제회계기준 도입 국가의 재무상태표 계정 금액 분산이 도입하지 않은 국가에 비해 작다는 사실, 즉 국제회계기준 도입이 비교 가능성을 개선했음을 입증한 연구가 있다(Cascino and Gassen 2010). 규칙중심 회계를 사용하는 미국에서도 국제회계기준을 적용한 기업과 US-GAAP를 적용한 기업의 비교 가능성을 비교하여 국제회계기준을 적용한 해외기업의 비교 가능성이 상대적으로 높다는 사실이 보고되기도 했다(Lang et al. 2010, Barth et al. 2012).

원칙중심 회계는 개별 기업의 정보환경을 개선하는 효과도 갖고 있다. 국제회계기준을 통해 더 정확하고 신뢰성 있는 회계정보를 제공함으로써 기업은 자본조달비용을 줄일 수 있고, 재무분석가들은 이익 예측 정확성을 높일 수 있다. 이 역시 실제 사례에 대한 연구를 통해 입증된 사실이다(Daske et al. 2008, Kim and Shi 2012).

이처럼 원칙중심 회계는 여러 가지 장점을 갖고 있다. 시장 혁신에 대한 효과적 대응, 회계공학 방지, 회계기준 방대화 예방, 경제적 실질을 충실히 반영하는 회계정보 생성, 재무보고의 품질 개선, 국가 간 비교 가능성 개선! 여기에 추가적으로 자본조달비용 감소나 개별 기업의 정보환경 개선 등도 다양한 연구와 조사를 통해 확인된 원칙중심 회계의 장점이다.

또한 이와 같은 원칙중심 회계의 다양한 장점들은 궁극적으로 회계의 투명성을 높여준다. 나아가 이를 통해 주주와 기업이라는 회계의 최종소비자(end user)들에게 큰 이익을 제공한다.

사례 글 기업인 10명 중 8명 "회계투명성 높이면 주주와 기업에 이익"

글로벌 회계 컨설팅 기업 EY한영이 최근 국내 주요 기업 재무 담당 임직원 187명을 대상으로 개최한 '2019 제3회 회계투명성 제고 방안 세미나'에서 실시한 설문조사에 따르면, "회계투명성 향상에 따른 이익이 어디로 귀속된다고 생각하느냐"는 질문에 응답자(161명)의 57.7%가 주주, 33.1%가 기업에 돌아간다고 답했다. 감사를 시행하는 회계법인을 꼽은 응답자는 3.1%, 조세당국인 정부를 꼽은 응답자는 1.8%에 불과했다. (조선비즈, 2019.7.10)

원칙중심 회계도 완전체는 아니다

규칙중심 회계의 한계를 극복하기 위해 개발된 원칙중심 회계는 이처럼 많은 장점을 갖고 있으며 크고 작은 성공을 거두기도 했다. 그렇다면 원칙중심 회계는 장점만을 갖고 있고 단점은 도무지 찾아볼 수 없는 완전체일까? 결론은 '아니다'이다. 원칙중심 회계 역시 완벽하지 않다. 원칙중심 회계 역시 다양한 문제점을 내포하고 있고, 이로 인해 우리들은 여러 가지 혼란을 겪고 있다.

원칙중심 회계의 장점을 입증한 연구와는 정반대로 원칙중심 회계가 감사환경이나 재무보고 품질에 부정적인 영향을 줄 수 있다는 연구들도 존재한다. 이와 같은 연구들은 원칙중심 회계가 갖고 있는 회계기준의 유연성에 초점을 맞춘다. 즉, 기업의 판단을 중요시하는 원칙중심 회계는 회계기준을 유연하게 적용하기 때문에 기업이나 감사인이 재량권을 남용하여 기회주의적 회계선택을 할 가능성을 높이고, 나아가 경제적 실질을 왜곡하는 회계정보를 생산하여 재무보고의 품질을 낮출 가능성이 존재한다는 것이다.

원칙중심 회계가 갖고 있는 한계들

먼저 원칙중심 회계는 경영자의 이익조정의 폭을 넓힌다. EU 소속 11개 국가 1,408개 기업의 실제 자료를 분석한 결과 프랑스, 스페인,

영국은 국제회계기준 도입 후 경영자 자신의 결정에 따른 이익조정의 폭이 증가하였음을 확인했다(Callao and Jarne 2010). 이는 경영자들이 자신의 결정에 따라 회계처리할 수 있으므로 이익조정의 폭이 그만큼 넓어진다는 가정을 입증한 결과였다.

또한 국제회계기준 도입 후 이익조정이 더 커진 것은 물론 이익이 매 기간 일정하게 증가하는 것처럼 보여주려고 의도적으로 이익을 조정하는 이익유연화(income smoothing) 정도도 증가하였음을 발견한 연구도 있다(Ahmed et al. 2013). 국내에서도 실증을 통해 국제회계기준 도입 이후 지배기업의 재무제표 품질은 개선되었으나 종속기업을 통한 이익조정이 증가하였다는 연구가 있다(정태범 2013).

원칙중심 회계의 회계공학 예방 효과에 대한 반론도 존재한다. 원칙중심 회계 역시 그 안에서 또 다른 회계공학이 얼마든지 발생할 수 있다는 이야기이다. 원칙중심 회계는 재무제표 작성이나 표시 방법 등 세부사항을 구체적으로 규정하지 않고 각 기업들의 실정에 맞게 선택할 수 있는 재량권을 부여하는데, 기업은 오히려 이를 회계이익조정에 이용할 수도 있다.

2011년 도입된 국제회계기준은 영업이익 산출방식을 구체적으로 규정하지 않고 있었다. 이에 따라 2009년 국제회계기준을 조기 도입한 기업 중에서 최근 3년 이상 적자를 보고한 기업들 중 일부가 영업손익 항목에 대해 재량적 선택을 허용하는 국제회계기준을 이용하여 영업손익을 흑자로 전환했다. 그 결과 해당 기업들은 코스닥시장에서 퇴출될 위기를 가까스로 모면하였다.

이 사례는 자의적 영업이익 산출의 정당성에 대한 논란을 촉발했고

(조성표 등 2013), 이러한 문제점을 보완하기 위하여 2012년 한국채택 국제회계기준은 영업이익에 대한 정의를 새로 도입하기도 하였다.

감사기능의 약화 가능성도 원칙중심 회계의 한계로 지적된다. 실제 연구에 따르면 감사인이 규칙중심 회계보다 원칙중심 회계에서 경영진의 회계처리에 대해 더 많이 동의하는 경향이 발견되기도 했다(Braun et al. 2015). 이는 원칙중심 회계가 지닌 모호성으로 인해 감사인이 경영진의 판단에 더 쉽게 설득된다는 의미로 해석할 수 있다. 실제로 Fortune 1000 기업의 CFO와 감사인에게 원칙중심 회계과 규칙중심 회계 중 어떤 것의 회계정보가 질적으로 더 좋은지 질문하자 원칙중심 회계보다 규칙중심 회계가 더 낫다는 답변이 많이 나오기도 했다(McEnroe and Sullivan 2013).

끝으로 국제회계기준 도입이 회계투명성에 실제로 어떤 영향을 주었는지 직접 살펴본 국내 연구도 있다. 이 연구에서는 회계투명성 측정치를 회계이익과 그 변화가 주가수익률을 설명하는 정도로 정의했는데, 실증 결과 국제회계기준이 재무보고 품질을 향상했다는 증거를 찾지 못했다(최서아 · 최국현 2015).

규제중심의 환경에서 일어날 수 있는 원칙중심 회계의 문제점

이처럼 원칙중심 회계에는 아주 많은 장점과 적지 않은 단점이 공존하고 있다. 그런데 특히 문제가 되는 상황은 규제 환경에서 원칙중심 회계가 활용될 때이다. 즉, 우리나라와 같이 대부분의 행정이 규칙중심인 환경에서 회계기준만이 원칙중심인 경우 회계기준의 운용과 다른 법규와의 충돌이 발생할 수밖에 없다.

이와 같은 문제점은 우선 법률적 장애요인(legal obstacle)이란 측면에서 발생한다. 즉, 원칙중심 회계라는 법규의 원칙과 이보다 상위에 있는 법률이 지닌 원칙이 서로 충돌할 가능성이 있다는 말이다. 우리나라에서 회계기준의 상위법으로는 상법, 외감법, 자본시장법, 금융감독규정 등이 있으며, 한국채택국제회계기준(K-IFRS)은 위임규정을 통해 법원(法源)이 된다.

그런데 회계기준인 한국채택국제회계기준과 상위법 사이에는 매우 근본적인 차이가 존재한다. 회계기준은 원칙중심의 규정인 반면 상위법은 규칙중심의 성문법이기 때문이다. 이에 따라 기업은 자신들에게 상당한 판단과 자율을 위임하는 국제회계기준이 상위법에서도 인정될 것인가 하는 걱정을 하게 된다. 예를 들어 원칙중심 회계에서는 회계기준의 문구보다는 회계기준의 목적을 우선하기 때문에, 기업이 적정한 절차를 거쳐서 판단을 내린 결과인 회계처리를 적정한 회계로 인정한다. 그러나 회계기준의 상위법에서는 회계기준의 문구 자체를 더 중요하게 고려한다. 왜냐하면 우리나라의 법체계가 성문법체계이기 때문이다. 따라서 적정한 절차에 의한 회계의사결정이라고 해도 성문법인 상위법에서 존중받지 못할 가능성이 충분히 존재한다.

이러한 규제 환경에서 원칙중심 회계가 활용될 때는 기업의 불확실성이 늘어나고 예측 가능성이 줄어드는 문제도 발생할 가능성이 있다. 원칙중심 회계에서는 상세한 지침이나 가이드라인, 규정의 상세해설이 제시되지 않기 때문에 기업이 자신이 원칙을 위반했는지, 그래서 감독기관으로부터 제재를 받게 될지 확실하게 알 수 없다.

이에 따라 기업은 가능한 모든 대안을 나열하고 하나씩 체크해 가는

'box-ticking' 방식으로 규제를 회피할 수밖에 없게 된다. 즉, 기업은 쓸데없이 세세한 것까지 하나씩 따지는 관료주의적 형식주의에 직면할 수도 있다는 걱정 때문에 불안감과 피로감이 증폭된다. 불확실성은 늘어나고 예측 가능성은 줄어드는 상황으로 인하여 피규제자인 기업은 본연의 기능인 가치창출활동보다 있을지도 모르는 규제를 피하기 위해 소모적인 노력을 수행해야 할 가능성이 존재한다는 말이다.

반대로 규제당국인 감독기관 입장에서는 회계기준 위반에 대한 판단기준이 명확하지 않기 때문에 발생할 수 있는 모든 가능성을 고려하여 판단해야 한다. 기존에는 규칙에 맞추어 회계처리를 수행했는지 여부만 고려하면 됐으나 원칙중심 회계에서는 기업이 경제적 실질을 반영하는 회계처리를 수행했는지에 대해 판단해야 한다.

이러한 경제적 실질 반영에 대한 회계처리의 진실 여부는 경영자의 판단에 대한 사항이므로 평가가 쉽지 않다. 특히, 원칙중심 회계에서는 경영자가 재량권을 남용할 가능성이 크기 때문에 감독기관의 경영자 재량에 대한 평가는 더욱 중요할 수밖에 없다. 따라서 감독기관 입장에서는 원칙중심 회계에서 감독기능이 더욱 중요해질 수밖에 없으며 이에 따라 강화된 감독을 수행해야 한다고 생각하게 된다.

이러한 이유로 원칙중심 회계에서는 규제의 구렁텅이(regulatory creep)에 자주 빠져버릴 가능성도 있다. 명확한 정량적 판단기준이 없기 때문에 규제의 범위가 오히려 확장될 수 있기 때문이다. 헷갈리니까 우선 기연가미연가한 사항까지 다 따져보겠다고 덤비면 회계기준에 대한 준수뿐 아니라 회계기준을 지키기 위한 내부절차, 심지어 의도까지 규제대상이 확대될 수 있다.

또한 사후 판단에 기반을 둔 규제(hindsight-driven enforcement)의 가능성도 규제 환경에서 원칙중심 회계가 적용될 때 발생할 수 있는 위험이다. 경영자의 판단에 대한 평가가 쉽지 않으므로 사안이 일어난 발생시점의 상황에 기반을 두는 판단이 아니라 사후 결과를 가지고 경영자의 의도를 판단할 가능성이 있다. 결과는 눈에 보이는데 과정은 파악이 쉽지 않기 때문에 눈에 보이는 것만으로 판단할 개연성이 있다는 뜻이다.

예를 들어 한 회사가 어떤 거래를 했는데 결과를 예측하기 어려워 추정 당시의 사용 가능한 정보를 이용하여 최선을 다해 추정을 했고, 그 결과를 근거로 회계처리를 했다. 그러나 이후 실제 결과가 나왔는데, 기업이 추정한 내용과 달랐다. 이런 경우 감독기관이 사안이 일어난 발생시점의 상황에 의거해서 추정의 적정성을 판단하는 것이 아니라 추정과 실제 결과가 다르다는 사실만을 바탕으로 기업과 감사인을 규제하는 사후 판단에 기반을 둔 규제가 가능해진다.

성문법체계를 가지고 있는 우리나라와 같은 규제 환경에서는 명백한 회계기준의 위반이 무엇인가가 중요하다. 물론 명백한 회계기준의 위반으로 하여 투자자와 채권자 등이 피해를 입었다면 처벌을 받아야 한다. 그러나 원칙중심 회계는 명백한 회계처리방법을 항상 제시하지 않는다. 따라서 원칙에 따른 회계처리가 문구에 얽매인 해석으로 처벌받고, 감독기관의 의지에 따라서는 원칙중심 회계가 오히려 더 쉽게 기업을 처벌하는 무기가 될 가능성도 있다.

원칙중심 회계의 효과?

이번 장에서는 원칙중심 회계가 무엇인지 개념을 추린 후, 규제중심 회계와 비교할 때 원칙중심 회계가 어떤 장점과 어떤 단점을 갖고 있는지 살펴봤다. 특히 행정 전반에 걸쳐 규제가 중심이 되는 우리나라에서 원칙중심 회계를 운용할 때 생길 수 있는 문제점에 대해서도 꼼꼼히 따져봤다.

원칙중심 회계인 국제회계기준은 이미 명실상부한 세계적 회계기준이다. 도입이 결정되는 과정은 물론 실제 도입이 된 이후에도 국제회계기준의 효과에 대해서는 많은 논란이 있다. 그러나 원칙중심 회계의 순기능이 역기능보다 많다는 사실에 대부분 동의했기에 우리들은 많은 기대를 걸고 국제회계기준을 도입했다. 그러나 국제회계기준을 실제로 사용한 지난 10년의 시간을 돌이켜보면, 원칙중심 회계의 긍정적 효과보다는 부정적 효과가 더 부각된 것이 사실이다.

보통 변화에 대해서는 좋은 점보다 나쁜 점이 더 도드라지게 나타난다. 칭찬보다 비난이 더 쉽기 때문이고 긍정적 효과보다 부작용이 더 강하게 드러나기 때문이다. 그러나 지금은 냉정하고 예리하게 원칙중심 회계를 다시 한 번 생각해야 할 때이다. 부정적인 효과가 발생하는 이유가 무엇인지, 이를 어떻게 극복할 것인지, 긍정적인 효과를 더 키우기 위해서는 무엇을 해야 하는지에 대해 더 깊은 고민과 더 많은 토의가 필요하다. 그래야 비로소 국제회계기준이라는 원칙중심 회계를 도입하면서 지불하고 있는 엄청난 비용에 대한 보상을 받을 수 있을 것이다.

제 2 장

원칙중심 회계 현장 살피기

1. 경영진의 재량과 비용 증대 -재무제표 작성과정
2. 감사인의 위험과 의견충돌 가능성 증가 -감사과정
3. 사후감리의 한계와 해석 차이에 따른 갈등 우려 -감독과정

원칙중심 회계는 다양한 장단점을 동전의 양면처럼 함께 갖고 있다. 따라서 장점을 강화하고 단점을 보완해야 원칙중심 회계를 정착시킬 수 있다. 그런데 우리나라는 사전 준비를 위한 논의가 충분하지 못한 상태에서 원칙중심 회계인 국제회계기준을 전면 도입했기 때문에 아직 넘어야 할 산이 많다. 특히 규제중심 환경인 우리나라에서 원칙중심 회계인 국제회계기준을 사용하는 과정에서는 어려움이 더욱 많을 수밖에 없다.

그렇다면 원칙중심 회계를 도입한 우리가 직면하고 있는 구체적인 문제들은 과연 무엇일까? 원칙중심 회계인 국제회계기준 도입 이후 우리나라 기업과 감사인과 감독기관에게는 어떠한 변화가 있었을까? 그리고 어떠한 어려움에 직면하고 있을까?

재무정보의 산출과정

입 안으로 먹을 것이 들어가려면 엄청난 프로세스를 거쳐야 한다. 돈가스로 생각해 보면 도축, 육가공, 재료손질, 튀김, 소스 제조, 상차림 등이 차례대로 진행되어야 맛있는 돈가스를 먹을 수 있다. 재무정보도 마찬가지이다. 정보이용자가 투자의사결정을 위해 확인하는 재무정보가 완성되려면 역시 여러 단계의 산출과정을 거쳐야 한다.

먼저 기업 회계담당자가 재무제표를 작성하면 경영진은 이를 확인하여 재무제표를 확정한다. 내부 감시기구가 이를 검토한 후 감사인이 시간과 노력을 투입하여 감사를 수행한 다음 재무제표의 적정성에 대한 감사의견을 표명한다. 이어서 감사의견이 첨부된 재무제표가 자본시장에 공시되면 이 재무제표를 투자자나 채권자 같은 정보이용자들이 확인하여 의사결정에 활용하게 된다.

그런데 이렇게 길게 이루어지는 재무정보 생성과정에 대해서는 적절한 모니터링이 필요하다. 국민의 보건 증진을 위해 식품의약품안전처가 식품회사의 제조공정을 관리해 불량식품을 예방하듯, 재무정보가 만들어지는 과정에서도 감독기관의 관리가 필요하다. 그래야 불량한 재무정보 생성을 미연에 방지할 수 있기 때문이다. 이 모니터링, 즉 회계감독을 수행하는 기관이 바로 금융감독원, 금융위원회 등이다. 이 기관들은 각 기업에서 공시한 재무정보들이 적절한 절차를 거쳐 만들어진 적정한 정보인지 확인하고 지도한다.

재무정보 생성 및 공시과정별 원칙중심 회계의 문제점

원칙중심 회계인 국제회계기준은 재무정보를 생성하고 공시하는 모든 과정에서 작동된다. 따라서 원칙중심 회계의 모든 순기능과 역기능 역시 이 모든 과정에서 나타난다. 재무정보가 생성되고 공시되는 각 과정에서 단계별로 일어나는 원칙중심 회계의 문제들을 개괄적으로 정리하면 [도표 4]와 같다.

이 장에서는 원칙중심 회계 도입 이후 현장에서 발생하고 있는 문제점들을 생생하고 상세하게 살펴보고자 한다. 이를 위해 재무정보 생성 및 공시 프로세스를 재무제표 작성과정, 감사과정, 감독과정, 징계과정의 4단계로 구분하여 각 과정에서 발생하는 문제점을 기업, 감사인, 감독기관 등의 입장에서 생생하게 파헤쳐보고자 한다.

이를 위해 이 책의 집필진은 2018년 10월부터 2019년 3월까지 대기업 및 중견-중소기업 등 총 162개사의 회계담당자[6]와 회계법인에서

[도표 4] 재무정보 생성 및 공시과정에 따른 원칙중심 회계의 문제점

단 계	주 체	원칙중심 회계의 문제점
재무제표 작성	회계담당자 및 경영자	• 재무제표 작성비용의 증가 • 회계전문인력의 필요성 증가 • 경영진의 재량권 남용에 따른 기회주의적 이익조정 가능성 증가 • 회계처리 대안에 대한 감사인-회사 간, 감독기관-회사 간 이견 가능성에 대한 불안감 증가
내부 감시	감사위원회 및 감사	• 감사위원회 및 감사의 회계 및 감사전문성 증가
외부감사 (감사 및 감사의견 표명)	감사인	• 감사 자원 투입의 증가 • 다양한 회계처리 대안에 대한 적정성 검토 필요 • 회사와 감사인 간의 의견 상충 가능성 증가 • 전임 감사인과 당기 감사인 간의 의견 상충 가능성 증가 • 감사인의 판단에 대한 감독기관의 감리 가능성 증가
회계감독기관의 감독 (재무제표 심사 및 감리)	회계감독기관	• 회사의 회계처리에 대한 불신 증가 • 감독기관의 사후적 확신 편향 가능성에 대한 우려 증가 • 감리제도에 대한 불신 증가 • 회계처리 위반 입증의 어려움 가중
징계 및 제재	감리위원회 및 증권선물위원회	• 1개 사건에 대한 복수의 회계처리 수용 여부 모호 • 징계 여부 판단의 어려움 증가 • 징계에 대한 수용 가능성 저하

감사업무를 담당하는 총 188명의 공인회계사[7]를 대상으로 설문조사를 실시하였다. 또한 기업 회계담당자 및 회계임원, 대형 회계법인 및 중소형 회계법인의 대표와 최고경영진을 면담하였다. 더불어 회

계법인의 심리실 관계자들뿐만 아니라 금융감독기관의 회계감독 담당자와도 심층 인터뷰를 실시하였다. 이러한 과정을 통해 확인한 기업, 감사인, 감독기관의 담당자들이 겪는 문제점과 개선 의견을 차근차근 살펴보자.

1 경영진의 재량과 비용 증대 –재무제표 작성과정

규칙중심 회계가 기성복이라면 원칙중심 회계는 맞춤복이다. 규칙중심 회계는 의류회사가 정해놓은 사이즈를 토대로 옷에 내 몸을 맞추는 것과 같다. 반면 원칙중심 회계는 내 몸의 치수를 직접 잰 후 마름질하여 내 체형에 딱 맞는 옷을 맞춰 입는 것과 비슷하다.

사람들은 저마다 취향이 다르고 체형도 다르다. 그러나 기성복을 효율적으로 만들어 판매하고자 한다면 체형을 몇 가지 유형으로 나눈 후 이 표준체형을 기준으로 옷을 만들어야 한다. 그래서 기성복을 사면 자기 몸에 딱 맞지 않는 사람이 나오기 마련이다. 기업도 마찬가지이다. 각 기업들이 처해 있는 상황과 경험한 사건들 또한 천차만별이다.

특히 이미 복잡해졌고 앞으로도 더욱 복잡해질 것이 분명한 기업활동에 대해 모든 세부적인 규칙을 기성복처럼 제시하는 것은 불가능에 가깝다. 따라서 회계기준은 원칙을 제시하고 기업은 그 원칙에 맞게 회계정보를 작성하는 것이 적합하다. 이를 통해 미리 짜둔 틀이 아니라 기업의 특성에 맞는 각각의 틀에 따라 경영의 실질을 왜곡

없이 전달해야 한다. 이를 통해 정보이용자들의 올바른 의사결정을 돕는 것이 바로 원칙중심 회계의 궁극적 목적이다.

늘어난 재량권, 더 늘어난 사적 이익 추구 가능성

'실질에 맞는 회계선택'

원칙중심 회계의 중요한 핵심 키워드이다. 원칙중심 회계에서 기업은 하나의 경제적 사건이 기업에 미친 영향을 가장 잘 표현할 수 있는 회계처리를 선택할 수 있고, 또 선택해야 한다. 이에 따라 원칙중심 회계는 재무제표 작성과정에서 기업 경영진의 재량권이 매우 높다. 규칙중심 회계에서 기업의 재량이 발휘될 여지는 거의 없었다. 시시콜콜한 것까지 모두 규칙으로 정해져 있기 때문이다. 그러나 원칙중심 회계는 그렇지 않다. 원칙이라는 테두리 안에서 상당 부분을 경영진이 재량권을 발휘하여 실질에 맞게 선택할 수 있기 때문이다.

그런데 여기에는 함정이 있다. 이 재량권이 올바로 사용되면 괜찮은데, 그렇지 않다면 경영진이 재량권을 기회주의적으로 활용하여 사적인 이익을 추구할 수도 있기 때문이다. 학교가 맞춤복을 허용하자 학생에게 전혀 어울리지 않는 옷을 맞춰 입는 학생이나 뷔페에서 건강에 좋지 않은 음식만 골라먹는 사람처럼, 원칙중심 회계에서는 원칙에 위배되지 않는 범위 내에서 편중된 회계선택을 할 수 있다.

사실 회계처리방법을 선택할 때 경영진은 갖가지 유혹을 받게 된다. 부채비율을 낮게 나타내 신용도는 높이고 이자비용은 줄이거나, 실제보다 성과를 높게 보이도록 만들어 더 많은 자금을 더 쉽게 빌려오고 싶을 수 있다. 내외부의 평가나 자신의 명성을 의식해 성과를 부풀리는 회계선택을 하거나, 보다 직접적으로는 부여된 스톡옵션 행사 시점에 주가를 최대한 높이기 위해 해당 기간의 성과를 높이려 들 수도 있다. 이처럼 기업의 현재 상태와 성과를 나타내는 회계처리 중 하나를 선택할 때, 사적 이익을 선택하라고 경영진을 유혹하는 요인은 곳곳마다 즐비하게 숨어 있다.

따라서 경영진은 누구나 회계기준이 허락하는 범위 내에서 자신과 기업에게 유리한 선택을 할 수 있다. 달리 생각해 보면 경영진의 계산기에서는 이와 같은 재량적 회계선택이 가장 합리적인 의사결정일 수도 있다. 그러나 회계의 본질은 기업의 진짜 모습, 경영의 실재를 있는 그대로 담아내는 것이다. 따라서 경영진의 재량적 선택이 진실을 가린다면 회계의 목적은 제대로 실현될 수 없다. 그렇기 때문에 경영진은 원칙중심 회계의 정착과 발전을 위해 경제적 실질을 투명하게 반영하고자 노력해야 한다.

유혹받는 경영진

그렇다면 기업의 회계 실무 담당자들은 원칙중심 회계 도입 이후 경영진의 재량권 행사에 대해 어떻게 평가하고 있을까? 앞에서 소개한 한국회계학회 수행 2019년 설문조사 결과, 경영진의 재량권 남용 가능성에 대한 기업 실무자의 인식은 긍정적이지 않은 것으로 나타났다. 경영진이 원칙중심 회계 도입에 따라 늘어난 재량권을 활용하여 자신의 이해관계에 따라 회계처리를 할 가능성이 더 높아졌다고 답한 실무자들이 전체 응답자의 43.6%였다. 이는 가능성이 낮아졌다는 6.9%의 답변보다 6배 이상 많은 수치였다. 즉, 기업 내부의 실무자들도 원칙

[도표 5] 이해관계에 부합하는 경영진의 회계처리 가능성

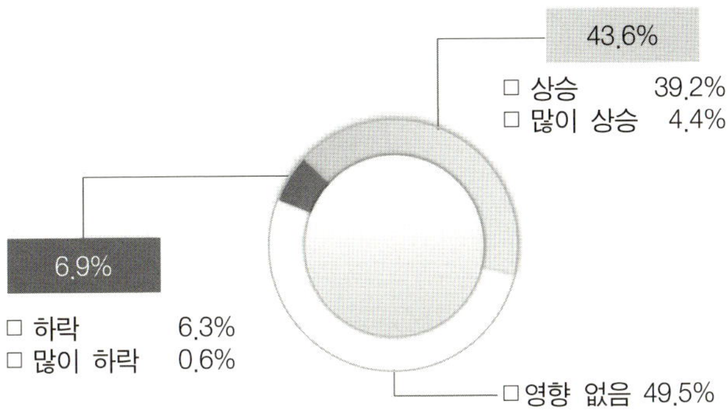

중심 회계에서 경영진의 재량권 남용을 적지 않게 우려하고 있다는 뜻이다.

구체적인 예로 경영진의 재량권 증가가 특정 지출에 대한 자산화 여부에 대한 판단에 어떻게 영향을 미치는지를 다음의 사례를 통해서 살펴보자.

사례 제약회사의 의약품 개발에 따른 개발비 회계처리

A사, B사, C사는 모두 의약품을 개발하여 판매하는 제약회사이다. 그러나 이 회사들의 회계처리방식은 서로 다르다. A사는 새로운 의약품을 출시할 때까지 투입한 개발비를 판매비와 관리비로 비용처리한다. 반면 B사는 개발 중인 의약품이 임상 1상 상태일 때 개발비를 자산으로 처리한다. C사는 개발 중인 의약품이 임상 3상 상태가 될 때 개발비를 자산으로 처리하고 있다.

B사는 착수 후 5년이 지났지만 원하는 임상결과를 얻지 못해 이 의약품 개발 프로젝트를 중단했고, 그동안 자산으로 처리해왔던 개발비 전액을 비용으로 처리했다.

이 사례에 등장하는 세 제약회사는 새로운 의약품 개발비의 자산화 여부와 시점에 대한 판단이 모두 다르다. 경영진이 이익이 많이 난 것으로 보고하려면 가급적 개발비 지출에 대한 자산화 비율을 높이려고 할 것이다. 개발에는 실패했지만 개발에 들어간 돈의 상당 부분은 비용이 아니라 자산으로 쌓였다고 해석하는 것이다. 이 사례에서 B사는 가장 적극적으로 개발비를 자산화함으로써 높은 이익을 보고하려고 시도하였다.

경영진의 재량권 남용 가능성에 대한 부정적인 인식은 기업의 실무자뿐 아니라 감사인들 또한 마찬가지이다. 설문조사 결과에 따르면 전체 응답 감사인 중 71.3%가 원칙중심 회계 도입 이후 경영진의 이익조정 가능성이 증가했다고 응답했다. 이러한 결과를 볼 때 감사인들 역시 회계 실무자와 마찬가지로 경영진의 이익조정 가능성을 높게 보고 있다고 풀이된다.

기업과 이해관계자의 의견 상충 증가

원칙중심 회계에 따른 재무제표 작성과정에서 나타나는 또 다른 문제는 기업과 이해관계자의 의견충돌 가능성이 크게 증가했다는 점이다. 여기서 말하는 이해관계자란 재무제표를 작성하는 기업, 기업 내부의 감시기구인 감사나 감사위원회, 외부 회계법인으로 대표되는 감사인과 감독기관은 물론 해당 기업의 재무제표를 이용하는 모든 사람들을 총칭한다.

재무제표 작성과정 중 경영진은 기업 또는 경영진의 개인적 이해관계에 부합하는 회계처리를 선택할 가능성이 높아질 수 있다. 이러한 기회주의적인 회계선택이 실제로 이루어지면 감사인, 감독기관, 그 밖의 다양한 이해관계자와 경영진의 의견이 대립되는 현상이 초래될 수 있다. 이 중에서 특히 기업 입장에서 의존도가 높은 감사인과 기업, 영향력이 매우 큰 감독기관과 기업의 관계를 좀 더 살펴보자.

먼저 경영진과 내부 감시기구 간의 의견 상충에는 원칙중심 회계 도입이 큰 영향을 주지 않은 것으로 보인다. 설문조사 결과 내부 감시기구인 내부감사 또는 감사위원회와 경영진의 의견 상충에 영향이 없다는 답변이 60.0%였다. 이 결과를 액면 그대로 양자 간에 의견 통일이 된다고 해석할 수도 있겠지만, 그것보다는 내부 감시기구를 통한 사전 위험 관리는 아직 미흡한 수준임을 보여주고 있다는 해석이 더 타당할 것이다.

이와 대조적으로 경영자와 외부 이해관계자 간의 의견 상충은 전혀 다른 양상으로 관찰된다. 경영진과 감사인의 의견 상충이 증가했다는 응답자가 전체의 60.9%였고, 경영진과 감독기관의 의견 상충 역시 52.6%의 응답자가 증가하였다고 응답했다.

의견 상충의 증가는 필연적으로 기업의 재무제표 작성 위험 증가로 이어지는데, 설문조사 결과도 이를 입증한다. 먼저 감독기관의 감리 지적 가능성이 높아졌다는 응답이 55.8%, 감사인의 회계오류 지적 가능성이 증가했다는 응답이 64.5%로 매우 높게 나타났다. 채권자나 주주 같은 또 다른 이해관계자의 소송 제기 가능성에 대해서도 감소했다는 의견이 3.8%에 불과한 반면 높아졌다는 의견이 38.0%나 되었다.

[도표 6] 외부 이해관계자와 의견 상충에 따른 위험 변동

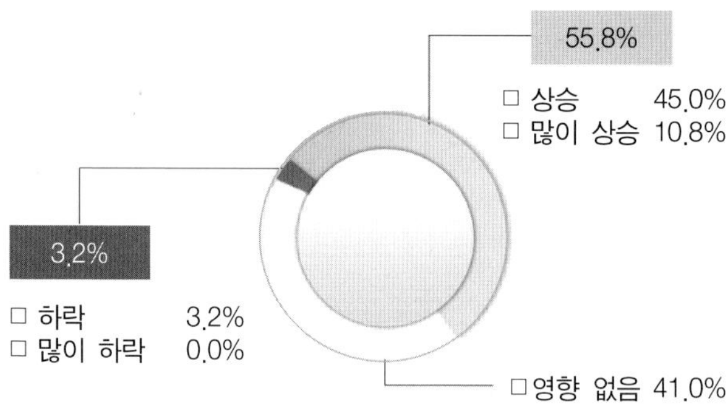

[감독기관의 감리 지적 가능성]

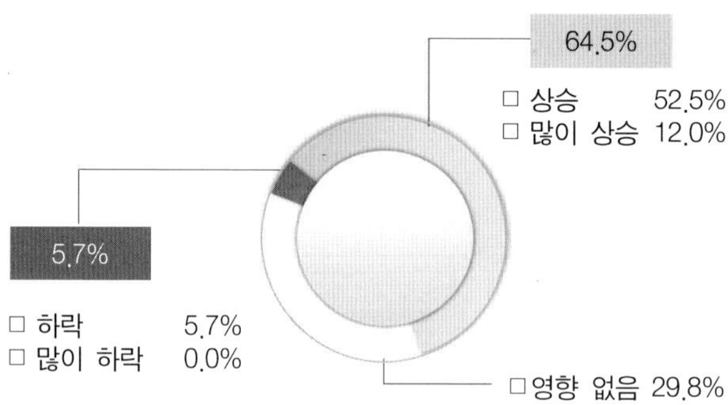

[감사인의 오류 지적 가능성]

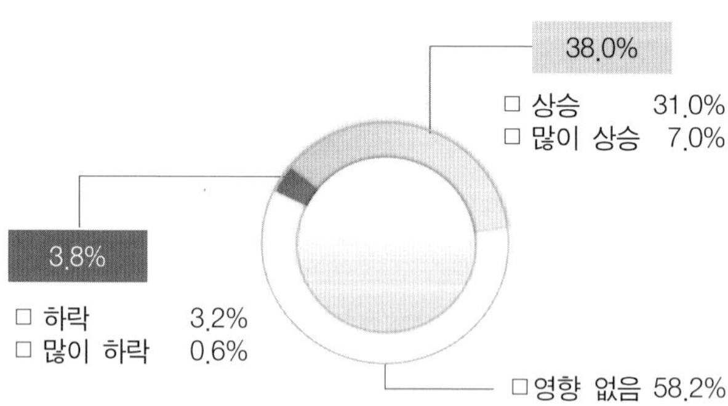

[이해관계자의 소송 가능성]

경영진과 감사인, 경영진과 감독기관의 의견충돌

원칙중심 회계 도입에 따라 무엇보다 감사인이 경영진의 회계처리 방식에 동의하지 않을 가능성이 높아졌다. 경영진이 제시한 회계처리 대안과 감사인이 판단한 회계처리 대안 사이에는 상충이 있을 수 있는데, 이 경우 보통 감사인은 감사의견을 무기로 경영진의 주장을 수용하기보다는 수정을 요구하게 된다.

감리가 진행되는 경우 기업은 감독기관으로부터 지적을 받을 가능성도 높아질 수 있다. 기업과 감독기관은 경제적 실질을 더 정확하게 반영하는 회계처리방법에 대해 견해차가 있을 수 있는데, 이 경우 감독기관은 견해 차이를 인정하기보다는 기존에 적용하던 기준에 따라 기업의 회계처리가 잘못되었다고 지적할 수 있다.

규칙중심 회계보다 소송이 일어날 가능성이 높다는 점도 원칙중심 회계의 위험이라고 할 수 있다. 규칙중심 회계에서는 우선 기업이 규칙을 충실히 이행하기만 하면 의심을 받을 소지가 적고, 의심을 받더라도 회계기준을 명백히 어기지 않았다면 피소될 위험은 낮다. 또한 기준이 분명하므로 기업이 뒤늦게 회계오류를 바로잡는다고 해도 과실인지 고의인지 등에 대한 판단도 용이하다.

반면 추정과 판단 요소가 상대적으로 많은 원칙중심 회계에서는 공시된 재무정보에 대해 사후적인 의심(second guess)을 제기할 수 있다. 원칙중심 회계는 회계오류의 수정 자체보다 오류를 수정한 이유를 더 중요하게 본다. 과거 회계처리 당시와 지금의 상황이 달라졌기 때문에 발견되는 오류는 큰 문제가 되지 않을 가능성이 높다. 문제는 감독기관의 입장에서 기업의 회계오류를 찾아내는 것이 쉽지 않고,

찾아낸다고 해도 이것이 과실인지 고의인지 판단하기 쉽지 않다는 점이다. 왜냐하면 기업의 경제적 환경과 거래의 실질적 내용 등을 충분히 이해해야 판단을 할 수 있기 때문이다.

따라서 원칙중심 회계에서는 오류 수정에 대한 문제제기도 더 많고 기업과 감독기관 간의 법적 분쟁도 많아질 가능성이 높다.

감사인과 감독기관에 대한 기업의 인식 변화

이처럼 원칙중심 회계 도입에 따라 기업은 감사인과 감독기관에게 오류를 지적당할 가능성, 심지어는 피소를 당할 가능성이 높아질 수 있다. 이런 상황 변화에 따라 기업이 감사인과 감독기관을 바라보는 시각은 어떻게 변했을까? 앞에서 소개한 설문에서는 원칙중심 회계 도입 이후 감사인과 감독기관에 대한 기업의 인식이 어떻게 변했는지를 조사했다.

먼저 감사인에 대한 기업의 만족도를 조사했다. 구체적으로는 감사인의 전문성, 투입노력, 피드백 과정인 조율절차로 나누어 조사했다. 설문 결과 원칙중심 회계 도입 이후 감사인의 전문성이 증가했다고 보는 기업 회계담당자가 31.8%로, 감소했다고 느끼는 21.2%에 비해 다소 높았다. 기업은 국제회계기준이라는 새로운 제도 도입에 따라 자신들과 감사인의 회계기준에 대한 이해도 격차가 상대적으로 커졌고, 이에 따라 감사인의 전문성이 상대적으로 높아졌다고 본다는 의미이다. 즉, 감사인이 직업적 필요에 따라 국제회계기준에 대한 이해를 위해 집중한 반면 기업 회계담당자는 IFRS를 이해하기 위한 노력을 비교적 하기 힘들기 때문에 이에 따라 양자 간의 전문성 격차가 벌어

[도표 7] 감사인에 대한 기업의 인식 조사 결과

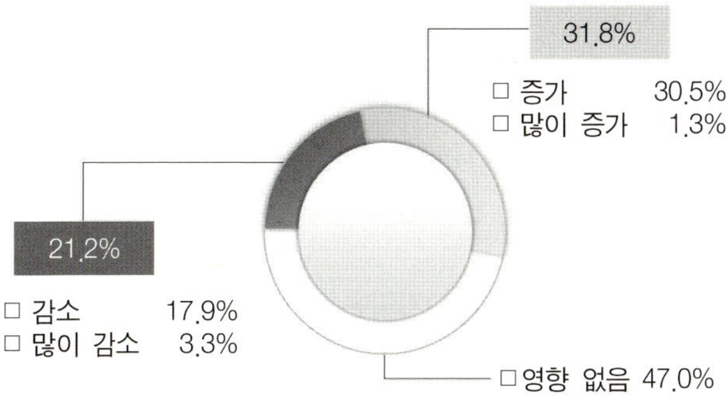

[전문성]

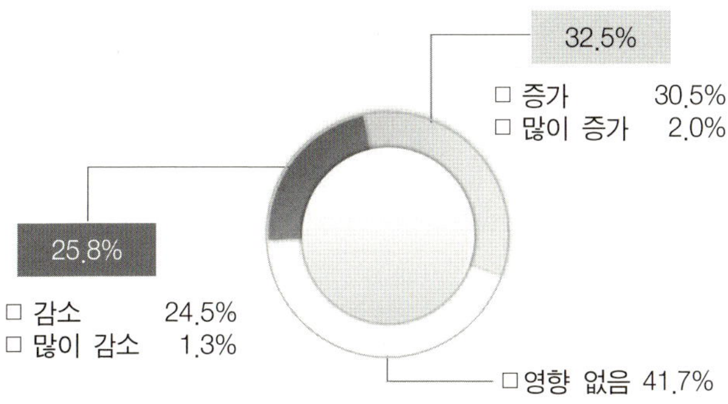

[투입노력]

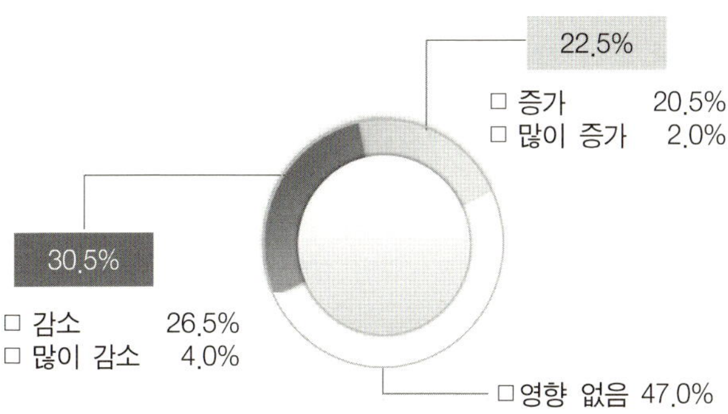

[조율절차]

졌다는 해석이 가능하다.

감사인의 투입노력에 대해서도 기업은 증가하였다는 답변(32.5%)이 감소하였다는 답변(25.8%)보다 다소 높았다. 그러나 조율절차에 대해서는 영향이 없다는 답변이 지배적인 가운데, 원칙중심 회계 도입 이후 만족도가 감소하였다는 답변(30.5%)이 증가하였다는 답변(22.5%)에 비해 소폭 높았다. 더불어 기업은 감사인이 교체될 때 가장 중요한 요소로 소통 가능성을 꼽았다. 이러한 설문결과를 종합할 때 기업은 감사인과 의견이 충돌할 때 감사인과 보다 긴밀한 조율절차를 원하고 있다고 볼 수 있다.

물론 이런 설문결과를 기업이나 감사인 어느 한쪽의 잘못으로 귀결시킬 수는 없다. 원칙중심 회계 도입 이후 감사인의 소통능력에 갑자기 큰 문제가 생겼다고 보는 것도 마땅하지 않다. 대신 원칙중심 회계가 기업이 스스로 생각하는 경제적 실질과 감사인이 이해하는 기업의 경제적 실질 간의 차이를 심화했다는 해석은 충분히 가능하다. 더불어 내부 회계자원 투입이나 내부 감시기구 활용 등 원칙중심 회계에 대응하기 위해 기업이 취해야 할 노력이 아직 제대로 이루어지지 않고 있으며, 이에 따라 감사인 역시 기업이 납득할 만할 정도의 회계처리를 합리적으로 이끌어내는 데는 부족함이 있다는 해석이 일리가 있어 보인다.

원칙중심 회계 도입 이후 기업이 감독기관을 어떻게 평가하고 있는지에 대해서도 조사했다. 기업의 과반수(51.0%)가 원칙중심 회계 도입이 감독기관의 전문성에 영향을 주지 않았다고 답변했지만, 감독기관의 전문성이 감소하였다는 의견(27.2%)이, 증가하였다는 의견(21.8%)

보다 소폭 높게 나타났다.

감독 시스템의 개선노력에 대한 만족도 역시 원칙중심 회계 도입의 영향이 없다는 의견이 절반 이상(51.7%)을 차지했고, 만족도 감소 의견(25.1%)이 증가 의견(23.2%)보다 조금 높았다. 즉, 기업들은 원칙중심 회계 도입 이후 감독기관이 변화된 회계기준을 보다 잘 이해하여 새로운 환경에 적합한 감독 시스템의 변화를 이루지 못하고 있다고 느끼고 있는 것으로 보인다. 특히 현행 과징금 부과기준에 대해서는 43%의 응답자가 부적절하게 과중하다고 응답했다. 이는 감독기관의

[도표 8] 감독기관에 대한 기업의 인식 조사 결과

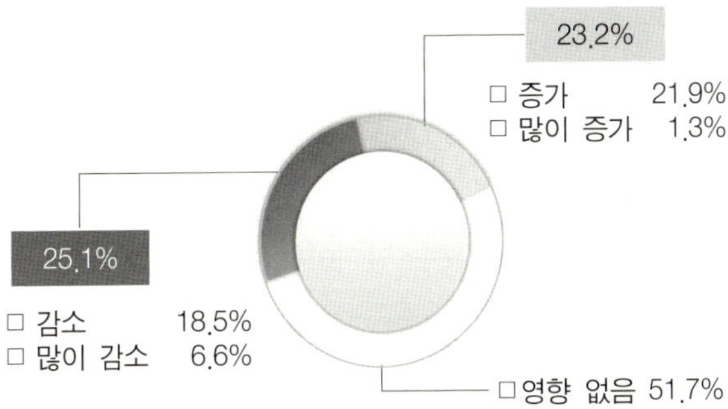

[감독 시스템 개선노력]

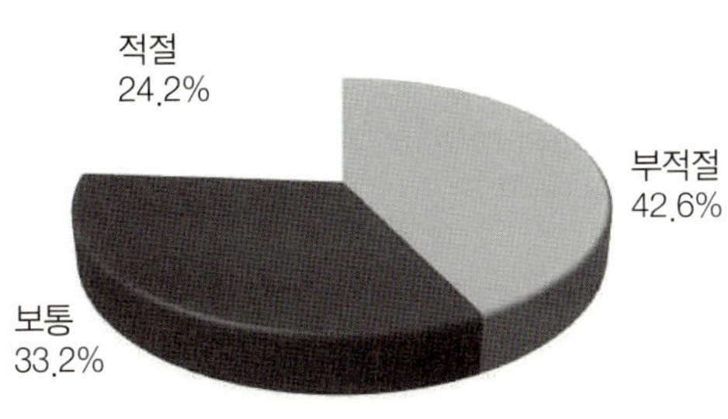

[과징금 부과기준]

현행 규제 시스템이 원칙중심 회계 도입 이후 변화된 현실을 반영하는데 다소 미흡하다는 기업의 인식을 단면적으로 대변한다.

요약하면 기업은 원칙중심 회계 도입 이후 감사인이나 감독기관과 의견이 충돌할 가능성이 높아졌고, 재무제표 작성과정에서 감사인과 보다 긴밀하게 의사소통하길 원하고 있었다. 또한 기업은 원칙중심 회계로 인한 제반 환경의 변화에 따라 규제 시스템도 맞물려 변화해야 하는데, 감독기관이 이러한 개선을 성공적으로 실천하지 못하고 있는 것으로 보고 있었다.

회계비용의 부담 증가

기업은 복잡한 거래에 관해 합리적인 회계처리를 선택해야 하고 공정가치의 평가 등 다양한 추정과정을 거쳐야 한다. 예를 들어 비상장기업 주식에 대한 공정가치를 평가하기 위해서는 그 기업의 비즈니스의 전망을 적절하게 추정할 수 있어야 한다. 사실 이 추정이 규칙중심 회계든 원칙중심 회계든 필요하긴 마찬가지이다. 하지만 피겨 스케이팅에서 쇼트 프로그램보다 프리 스케이팅이 더 어렵고 힘든 것처럼 원칙중심 회계에서 이와 같은 추정을 위한 노력이 더 요구되는 것이 사실이다.

요컨대 원칙중심 회계에 따라 재무제표 작성 위험이 증가하면, 위험을 감수하거나 회피하는 데 수반되는 비용도 그에 따라 늘어난다. 따라서 내부 인프라 구축을 위한 투자가 필요하고, 외부 자문비용이 증가하며, 감사의 보수가 상승하는 등 회계비용이 지속적으로 늘어난다. 원칙중심 회계의 문제점 중 하나인 이 회계비용의 부담 증가에 대해 자세히 살펴보자.

먼저 내부 자원의 확충을 위한 부담이 늘어난다. 회계정보의 생산자는 기업이다. 그런데 원칙중심 회계는 규칙중심 회계보다 기업에게 더 많은 판단과 추정과 선택을 요구한다. 요구되는 판단과 추정이 많아지고, 선택의 폭이 넓어질수록 기업은 이를 위한 역량을 키워나가야 한다. 기업이 부족한 회계역량 때문에 문제를 일으키면 외부 정보이용자에게 막대한 피해를 줄 것이고 그 대가는 결국 기업에게 되돌아간다. 이에 따라 일부 기업들은 벌써부터 원칙중심 회계가 요구하는 기대치를 맞추기 위해 내부회계 인프라를 구축하고자 노력하고 있으며 이는 회계비용의 증가로 이어지고 있다.

그러나 아직도 많은 기업은 내부 회계자원 투자에 적극적이지 않은 것으로 보인다. 설문조사 결과 원칙중심 회계 도입 이후 재무제표 작성자의 직급에 차이가 없었다는 답변이 58.2%로 과반이 넘었으며, 회계부서 인원수가 변함없다는 답변도 54.4%로 반 이상이었다. 한편 내부감사의 활용 빈도가 증가했다는 답변은 53.2%였으나 감사위원회의 활용 빈도가 증가했다는 의견은 고작 28.5%에 불과했다. 내부감사의 활용이라는 기업의 움직임이 어느 정도 이루어지고 있으나, 회계인원의 증가나 회계직급의 상승과 같은 회계역량의 강화를 통한 내부자원의 확충과 감사위원회에 대해서는 아직 미미한 수준이라는 해석이 가능한 대목이다.

특히 자본이 충분하지 않은 중견기업과 중소기업들은 대기업에 비해 내부회계 인프라에 대한 투자가 더 어려울 수밖에 없다. 최근 중요성이 대두된 내부회계 관리제도 준비 현황에 대한 EY한영회계법인의 조사 결과는 중견기업과 중소기업들의 어려움을 잘 보여준다.

EY한영회계법인은 2019년 10월, 2019년 재무제표부터 내부회계 관리제도에 대해 감사의견을 의무적으로 받아야 하는 중견기업 144개사의 회계담당자를 대상으로 설문조사를 실시했다. 설문결과 감사의견 수령 준비가 완료된 기업은 전체 응답 기업수의 10%에 불과하였다. 대신 아직 이렇다 할 진행상황이 없거나(16%), 도입에 따른 영향 분석을 진행 중이거나(12%), 컨설팅 업체를 선정하고 있는 기업(10%)의 합계가 38%였다. 시스템을 개선 중인 기업들은 47%로 나타났다.

[도표 9] 중견기업 내부회계 관리제도 준비현황

준비완료	10%
시스템 및 프로세스 개선 중	47%
도입 영향 분석 중	12%
컨설팅 업체 선정 중	10%
감사인과 협의 중	6%
진행상황 없음	16%
무응답	1%

자료 : EY한영회계법인 내부회계 관리제도 설문조사 결과(2019.10)

회계비용 부담의 증가는 기업이 재무제표 작성에 외부 자원을 활용하거나 감사보수 자체가 증가하기 때문이기도 하다. 기업들은 외부 회계법인이나 공인기관의 자문용역을 활용하는 경우가 많은데 설문조사 결과, 원칙중심 회계 도입 이후 외부 회계법인의 자문용역 활용 빈도가 증가했다는 기업이 81.1%로 매우 높게 나타났다. 그 밖에 외부공인기관의 자문을 받는 빈도도 73.6%로 높게 나타났다. 투입비용 측면에서도 외부 자문용역 비용이 증가했다는 기업이 83.0%에 달했는데, 이는 원칙중심 회계 도입 후 외부 자문용역에 대한 기업의 의존도가 커지고 있음을 증명한다.

감사보수에 대해서도 약 81%가 원칙중심 회계 도입 후 증가했다고 응답했다. 73.5%의 응답자가 법률 위험에 대응하기 위한 비용도 증가했다고 답했는데, 이로써 재무제표 작성 위험에 대응하기 위한 기업들의 회계비용 증가가 뚜렷하다는 점이 확인되었다.

그런데 주목해야 할 포인트는 기업의 회계비용이 이처럼 크게 증가했음에도 불구하고 재무제표 작성자의 직급 승진이나 회계부서 근무인원의 증가에 대해서는 영향이 없다는 의견이 대부분이라는 점이다. 즉, 기업이 늘어난 회계비용을 내부가 아닌 외부에 사용했다는 의미이다. 재무제표 작성 주체는 기업이고 실제로 기업 내부의 담당자가 재무제표를 작성한다. 따라서 재무제표에 경제적 실질을 더욱 잘 반영하고, 나아가 작성으로 인해 발생하는 위험에 합리적으로 대응하기 위해서는 다름 아닌 기업 내부의 역량 강화가 무엇보다 중요하다. 하지만 설문 결과와 같이 우리나라 기업들은 아직 기업 스스로를 위한 투자에는 인색한 상황이다. 원칙중심 회계의 본질을 고려하여 장기적 관점에서 내부 역량을 키우는 것이 아니라 오히려 단기적 관점에서 외부에 의존하는 경향만 높아졌다.

한편 원칙중심 회계 도입 이후 감사시간과 보수는 어떻게 변했을까? 먼저 해외의 실제 사례를 살펴보면, 유럽과 호주 모두 국제회계기준 전면 도입 이후 감사보수에 의미 있는 증가가 나타났다(De George et al. 2013).[8] 미국 내에서 국제회계기준을 사용한 외국기업들도 미국의 규칙중심 회계를 사용하는 기업보다 더 높은 감사보수를 지불하는 것으로 나타났다. 이처럼 원칙중심 회계에서 감사보수가 증가하는 가장 큰 이유는 다양하고 복잡한 금융상품, 파생상품, 무형자산, 영업권 등에 대한 평가로 인해 감사의 복잡성이 증가했기 때문이라고 할 수 있다.

국제회계기준을 도입한 2011년부터 2017년까지 우리 기업들의 감사시간과 감사보수 자료를 분석한 결과, 우리나라도 외국의 사례들과 매우 유사하다는 사실을 확인했다. [도표 10]은 12월 말이 결산일인 비금융업에 속하는 상장기업의 평균 감사보수를 보여주는데, 국제회계기준 도입 이후 감사시간과 감사보수 모두 지속적으로 상승하고 있음을 확인할 수 있다.

[도표 10] 상장기업의 평균 감사보수 추이(단위 : 백만 원)

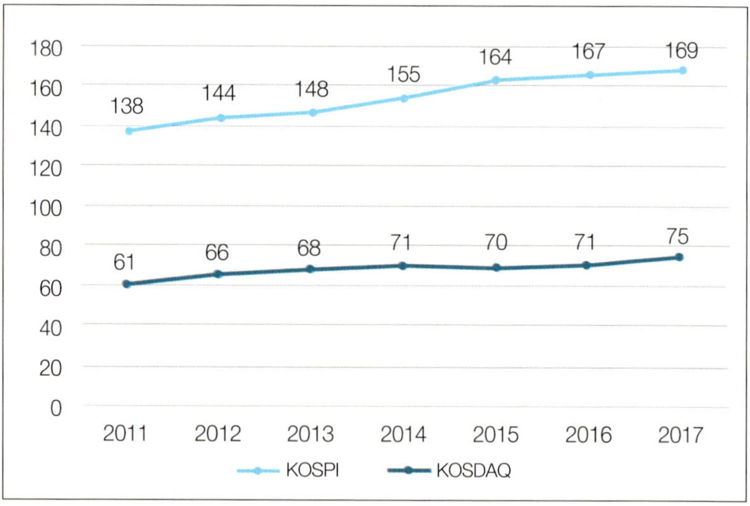

[도표 11] 상장기업의 평균 감사투입시간 추이(단위 : 시간)

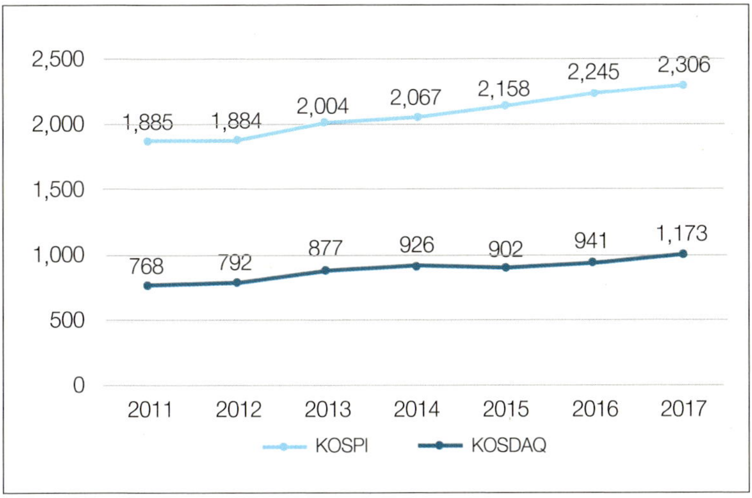

감사보수는 코스피 기업의 경우 2011년 약 1억 3,800만 원에서 2017년 1억 6,900만 원으로 상승했고 코스닥 기업은 6,100만 원에서 7,500만 원으로 상승했다. 코스피 기업의 평균 감사시간은 2011년 1,885시간에서 2017년에는 2,306시간으로 증가했고 코스닥 기업 역시 2011년 768시간에서 2017년 1,173시간으로 증가했다.

이 수치는 기업규모, 부채비율, 성장률 등 다양한 변수를 통제하지 않은 기술적 통계량이다. 그럼에도 불구하고 이를 통해 국제회계기준 도입 이후 감사시간과 감사보수가 지속적으로 증가하고 있음을 확인할 수 있다.

흥미로운 사실은 외형상 증가하는 감사시간이나 감사보수와는 달리, 시간당 감사보수는 코스피 기업과 코스닥 기업 모두 의미 있는 감소세를 보이고 있다는 점이다. 2011년 코스피 기업의 시간당 감사

[도표 12] 상장기업의 평균 시간당 감사보수 추이(단위 : 원)

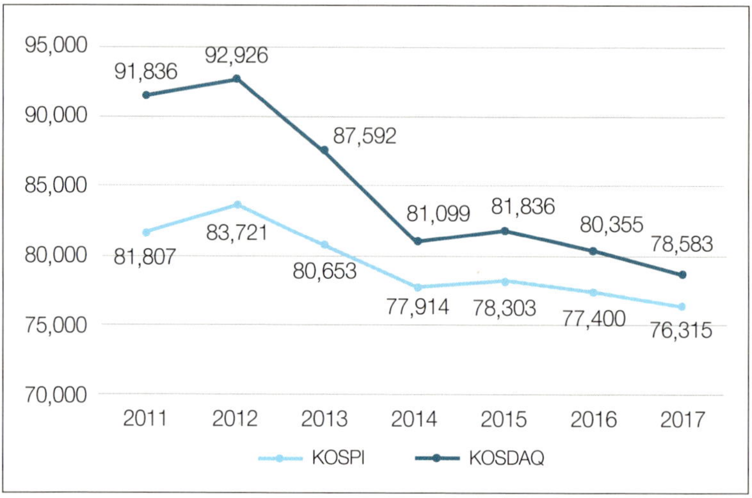

보수는 81,807원이었는데, 2017년에는 오히려 76,315원으로 약 7% 가까이 하락했으며, 코스닥 기업의 경우에는 2011년 91,836원에서 2017년 78,583원으로 약 15% 하락하여 코스피 기업보다 더 크게 떨어졌다.[9]

물론 이런 현상의 원인은 매우 다양할 것이다. 회계법인의 경쟁심화에 따른 감사환경의 변화, 원칙중심 회계 도입으로 인한 학습효과도 주요한 원인 중 하나일 것이다. 어쨌든 원칙중심 회계 도입 이후 감사과정이 더 복잡해졌고 이에 따라 감사인의 노력 역시 더 많이 투입되고 있음에도 불구하고 감사보수는 상대적으로 덜 증가하고 있음은 분명해 보인다.

이처럼 IFRS 도입 이후 기업은 재무제표 작성과정에서부터 많은 변화를 겪고 있다. 경제적 실질이 재무제표에 가장 잘 반영되도록 경영진에게 재량권이 부여되었지만 남용의 위험이 생겼으며, 재무제표 작성과 감사에 드는 비용도 증가하게 되었다. 경영진은 재무제표 작성의 최종 책임자이므로 감사인이나 감독기관과의 갈등을 최소화할 수 있도록 기업 내부의 재무제표 작성능력을 제고함과 함께 원활한 의사소통을 위해 노력해야 한다.

2 감사인의 위험과 의견충돌 가능성 증가 - 감사과정

아빠가 좋아? 엄마가 좋아? 귀여운 어린이에게 가끔 재미 삼아 던지는 질문이다. 감사인에게 원칙중심 회계와 규칙중심 회계 중 무엇이 좋은지 질문한다면 뭐라고 답할까? 아마 열이면 열 감사인은 원칙중심 회계보다 규칙중심 회계가 더 좋다고 할 것이다. 왜냐하면 감사인에게는 원칙중심 회계보다 규칙중심 회계가 훨씬 더 쉽고 덜 위험하기 때문이다.

부쩍 늘어난 감사인의 위험과 부담

원칙중심 회계에서 감사인은 여러 위험에 노출된다. 또한 해야 할 일도 늘어난다. 이에 따라 감사인의 위험과 부담이 늘어난다. 사실 규칙중심 회계에서 감사인은 기업이 회계기준에 규정되어 있는 대로 회계처리를 하였는지 확인만 하면 큰 문제가 없다. 판단이 아닌 확인이 감사인의 주요 역할이기 때문이다. 반면, 원칙중심 회계에서 감사인은 확인만 해서는 안 되고 경영진이 선택한 회계처리와 평가요소들이 합리적인지 스스로 판단을 해야 한다.

감사인이 해야 할 확인 역시 규칙중심 회계보다 원칙중심 회계에서 훨씬 어렵다. 원칙중심 회계에서 경영진은 회계처리 대안을 선택하면서 자신이 왜 그 대안을 선택했는지에 대한 판단의 근거를 제시해야 한다. 그리고 이 판단 근거를 재무제표의 주석에 공시해야 한다. 이때 감사인은 이 주석내용의 진실성 여부를 확인해야 한다. 즉, 경영진이 선택할 수 있는 여러 가지 대안 중 하나를 선택한 근거를 기재한 주석 내용이 회계원칙과 일치하는지, 그리고 가장 합리적인 선택인지 확인해야 한다. 그런데 이 확인도 명확한 회계기준에 따라 하는 것이 아니기 때문에 어떻게 보면 판단의 성격도 다분하다.

이처럼 원칙중심 회계에서 감사인은 꼼꼼한 확인을 뛰어넘어 올바른 판단을 할 수 있어야 한다. 원칙중심 회계에서 감사인은 준수 여부의 확인이 아닌 선택의 적절성 여부를 판단해야 한다. 겉으로 드러난 사실뿐만 아니라 속내에 담긴 의도까지도 파악할 수 있어야 한다. 그래서 감사인에게는 규칙중심 회계에서 사용하던 기술보다 더 전문적인 기술이 필요하다. 감사인은 산업과 경제에 대한 개괄적인 이해는 물론, 다양한 거래에 대해 포괄적이면서도 구체적인 지식을 가져야 한다. 그래야 세부 요소를 추정하여 주석 내용이 적정한지 전문적으로 판단할 수 있다.

원칙중심 회계에서 감사가 갖는 한계

앞에서 살펴본 바와 같이, 원칙중심 회계가 도입된 이후 감사 시간과 보수가 상당히 증가하였다. 그런데 시간과 보수가 늘어났다고 해서 그것이 곧바로 재무정보의 품질 향상으로 이어지는 것은 아니다. 감사인은 기업 밖에 있기 때문에 경영진의 회계 선택과 평가에 대해 100% 확신할 수 없다. 또한 아무리 정교하게 감사를 한다고 해도 오류와 부정 등 모든 왜곡 표시를 찾아낼 수는 없다. 사실 이와 같은 것들은 외부감사가 갖는 본질적 한계이다.

도리어 원칙중심 회계에서는 감사인이 경영진의 회계처리에 의존할 가능성은 높아지고 확신의 수준은 낮아질 수 있다. 국제회계기준의 중요한 속성 중 하나인 공정가치 평가를 예로 들어 보자. 국제회계기준은 시장에서 거래되는 가격이 아니더라도 대체자산이나 가치평가기법으로 공정가치를 평가하는 것을 허용한다. 이에 따라 만약 경영진이 현금흐름할인접근법을 통해 공정가치를 산정했다면 감사인은 경영진이 평가한 공정가치에 대해 문제를 제기할 수 있을까? 감사인은 기업의 산정 자료를 모두 얻을 수도 없음은 물론이고 미래현금흐름 추정치, 불확실성 여부, 할인율 등 기업이 사용한 여러 가정들에 대해 쉽게 이의를 제기하기 힘들다. 이처럼 원칙중심 회계에서 감사인은 경영자에게 반하는 의견을 제시하기 어려우며 오히려 경영진의 판단에 더 의존할 수 있다.

특히 지배구조가 집중되어 있고 내부 감시기구가 역할을 제대로 수행하지 못하며 감사인의 독립성마저 모자란 기업에서는 감사인이 기업 내부의 경영진이나 회계담당자에게 지나치게 의존하는 경향을 보일 가능성이 크다. 이에 따라 보수와 시간은 증가하지만 오히려 재무보고의 품질이 하락할 가능성도 존재한다.[10] 좀 더 구체적으로 원칙중심 회계가 어떻게 감사의 위험을 증폭하고 있는지 그 이유를 생각해 보자.

재량의 증가

첫 번째 이유는 경영자뿐만 아니라 감사인도 다양한 해석과 재량적 판단을 할 수 있는 가능성이 늘어났기 때문이다. 원칙중심 회계는 과거보다 회계기준 해석에 있어서 감사인의 전문가적 판단을 존중한다. 이로 인해 감사인은 매뉴얼에 따라 기계적으로 확인만 하면 되었던 과거와 달리 기업의 회계처리 적정성 검증을 위해 보다 많은 추정이나 판단을 해야 한다.

이로 인하여 회계기준의 구체적 해석에 있어서도 감사인과 기업이 서로 다른 의견으로 충돌하는 경우가 더욱 빈번해진다. 즉, 재무제표 작성과정에서 경영진은 자신에게 이익이 되는 방향으로 재량적인 판단을 할 수 있으며, 이는 결국 이익조정과 같은 재무제표의 왜곡으로 이어질 수 있다. 동일하게 감사인도 회계기준의 적용과 관련된 판단에 있어 재량권이 증가함으로써, 기업과 다른 재량적 판단을 할 가능성이 증가하였다. 다시 말해서 경영진도 재량적 판단을 할 수 있지만 감사인도 재량적 판단을 할 수 있기 때문에 감사인의 판단이 경영진의 판단과 다를 위험성이 커진 것이다.

감독기관의 감리 지적 가능성 증가

원칙중심 회계가 감사위험을 증가시킨 두 번째 이유는 다양한 해석 가능성과 판단 영역의 확장으로 인해 감리 지적의 가능성이 높아졌다는 데 있다. 특정 거래나 상황에 적용할 구체적 지침이나 가이드라인이 부족한 것은 원칙중심 회계의 대표적인 특징이다. 이로 인해 회사의 추정 및 판단의 적정성에 대해 감사인과 감독기관의 의견에 차이가 발생할 소지가 크다. 즉, 감사인이 내리는 결론과 감사 이후 감리과정에서 감독기관이 내리는 결론이 서로 다를 수 있다. 이는 회계기준의 구체적인 해석에 있어서도 마찬가지이다.

동일한 거래나 상황에 대해 기준을 적용하는 사람의 판단에 따라 두 가지 이상의 해석이 가능하기 때문에 이것이 사후 의견충돌이나 처벌로 확대될 수 있다는 의미이다. 이와 관련하여 다음의 사례를 살펴보자.

사례 연결재무제표 작성을 위한 실질지배력 판단

A사는 갑사에 대해 35%의 지분을 보유하고 있다. A사와 A사의 감사인은 갑사에 대한 지배력을 행사할 수 없다고 판단하였고, 이에 따라 연결재무제표 작성대상에서 갑사를 제외하고 있다.

그러나 최근 회계감리과정에서 금융감독원은 A사가 갑사에 대한 지배력이 있다고 보아 연결재무제표 작성대상에 갑사를 포함하여야 한다고 결론 내렸다. 최근 갑사의 주주총회 참석률에 근거할 때 A사가 실질적으로 주주총회에서 과반수 이상의 의결권을 행사할 수 있다는 것이 그 근거였다.

이에 대해 A사와 A사의 감사인은 주주총회의 참석률은 변동 가능성이 높으므로 해당 근거는 빈약하며, 실질적으로 A사는 갑사에 대한 지배력을 행사할 수 없기 때문에 연결재무제표 작성대상에서 제외하는 것이 마땅하다고 주장하고 있다.

A사와 A사의 감사인은 감사에 대해 실질적인 지배력이 없다고 판단했다. 반면 감독기관은 실질적인 지배력이 있다고 판단하여 과거 재무제표에 오류가 존재한다고 보았다. 이처럼 원칙중심 회계에서는 감사인과 감독기관의 판단이 달라지고 감독기관이 사후감리에서 이를 지적할 위험성이 높아질 수 있다. 이에 따라 감사인의 입장에서는 추정이나 판단을 해야 할 때마다 매우 큰 부담을 느끼게 된다.

감사인을 대상으로 한 설문조사 결과에서도 전체 응답자 중 91.5%가 원칙중심 회계 도입 이후 감독기관의 감리 지적 가능성이 '증가' 또는 '많이 증가'했다고 응답하였다. 이러한 결과는 감사인들이 실제로 감독기관의 사후감리 지적 가능성을 크게 우려하고 있음을 보여준다.

감사실패에 대한 감사인의 책임 부담 가능성 증가

원칙중심 회계는 경영진의 이익조정 가능성과 감독기관의 감리 지적 가능성을 높이기 때문에 이에 따라 감사인을 상대로 하는 이해관계자의 소송제기 가능성도 높아질 가능성이 크다. 이것이 원칙중심 회계가 감사위험을 증가시킨 세 번째 이유이다. 다음의 신문기사를 살펴보자.

사례 | 회계법인 부실감사에 대한 손해배상 소송규모의 급증

회계법인의 부실감사 등에 대한 손해배상 소송규모가 크게 증가하고 있는 것으로 나타났다. 또 대형 회계분식사건 등의 영향으로 이른바 '빅 4'(4대 회계법인)가 외부감사 위험 대비 보수가 낮은 감사업무 수임을 축소시키는 등 감사대상 회사 수를 줄이고 있다.

> 금융감독원이 28일 밝힌 '2018사업연도 회계법인 사업보고서 분석 및 시사점'에 따르면 최근 3년간 감사업무 부실 등으로 회계법인이 피소된 사건들의 소송금액은 2018사업연도 7,786억 원으로 2017사업연도 3,192억 원보다 143% 늘어난 것으로 나타났다. 2016사업연도 소송금액은 2,974억 원이었다. 매년 급증 추세인 것이다.
>
> 2018사업연도 소송금액 증가는 대우조선해양 회계분식사건 관련 신규소송이 제기된 영향이 크다. 또 외부감사법 개정으로 손해배상 시효가 3년에서 8년으로 연장돼, 회계분식사건 관련 소송의 규모가 커지고 장기화되는 모습을 보이고 있다. (뉴스1, 2019.10.28)

이 신문기사 내용과 같이 최근 부실감사에 대한 손해배상 규모가 크게 증가하는 가운데 외감법이 개정되어 감사인이 느끼는 소송위험이 더욱 커졌다.

감사인 대상 설문조사에서도 전체 응답자 중 82.9%가 원칙중심 회계 도입으로 감사인을 상대로 한 이해관계자의 소송제기 가능성이 '증가' 또는 '많이 증가'했다고 응답했다.

이해관계자 집단 간의 의견충돌 가능성 증가

원칙중심 회계가 감사위험을 증가시킨 네 번째 이유는 서로 다른 이해관계자 집단끼리 의견이 충돌할 가능성이 늘어난 점에서도 찾을 수 있다. 이 네 번째 이유는 앞서의 세 개의 이유의 결과이기도 하다. 스포츠 경기에서 규칙이 명확하면 판정 시비가 덜할 텐데 여러 이유로 규칙이 애매해져서 판정이 날 때마다 서로 싸우는 것과 같은 이치이다. 또한 판정의 결과에 대해서 지불해야 할 벌금이 커질수록 서로 싸우는 것과 같은 이치이다. 이처럼 이해관계자 집단 간에 의견충돌이 잦아지면 특정 회계처리방식에 대한 상대방의 주장을 서로 수용하지 않으려는 경향이 커질 수 있다. 감사과정에서 일어나는 각 이해관계자 간의 의견충돌 현상을 하나씩 살펴보자.

감사인과 경영자 간의 의견충돌

원칙중심 회계에서는 경영자와 감사인 간 의견충돌이 발생할 소지가 크다. 특히 경영자와 감사인 간의 의견충돌은 결산감사 시기에 일어날 가능성이 높고, 이 충돌이 감사의견에도 영향을 미칠 수 있다. 다음의 사례를 살펴보자.

사례 회사와 감사인 간의 의견 차이로 인한 감사보고서 제출기한 경과

A사는 최근 감사보고서 제출기한을 넘기게 되었다. 회계감사에서 감사인과의 의견 차이가 해소되지 않았기 때문이다.

A사와 감사인이 가장 크게 의견 차이가 있었던 쟁점은 충당부채 문제이다. A사는 회사 특성상 영업용 자산의 상당 부분을 운용리스하고 있는데, 운용리스를 하는 경우 해당 자산에 대한 정비비용을 충당부채로 인식해야 한다. 그 이유는 운용리스는 장기간 사용한 뒤 A사가 소유권을 보유하게 되는 금융리스와 달리 기간도 짧고 반납할 때 원상 복구 의무가 있기 때문이다.

이에 대해 감사인은 A사가 정비비용을 매년 나눠 충당부채로 잡아야 한다고 봤다. 그러나 A사는 정비채무는 실제 발생했을 때 한 번에 처리하면 된다고 주장했고 양측의 입장 차이가 좁혀지지 않고 있다.

이 사례와 같이 원칙중심 회계 도입 이후 재무제표의 특정 항목에 대한 적정성을 놓고 경영자와 감사인 간의 의견충돌이 심화되고 있다. 이 역시 구체적인 가이드라인이 없어 다양한 해석이 가능한 원칙중심 회계의 특성 때문이다. 감사인 대상 설문조사에서도 93.6%의 응답자가 원칙중심 회계 도입으로 경영자와 감사인 간 의견충돌이 증가 또는 많이 증가했다고 응답했다.

전임 감사인과 당기 감사인 간의 의견충돌

이와 같은 충돌은 감사인 간에도 발생할 가능성이 있다. 전직과 현직, 즉 전임 감사인과 당기 감사인 간의 의견 상충이 증가하고 있다는 말이다. 감사인 대상 설문조사에서도 전체 응답자 188명 중 92.0%인 173명의 감사인이 원칙중심 회계 도입 후 전임 감사인과 당기 감사인 간의 의견 상충이 증가했다고 응답하였다.

전임 감사인과 당기 감사인 사이의 의견충돌은 감사인이 교체될 때 수면 위로 드러난다. 특히 감사인이 강제로 교체되면 일반적으로 새로운 감사인은 매우 보수적인 관점에서 감사를 수행하게 되는데, 이 과정에서 전기 재무제표까지 수정을 요구하는 사례가 흔해지고 있다. 전기 재무제표를 재작성하게 되면 기업은 물론 그 재무제표를 감사했던 전임 감사인까지 감리대상이 될 수 있다. 따라서 전임 감사인 입장에서는 재무제표 재작성에 쉽게 동의하기 어렵다.

게다가 당기 감사인이 제시한 수정사항이 명백한 오류를 바로잡아 달라는 것이라기보다는 회계기준의 해석과 적용에 대한 견해 차이 때문인 경우, 두 감사인은 매우 첨예하게 대립하게 된다. 이런 경우에는 어떻게 해야 할까? 사실 방법은 간단하다. 두 감사인이 아니라 경영진이 최종 판단을 하면 된다. 재무제표 작성과 공시에 대한 책임이 있는 경영진이 재무제표의 재작성 여부를 주도적으로 검토하여 결정하면 된다. 그러나 현실은 그렇지 않다. 경영진 입장에서는 자신이 당기 감사인의 재작성 요구를 수용하지 않을 경우 비적정 감사의견을 받을 가능성을 우려한다. 따라서 이런 경우, 기업은 대부분 어쩔 수 없이 전기 재무제표를 재작성하는 결정을 하게 된다.

그런데 재작성을 결정해도 문제가 해결되는 것은 아니다. 감사의견이 없는 재무제표가 발행될 가능성이 파생되기 때문이다. 즉, 전임 감사인과 당기 감사인의 의견충돌은 급기야 감사의견 없는 재무제표 발행으로 비화될 수 있다. 현행 외감법에 의하면 법정 감사인으로 인정되는 사람은 이 법에 따라 선임 또는 지정된 당기 감사인뿐이다. 따라서 당기 감사인은 전기 재무제표에 대한 법정 감사인이 아니므로 당연히 전기 재무제표 수정사항에 대해서는 감사를 꺼리게 된다.[11] 그러면 남은 사람은 전임 감사인뿐인데, 전임 감사인도 전기 재무제표 수정사항에 동의하지 않으면 수정사항은 적법한 검증절차를 거치지 않은 채 정보이용자들에게 전달된다.

또한 회사가 당기 감사인의 요구를 받아들여 과거 사업보고서를 재발행한다고 해도 전임 감사인이 이에 동의하지 않으면 감사보고서가 재발행되지 않으며, 결국 사업보고서에 기재된 재무제표와 감사보고서에 첨부된 재무제표의 수치에 차이가 발생한다.[12] 이렇게 되면 정보이용자 입장에서는 감사의견이 없는 수정 재무제표와 감사의견이 존재하는 수정 전 재무제표 중 무엇을 이용해야 하는지 헷갈릴 수밖에 없다.[13] 다음 사례는 이러한 문제점을 잘 보여주고 있는데,

실제로 원칙중심 회계에서는 얼마든지 일어날 수 있는 일이다.

사례 두 개의 재무제표

2016년 A회사의 감사인은 기존의 갑회계법인에서 을회계법인으로 지정 변경되었다. 2017년 5월 11일, A회사는 당기 감사인인 을회계법인의 요구와 감리 지적사항 등을 반영하여 전기 재무제표를 재작성한 뒤 이 재무제표를 기준으로 정정하여 2015년 사업보고서를 재발행하였다. 그러나 전임 감사인인 갑회계법인은 정정내용에 동의하지 않아 감사보고서를 재발행하지 않았으며, 따라서 정정 사업보고서에는 수정 전 재무제표에 대한 전임 감사인의 감사의견서만 첨부되어 있다. 한편, 당기 감사인인 을회계법인은 2016년 감사보고서에 기타사항으로 '전기 재무제표는 타 감사인이 감사하였고 타 감사인이 적정의견을 표명한 재무제표는 전기 재무제표 재작성 관련 조정사항을 반영하기 전의 재무제표이며, 비교 표시된 전기 재무제표는 조정사항이 반영된 재무제표라는 사실'을 기술하였다. 그러나 조정사항에 대해 감사절차를 취했다는 언급은 하지 않았다.

이 사례의 경우 A회사는 당기 감사인의 요구에 따라 2015년 사업보고서를 재발행하였다. 그러나 사업보고서에 첨부된 감사보고서는 재발행되지 않아 두 개의 재무제표(사업보고서상 재무제표와 감사보고서에 첨부된 재무제표)가 서로 일치하지 않는 상황이 발생된 것이다.

재작성된 재무제표의 공시에도 문제의 소지가 다분하다. 재무제표를 수정하게 되면 이 재무제표를 어떻게 공시하느냐 하는 문제가 생기는데, 우리나라는 현재 이에 대한 공시방법이 불명확하다.

미국은 전기 재무제표 수정사항을 Big R(대문자)과 Little r(소문자)로 구분하고 있다. Big R의 경우에는 증권거래위원회(SEC)에 과거 제출하였던 연차 증권보고서인 10-K를 정정하여 다시 제출토록 하고 있다. 10-K는 우리나라의 사업보고서에 해당하고, 정정보고서를 '10-K/A'라 부른다. 반면 Little r의 경우에는 당기 재무제표에 비교 표시되는 전기 재무제표만 재작성하도록 요구하고 있다.

그러나 현재 우리나라는 전기 재무제표를 수정해야 할 때 과거에 발행했던 사업보고서를 수정해서 재발행해야 하는지 아니면 당기 사업보고서에 비교 표시되는 전기 재무제표만 수정하면 되는 것인지 분명하지 않은 상황이다. 금융감독원의 '감리결과 조치양정기준 개정사항 관련 Q&A(2013.3)[14]'를 보면 두 방법 모두 허용되고 있는 것으로 판단할 수 있지만 정확한 명시 규정은 없다.

상황이 이렇다보니 전기 재무제표를 수정하는 경우 어떤 기업은 과거 사업보고서를 수정하여 재발행하고, 어떤 기업은 사업보고서 재발행 없이 당기 사업보고서상에서 비교 표시되는 전기 재무제표만 수정하여 공시하고 있다. 이러한 상황에 대한 회계처리가 일관성 없이 이루어지고 있는 현실이다.

또한 당기 사업보고서의 전기 재무제표만 수정하고 과거 사업보고서는 재발행하지 않은 경우도 정보이용자의 혼란을 유발한다. 당기 사업보고서에 비교 표시되는 전기 재무제표의 수치와 과거 사업보고서의 재무제표 수치가 다르기 때문이다. 다음 사례는 이러한 문제점을 잘 보여주고 있다.

사례 서로 다른 사업보고서의 유통

A중공업은 지정 감사인의 요구에 따라 2016년 사업보고서에서 비교 표시된 2014년과 2015년 재무제표를 재작성하여 공시하였으나 해당 연도 사업보고서를 재발행하지는 않았다. 이로 인해 시장에는 수정 전 재무제표가 포함된 2014년 및 2015년 사업보고서가 현재까지도 그대로 유통되고 있고, 이에 따라 양 연도 사업보고서상의 재무제표 수치와 2016년 사업보고서에 비교 표시된 재무제표 수치가 달라 정보이용자들에게 혼란을 주고 있다.

감사인과 감독기관 간의 의견충돌

원칙중심 회계에 따라 늘어난 의견충돌 가능성은 감사인과 감독기관 사이에도 나타난다. 감사인과 감독기관의 회계기준 적용과 해석이 다를 수 있기 때문이다. 사후감리과정에서 회계기준의 적용과 해석에 대한 감독기관의 의견이 감사인과 다르면 일반적으로 부실감사에 대해 감리 지적을 하거나 심한 경우 제재조치를 취할 수 있다. 그러나 원칙중심 회계에서는 감사인 역시 회계기준 적용과 해석에 있어 자신의 의견을 고수하는 경우가 증가하고 있어, 이는 결국 감사인과 감독기관 간의 의견충돌로 이어지고 있다. 다음 사례를 살펴보자.

사례 감사인에 대한 제재 불복

A회계법인이 2011년경 실시한 감사에 대한 회계감사가 잘못이 없다는 법원의 판결이 나왔다.

법원은 A회계법인과 소속 회계사들이 증권선물위원회를 상대로 제기한 감리결과 조치처분 취소소송에서 "증권선물위원회가 재량권을 일탈

한 위법이 있다"며 원고 승소 판결을 내린 것이다.

과거 증권선물위원회는 감사가 회계처리기준을 위반해 재무제표를 작성하고 공시해 분식회계를 저지른 것으로 보고 감사에 과징금을 부과했으며, 감사의 감사인인 A회계법인에 대해서도 외부감사를 소홀히 했다는 이유로 제재조치를 취했다. 그러나 A회계법인은 감사에 대한 회계감사를 제대로 수행했다며 이러한 처분에 불복해 소송을 제기했으며 승소하게 되었다.

이처럼 감사인이 감독기관의 제재조치를 받아들이지 않아 의견충돌이 계속되면 결국 해결방법은 소송밖에 없다. 감사인 입장에서는 소송 말고는 감독기관의 조치가 부당함을 주장할 방법이 없기 때문이다. 설문조사 결과에서도 전체 응답 감사인 중 93.6%가 원칙중심 회계 도입으로 감사인과 감독기관 간 의견충돌이 '증가' 또는 '매우 증가'했다고 응답했다.

감사인의 업무환경 악화

감사인들은 원칙중심 회계보다 규칙중심 회계를 더 선호할 것이라고 이야기한 바 있는데, 사실 원칙중심 회계는 감사인들의 업무환경도 더 힘들게 만들 가능성이 크다. 먼저 원칙중심 회계 도입 이후 감사인에게 요구되는 감사 투입시간이 급격하게 증가하고 있다. 원칙중심 회계에 따라 늘어난 위험을 줄이기 위해 회계법인은 감사품질을 관리하는 시간을 늘리고 있다. 시간을 들여 더 치밀하고 더 자세하게 감사를 해야 품질을 높일 수 있고 그래야 위험이 줄어들기 때문이다.

한국회계학회 수행 2019년 설문조사에서 감사인 중 84.6%는 원칙중심 회계 도입 이후 감사환경이 '악화' 또는 '많이 악화'되었다고 응답했다. 증가한 감사인의 부담 중 많은 부분은 품질을 높이기 위해 더 많은 시간과 에너지를 투입해야 하기 때문인 것으로 보인다. 공정가치 평가와 손상 여부 등과 같이 판단과 추정을 해야 하는 영역이 더욱 증가했기 때문에 감사과정에 들어가는 자원이 과거에 비해 크게 증가한 것이다.

일이 많아진 만큼 보수도 많아지면 그나마 괜찮겠지만, 감사보수는 투입자원의 증가세를 따라가지 못하고 있는 현실이다.[15] 또한 회계법인들도 인력과 자원에 한계가 있기 때문에 감사를 위해 더 많은 시간을 투입해 달라는 요구에 충분히 대응하지 못하고 있다. 이런 상황에 설상가상으로 감리 지적과 소송제기의 가능성이 증가했기 때문에 감사인들이 느끼는 위험이 크게 늘어났고 이런 요소들이 복합적으로 작용하여 감사인의 업무환경을 악화하고 있다고 볼 수 있다.

그러나 이 중에서도 감사인 스스로 업무환경이 악화되었다고 느끼는 가장 큰 원인은 아무래도 감사인의 판단에 대한 감독기관의 제재일 것이다. 설문조사 결과 감사인들은 판단의 영역에 대해서도 징계하는 감독기관의 감리 기조가 원칙중심 회계 도입에 따라 감사환경이 악화된 가장 주된 원인으로 보고 있다. 더불어 감사인들은 소속 회계법인의 대응 역량 부족으로 인한 감사인의 시간과 노력 증가, 한국회계기준원과 금융감독원 등 감독기관이 사전적 의견표명에 소극적인 점 등을 지적하였다.

사례 회계사들의 근로환경

회계업계에도 주 52시간 근무제 도입 후폭풍이 거세다. 금융위원회는 주 52시간 도입에 따라 회계사 선발 인원 증원을 고려하고 있고, 회계업계는 성급한 증원은 '악수'가 될 수 있다며 반발하고 있다. 회계감사 인력 부족은 적은 인원 때문이 아니라 열악한 업무환경에 있는 만큼 감사 근로환경 개선이 시급하다는 입장이다.

(중략)

■ 면접 보러 다니는 회계사

회계업계는 현재 금융위가 본질을 해결하지 않고 취업자 수 증가에만 몰두하고 있다고 주장한다. 실제 감사인원 부족보다는 고강도 업무가 문제라는 것. 한국공인회계사회에 따르면 지난 달 기준 국내 공인회계사는 2만 590명으로 2008년(1만 1,940명)에 비해 두 배 가까이 늘었다. 다만 실제 회계법인과 개인 사무소 등 감사업무에 종사하는 회계사는 1만 3,242명으로 휴업자가 7,347명(36%)에 이른다. 뿐만 아니라 현재 회계업무를 하고 있는 회계사 역시 민간기업, 금융공기업 등으로 이직을 준비하고 있는 회계사가 다수라고 전한다. 한 회계사는 "편한 업무환경과 안정적인 미래를 위해서 금융공기업으로 이직을 준비하고 있다"면서 "며칠 전에 금융공기업 최종면접을 봤는데, 거기서 동기를 만날 정도로 많은 회계사들이 이직을 준비하고 있다"고 말했다.

■ 업무환경 개선이 먼저

일반적으로 대형 회계법인은 신입 회계사 채용시 전체 30% 정도만을 세무자문본부와 재무자문본부로 채용하고, 나머지를 모두 감사업무로 배정한다. 회계사에게 감사업무는 모두가 기피하는 분야이다. 의과대학으로 치면 응급병동으로 빠지는 것과 같다고 비유한다. 감사 부실에 대한 책임도 클뿐더러 업무 강도도 상당한 것으로 알려진다. 반면 업무에 비해 감사보수는 턱없이 작다는 것이 업계 주장이다. (메트로, 2018.11.18)

감사인들이 겪는 실무 차원의 어려움

좀 더 구체적으로 실무적인 차원에서 감사인들이 겪고 있는 원칙중심 회계의 어려움은 무엇일까? 회계법인 관계자들과의 인터뷰를 통해 도출한 감사인들의 실무상 어려움은 크게 다음의 여섯 가지로 요약할 수 있다.

NO.	실무상 어려움	응답비율
1	특정 거래나 상황에 대한 구체적 가이드라인 부재	95.8%
2	기준 해석의 어려움	94.7%
3	기업의 재무제표 작성능력 부족	94.1%
4	감사 문서화의 증가	91.5%
5	감리나 소송 과정에서 감사인의 판단이 옳다고 입증하기 힘든 구조	87.8%
6	기준 분량의 방대함	85.6%

* 응답비율은 '어렵다'는 응답과 '매우 어렵다'는 응답의 합산 수치임

설문조사 결과, 감사인들은 이 중에서도 특정 거래나 상황에 대한 구체적인 가이드라인이 없다는 점을 실무 차원에서 가장 어려운 요인이라고 호소했다. 그 다음으로 기준 해석의 어려움, 기업의 재무제표 작성능력 부족 순으로 실무상 어려움을 토로하였다. 그 외에 감사 문서화가 늘어났다는 점, 감리나 소송 과정에서 감사인의 판단이 옳다고 입증하기 힘든 구조, 기준 분량의 방대함의 순서대로 실무적인 애로사항을 피력했다. 이 여섯 가지 사항에 대해 자세히 살펴보자.

구체적인 가이드라인이 없다

원칙중심 회계의 기본취지는 경제적 실질을 잘 나타내는 것이다. 즉, 특정 거래나 상황에 대한 구체적인 지침을 제공하는 규칙중심 회계와 달리 원칙중심 회계는 이해관계자들이 스스로 경제적 실질을 파악하고 이를 가장 잘 나타낼 수 있는 회계처리를 하도록 하는 것이다. 그런데 이와 같은 좋은 취지에도 불구하고 현실에서는 오히려 실무적인 어려움을 유발하는 경우가 비일비재하다. 다음 사례를 살펴보자.

사례 실질지배력에 대한 가이드라인 부재에 따른 오류

A사는 최근 회계기준을 위반한 혐의로 감독기관의 제재를 받았다. 과거에 실질지배력이 확보되지 않은 투자회사(갑과 을)를 연결로 편입한 것이 문제가 되었다. 다행히 고의성은 없는 것으로 보아 기존의 제재 수준에 비해 감경 처분을 받은 것으로 알려졌다.

갑과 을을 연결 대상으로 편입한 것에 대해 A사와 감사인 측은 사업보고서 작성 당시가 IFRS 도입 초기 단계여서 판단이 어려웠을 뿐 고의적인 분식은 아니라는 입장을 전했다. 연결이나 실질지배력에 대한 명확한 기준이나 선례가 없는 상태에서 실질지배력이 있는 것으로 봤다는 것이다.

원칙중심 회계에서는 이 사례처럼 감사인이 구체적 가이드라인이 없어서 전문가적 판단에 의존해도 감독기관의 제재를 받을 수 있다. 감사인들은 이로 인한 불확실성에 대해 한 목소리로 어려움을 호소하고 있는 것이다. 설문조사 결과에서도 전체 응답 감사인 중 무려

95.8%가 구체적 가이드라인의 부재에 따라 어려움이 많다고 응답했다(많음 34.6%, 매우 많음 61.2%).

회계기준의 해석이 어렵다

원칙중심 회계에서는 구체적 가이드라인이 없기 때문에 당연히 회계기준을 해석하는 것도 힘들다. 어떤 기준은 이렇게 해석할 수도 있고, 저렇게 해석할 수 있는 가능성도 있다. 특히 K-IFRS는 영문 회계기준인 IFRS를 한글로 번역한 것이기 때문에 번역과정에서 문제가 커질 가능성도 있다. 즉, 아무리 잘한다고 해도 원본을 완벽하게 번역할 수는 없다. 이에 따라 번역된 국문 회계기준을 더 이해하기 어려운 상황이 생길 수도 있는데, 이런 요소 역시 회계기준 해석을 어렵게 하고 있다.

사례 회계사들도 IFRS는 어렵다

회계법인들도 IFRS 이해에 어려움을 겪는 점은 매한가지이다. '빅4'로 분류되는 대형 회계법인의 경우 자체적으로 IFRS를 분석하는 전담팀이 꾸려졌다. 실제 기업 감사를 맡고 있는 몇 명의 회계사들로는 날로 방대해지는 회계기준의 해석을 감당할 수 없기 때문이다.

그나마 인력 인프라 투자가 녹록치 않은 중소회계법인 · 중소기업보다 대형 회계법인이나 이들을 감사인으로 둔 대기업들은 여건이 나은 편이다. 최근 한국회계학회 세미나에 참석한 이태홍 두산 관리부장은 "대형 회계법인 사이에서도 의견이 불일치할 때가 많다"며 "거래형태는 계속 진화하는데 사례를 참고할 만한 질의회신도 공개되지 않은 상황에서 담당자들은 불확실성에 살고 있다"고 일침했다. (이데일리, 2018.11.29 중 일부)

감사인의 절대다수인 94.7%는 기준 해석에 어려움이 많다고 답변했다(많음 43.6%, 매우 많음 51.1%). 전문적인 회계지식을 갖춘 감사인조차 K-IFRS에 대한 해석으로 어려움을 겪고 있다는 설문조사 결과는 기준 해석의 어려움이 원칙중심 회계 정착에 큰 걸림돌이 되고 있음을 의미한다.

기업의 재무제표 작성능력이 부족하다

규칙중심 회계가 객관식 문항이라면 원칙중심 회계는 주관식 문항이다. 그렇기 때문에 기업은 더 수준 높은 재무제표 능력을 갖춰야 한다. 재무제표 작성능력이 부족하면 원칙중심 회계는 계속 알 수 없는 수수께끼로 남아 있게 된다. 회사의 규모나 인력에 따라 다르겠지만, 감사인의 입장에서는 재무제표 작성능력이 부족해 보이는 기업의 재무제표를 있는 그대로 확신하기 어렵다. 따라서 외부감사과정에서 기업의 경영진과 담당자들을 이해시키고 설득하는 데 더 많은 노력을 쏟아야 할 가능성이 커진다. 거꾸로 재무제표 작성능력이 부족한 기업 입장에서는 감사인에게 의존하는 정도가 지나치게 커질 수 있고 이는 자칫 감사인의 독립성 위협으로 치달을 수 있다.

감사인 대상 설문조사 결과 역시, 전체 응답자 중 94.1%가 IFRS의 난이도에 비해 기업의 재무제표 작성능력이 부족해 어려움이 많다고 응답했다(많음 42.0%, 매우 많음 52.1%). 이러한 결과는 두 가지 의미로 해석할 수 있다.

첫째, 원칙중심 회계에서는 기업 스스로 자신의 책임이란 인식을 바탕으로 회계정책에 대한 선택이나 판단을 해야 함에도 불구하고,

실제로는 그렇게 하지 못하기 때문에 그 부담이 감사인에게 그대로 넘어갈 수 있다. 기업이 해야 할 몫까지 감사인이 감당하게 되니까 그만큼 감사인들이 더 힘들어지는 것이다.

둘째, 원칙중심 회계가 본질적으로 요구하는 재무제표 작성능력에 비해 우리나라 기업들의 수준이 전반적으로 부족하다. 우리나라 기업들의 회계인력 규모나 전문성에 비해 원칙중심 회계가 요구하는 내용 자체가 너무 많고 복잡한 것이다. 이에 따라 실제 기업들이 그 요구를 충족하지 못하는 경우, 감사인은 이를 기업의 재무제표 작성능력 부족으로 인식하게 된다. 특히 원칙중심 회계는 기업의 규모에 상관없이 똑같은 수준의 국제회계기준을 적용하기 때문에 기업의 재무제표 작성능력 수준이 확연히 구분된다. 즉, 회계인력이 몇 명 없고 심지어 다른 업무까지 병행하는 매우 작은 규모의 코스닥 회사라고 해도 대기업과 동일한 기준을 적용받기 때문에 재무제표 작성능력이 부족한 기업에 대한 감사인의 시름은 깊어질 수밖에 없다.

문서화해야 할 내용이 많아졌다

규칙중심 회계의 핵심은 회계기준의 준수 여부의 확인이고 원칙중심 회계의 핵심은 경제적 실질에 대한 판단이다. 원칙중심 회계에서는 가능한 여러 해석 중 어떤 해석이 올바른 판단인지 선택해야 한다. 이에 따라 감사인은 더 철저하게 사후감리에 대비해야 한다. 감사과정에서 필수 절차를 모두 지켰다는 증거와 자신이 내린 추정과 판단의 근거를 남겨야 한다. 원칙중심 회계에서 문서화할 내용이 많아진 이유가 바로 여기에 있다. 객관식 문항은 정답의 번호만 적으면 되지만,

주관식 문항은 풀이과정까지 꼼꼼히 기재한 뒤 결론으로 정답을 기록해야 하는 것과 마찬가지이다.

이처럼 문서화의 필요성은 증가했지만 현실적으로 사용할 수 있는 시간은 한정되어 있으므로 감사인의 실무상 어려움은 증폭된다. 감사인 대상 설문조사 결과에서도 전체 응답자 중 91.5%가 원칙중심 회계 도입 이후 감사과정에서 문서로 남겨야 할 내용이 증가해서 어려움이 많다고 답했다(많음 52.1%, 매우 많음 39.4%).

특히 현실적으로 우리나라 기업들은 대부분 12월 결산법인이기 때문에 감사인은 시간과 에너지를 이 시기에 집중하게 된다. 문서화의 필요성은 알고 있지만, 주어진 감사를 정해진 기간 내에 끝내기에도 시간이 모자란 것이 감사인의 현실이다. 이 외에도 감사인들이 문서화를 어려워하는 이유가 하나 더 있는데, 그것은 바로 감사인 스스로 어떤 내용을 어느 정도 수준까지 문서화해야 하는지 결정하지 못한다는 점이다.

사후에 감사인의 판단이 옳다는 입증이 어려워졌다

원칙중심 회계에서는 판단이 중요하다. 그런데 이 판단은 필연적으로 주관적 상대성을 내포한다. 내 판단이 옳을 수 있듯, 남의 판단도 옳을 수 있다는 뜻이다. 그런데 이와 같은 특성은 감리나 소송 등 사후과정에서 감사인이 자신의 판단이 적정함을 입증하는 데 장애요인이 된다. 특히 경제적 실질에 대한 사실판단 사항은 사후적으로 그 판단의 적정성을 입증하기가 쉽지 않다. 감독기관의 판단보다 감사인의 판단이 더 적정하다고 주장할 수 있는 근거 자체가 부족하기 때문이다.

설문조사 결과 전체 응답 감사인 중 87.8%가 감리나 소송 과정에서 자신의 판단이 옳았음을 사후 입증하는 일에 어려움이 많다고 생각하고 있다고 답했다(많음 49.5%, 매우 많음 38.3%).

회계기준 분량이 너무 방대하다

기존의 K-GAAP에 비해 현행 K-IFRS는 분량이 엄청나게 증가했다. 양이 많아졌다는 사실은 그만큼 감사인이 습득해야 할 기준들이 많아졌다는 뜻이고, 지속적인 업데이트가 필요하다는 뜻이며, 나아가 기준을 적용하는 과정에서 문제가 생길 소지 역시 많아졌음을 뜻한다. 다음 사례를 살펴보자.

사례 회계기준의 방대한 분량

K-IFRS가 원칙만 제시했다고는 하지만 이를 설명하기 위한 과정이 수록된 탓에 분량이 막대하다. 회계기준을 조문식으로 나열한 초기 일반기업회계기준(K-GAAP)은 수십 페이지에 그쳤지만 현재 K-IFRS의 각 회계기준서를 합치면 수천 페이지가 넘는 것으로 알려졌다. 이번에 논란이 된 삼성바이오로직스의 지배력을 판단하는 '기업회계기준서 제1110호(연결재무제표)'만 해도 200페이지가 넘는다.

(이데일리, 2018.11.29 기사 중 일부)

감사인들의 생각도 마찬가지이다. 감사인 대상 설문조사 결과, 전체 응답자의 85.6%가 기준 분량의 방대함으로 인해 어려움이 많다고 답변했다(많음 50.5%, 매우 많음 35.1%).

감사과정에서 감사인들이 어려워하는 감사항목들

감사인 대상 설문조사를 통해 감사인이 개별 감사항목에 대해 어느 정도 어려움을 느끼는지도 조사했다. 설문조사 결과 응답 감사인 중 70% 이상이 어렵다고 응답(어려움과 매우 어려움 합산)한 항목은 모두 8개였다. 상세한 내용은 [도표 13]과 같다.

감사인들이 가장 어려움을 가장 많이 느끼는 개별 감사항목은 실질지배력 판단 및 연결범위의 산정이었다. 응답자의 91.5%가 이 감사항목에 대해 어려움을 느낀다고 답했다(많음 50.0%, 매우 많음 41.5%). 뒤이어 비상장법인 주식의 공정가치 평가, 손상차손 인식 및 측정, 수익인식, 연구비와 개발비의 분류 및 개발비의 자산화, 유의적인 영

[도표 13] 개별 항목 감사의 어려움

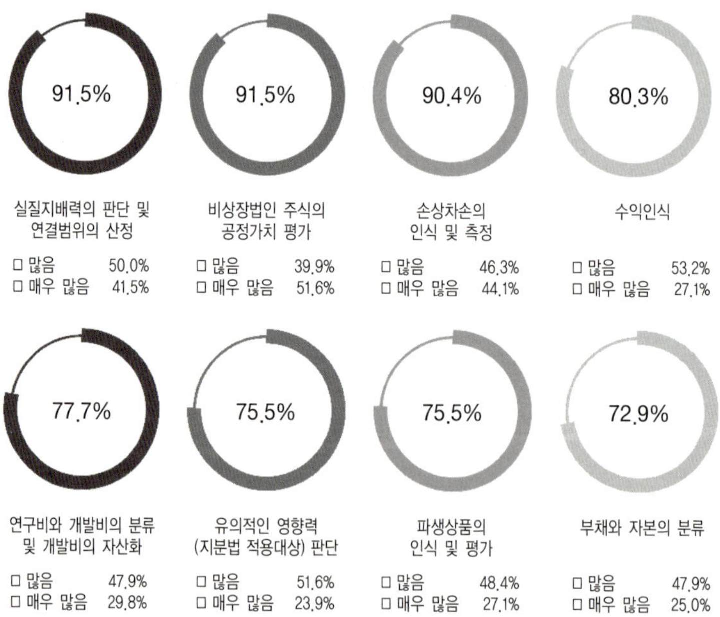

향력(지분법 적용대상) 판단, 파생상품의 인식 및 평가, 그리고 부채와 자본의 분류 등의 순으로 어려움을 겪고 있는 것으로 나타났다.

특히 실질지배력 판단 및 연결범위의 산정 항목과 함께 비상장법인 주식의 공정가치 평가, 손상차손 인식 및 측정의 세 가지 개별 감사항목에 대해서는 전체 응답자의 90% 이상이 어렵다고 응답했고, 이 중에서 매우 어렵다는 응답이 40% 이상으로 나타났다. 수익인식에 대해서는 전체 응답자의 80% 이상이 어려움이 많다고 답했고(어려움 53.2%, 매우 어려움 27.1%), 연구비와 개발비의 분류 및 개발비의 자산화, 유의적인 영향력(지분법 적용대상) 판단, 파생상품의 인식 및 평가, 그리고 부채와 자본의 분류에 대해서는 전체 응답자의 70% 이상이 어려움 또는 매우 어려움이 많다고 응답했다(어려움 47.9%, 매우 어려움 25.0%).

또한 감사인들의 어려움을 많이 느끼는 8개 항목 중 금융상품 관련 항목이 3개 항목인 점도 주목할 만하다. 비상장주식의 공정가치 평가, 파생상품의 인식 및 측정, 부채와 자본의 분류의 3개 항목에 대해 감사인들은 어려움을 많이 느끼고 있는 것으로 나타났는데, 이는 감사인들이 전반적으로 금융상품 관련 항목의 감사에 대해 어려워한다는 사실을 방증하는 것으로 보인다.

3 사후감리의 한계와 해석 차이에 따른 갈등 우려 - 감독과정

원칙중심 회계는 감독기관의 사후감리과정에서도 장점과 단점을 함께 발휘하고 있다. 원칙중심 회계 도입 이후 감독과정의 현장 모습을 살피기 전에 먼저 우리나라 회계감독과정의 현황에 대해 알아보자.

우리나라의 회계감독과정 현황

우리나라에서 회계감독을 수행하는 감독기관은 크게 금융감독원과 금융위원회 두 곳이다. 먼저 금융감독원은 금융위원회 산하 증권선물위원회[16]로부터 위임을 받아 재무제표 심사, 회계감리(재무제표 감리, 감사보고서 감리), 감사인에 대한 품질관리 감리를 수행한다. 이 중 회계감리에서 제재와 징계를 해야 할 사안이 발생하면 증권선물위원회에서 이에 대해 결정하는데, 이때는 증권선물위원회 산하 감리위원회[17]의 심의를 거쳐야 한다. 이 외에도 엄밀한 의미의 감독기관은 아니지만 한국공인회계사회는 비상장기업에 대한 회계감리, 일정 규모 이하 감사인과 감사반에 대한 품질관리 감리 등을 증권선물위원회로부터 위탁받아 시행하고 있다.

감독과정에서 이루어지는 일들은 비슷한 명칭으로 여러 가지가 있기 때문에 이를 잘 구분할 필요가 있다. 그중 가장 중요한 재무제표 심사, 재무제표 감리, 감사보고서 감리, 품질관리 감리를 차근차근 살펴보자.

첫째, 재무제표 심사는 감리집행기관인 금융감독원이 기업에게 재무제표의 특이사항에 대한 소명을 요구하였으나 설득력 있는 답변을 듣지 못하였거나, 회계오류가 확인되었을 때 재무제표의 수정을 권고하는 업무를 말한다. 감리집행기관은 기업에서 공시한 재무제표 등에 회계처리기준 위반사항이 있는지 검토한다. 이때 특이사항이 발견되면 기업의 소명을 듣는 과정을 거친 후 회계처리기준 위반사항이라고 판단하는 경우 기업에게 재무제표 수정을 권고한다. 이것이 재무제표 심사이다.

둘째, 재무제표 감리는 기업이 제출한 재무제표에 회계기준 위반사항이 존재하는지 심도 있게 조사하는 것을 말한다. 흔히 회계감리로도 부르는 재무제표 감리는 재무제표 심사단계에서 발견된 특이사항이 회계처리기준 위반사항이며, 기업이 이를 수정할 것을 거부하거나 회계처리기준 위반 정도가 중대하거나 반복적인 경우 혹은 의도적인 경우에 추가적인 정밀조사를 거쳐 재무제표 작성책임자와 기업을 제재하는 절차이다. 따라서 재무제표 감리는 재무제표 심사 이후에 이루어지는 것이 일반적이다.

셋째, 감사보고서 감리는 감독기관이 회계감사를 수행하는 과정에서 감사인이 회계감사기준을 준수하였는지 여부를 감리하는 것이다.

넷째, 품질관리 감리는 감리와 감사인의 품질관리수준을 평가하는 것으로 감사인이 수행한 감사업무가 외감법에서 규정한 품질관리기준을 잘 준수했는지를 중심으로 이루어진다. 재무제표 심사와 재무제표 감리가 기업을 대상으로 하는 데 반해 감사보고서 감리와 품질관리 감리는 감사인을 대상으로 이루어진다.

금융감독원과 금융위원회의 재무제표 심사와 감리 과정을 다음 도표와 같이 정리할 수 있다.

[도표 14] 우리나라의 회계감리과정

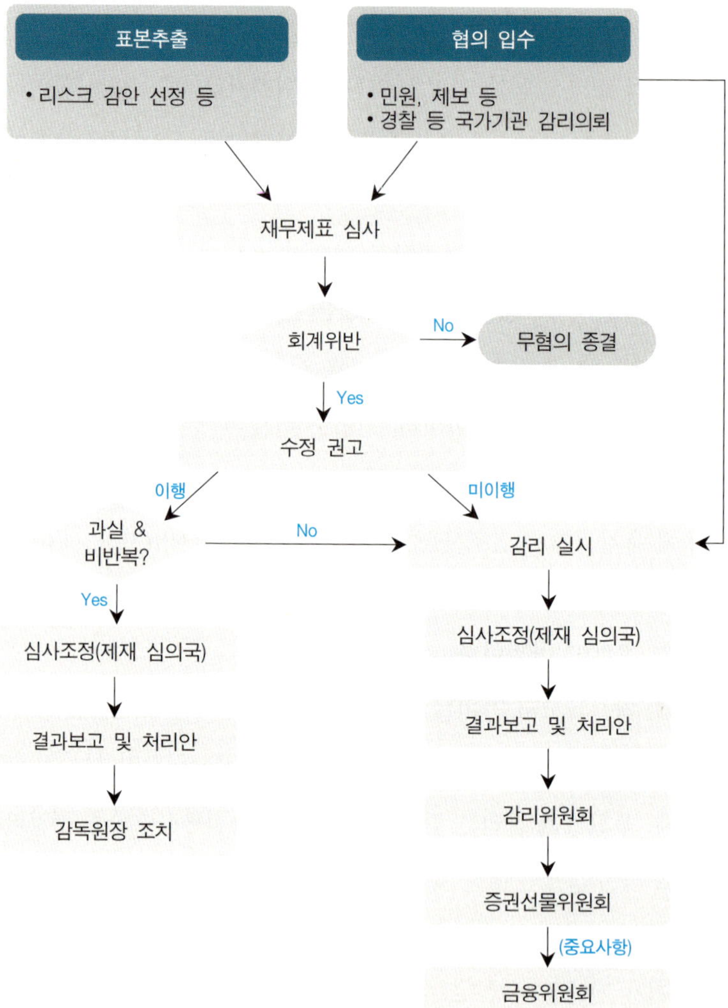

출처 : 금융감독원 회계포탈 홈페이지(2019년 2월 기준)

금융감독원은 회계부정 적발 시스템 등을 통해 공시된 재무정보에 대하여 리스크가 높다고 파악한 기업이나 무작위 표본추출한 기업의 재무제표를 선정하여 재무제표 심사를 수행한다. 이 외에도 일반인의 민원이나 제보, 또는 기타 국가기관의 통보가 들어올 경우에도 재무제표 심사가 이루어지는데, 이때 사항이 중요할 경우에는 재무제표 심사를 생략하고 곧바로 재무제표 감리를 수행한다.

재무제표 심사를 통해 특이사항을 발견하면 감독기관은 먼저 기업에게 소명을 요구한다. 감독기관이 이 소명 내용을 포함하여 해당 기업의 재무제표를 분석한 결과, 회계기준 위반이라고 판단하면 기업에 대해 신속한 수정을 권고한다. 기업이 권고를 받아들여 수정하는 경우 감독기관은 위반의 동기와 반복성 여부를 파악한다. 이를 통해 위반의 정도가 심하지 않고 횟수가 반복적이지도 않은 단순 과실인 경우에는 금융감독원장의 직접 조치로 감독과정을 일단락한다.

그러나 이 재무제표 심사로 끝나지 않으면 재무제표 감리, 즉 회계감리로 이어진다. 회계감리는 재무제표 심사 결과 회계기준 위반임을 확인하여 이를 수정하라고 권고하였는데도 불구하고 기업이 수정을 하지 않은 경우, 수정을 했으나 위반 동기와 반복성 여부를 파악한 결과 과실의 정도가 중요한 경우, 위반에 고의성이 있는 경우, 반복적 위반이 발생한 경우에 실시한다. 감독기관의 회계감리 결과에 따른 징계 수위는 감리위원회의 심의와 증권선물위원회의 결의를 거쳐 결정된다.

재무제표 심사와 심사감리는 뼛속부터 다르다

이와 같은 회계감리과정은 2018년 개정된 외감법, 외감법 시행령, 그리고 외부감사 및 회계 등에 관한 규정에 따라 확립되었다. 이전까지 재무제표 심사는 아예 도입되지 않았고 대신 심사감리가 존재해왔다.

그런데 이때의 심사감리는 재무제표 심사와 동기와 목적 면에서 전혀 다른 개념이다. 심사감리는 표본추출과정의 사전단계라는 특성이 강했다. 즉, 재무제표 심사가 특이사항에 대해 기업과 협의하여 신속히 정보를 수정하는 데 주요 목적이 있는 반면 심사감리는 회계감리를 본격 수행하기 이전에 위험대상을 미리 식별하는 사전준비라고 할 수 있었다. 다시 말해서 심사감리는 본 감리대상을 선별하기 위하여 공시된 재무제표들을 검사(screening)하여 특이사항이 있는 재무제표를 골라내고, 이에 대하여 본 감리를 시행하기 위한 준비 단계로서의 역할을 하였다.

반면 재무제표 심사는 오류가 발생하였거나 추가적인 공시가 필요한 경우에, 재무정보를 빠르게 수정하여 추가적인 공시와 설명이 자본시장에 적절한 시기에 전달되도록 하기 위해 실행된다. 다시 한 번 강조하지만 원칙중심 회계의 재무제표 심사와 종전의 심사감리는 동기와 목적 면에서 전혀 다른 개념이다.

회계는 원칙중심, 감독은 제재 위주?

규칙중심 회계의 감독과정은 'Box Ticking' 방식으로 진행되기 쉽다. 즉, 정해진 조사표에 해당 여부를 체크(check)하는 것처럼 재무제표가 세부지침에 따라 작성되었는지를 사후에 확인하여 제재하는 감독방식이었다. 그런데 철학과 전제가 전혀 다른 원칙중심 회계에서도 사후 제재 위주의 회계감독이 적절한지 고민해야 한다. 달리 말하면 다른 프로세스에서는 원칙중심 회계를 따르면서 감독과정에서는 아직 규칙중심 회계에 의존하는 문제점에 대한 철저한 분석과 치밀한 대안 모색이 절실한 시점이다.

규칙중심 회계의 감독과정에서는 명확한 양적 판단기준만 확인하면 충분했다. 그러나 원칙중심 회계에서는 재무제표 작성자가 채택한 회계처리방법이 '원칙'에 부합하는지, 나아가 실질적 판단기준에 부합하는지 확인해야 한다. 일반적으로 양적 판단기준에 비해 실질적 판단기준은 확인해야 할 사항이 훨씬 많다. 객관식 시험과 주관식 시험의 차이는 채점 기준에서도 차이가 나기 때문이다.

예를 들어 연결재무제표 작성을 위한 실질지배력 판단이나 리스 회계처리 판단 등은 양적인 기준을 적용하는 경우보다 실질적 판단기준을 적용할 때 훨씬 더 많은 요인들을 꼼꼼하게 고려하여야 한다.

그런데 문제는 감독기관 역시 인력과 예산에 한계가 있기 때문에 기준 준수 여부를 하나하나 확인하는 사후 감독방식으로는 전수조사를 할 수 없다는 점이다. 이것이 회계감리가 종전까지 표본추출로 이루어져 온 주된 이유이다. 그런데 더 큰 문제는 원칙중심 회계는 규칙중심 회계보다 감독과정을 위해 인력과 시간이 훨씬 더 많이 필요하다는 점이다. 쉽게 말해 원칙중심 회계에서는 표본추출을 통한 감독도 쉽지 않다.

사례 사후적 회계감독 – 표본감리의 한계

금융감독원(2017, 2018)에 따르면 2016년 상장법인 감리실시현황을 보았을 때 상장법인 수 2,017개 중 감리를 받은 회사의 수는 80개에 불과했다. 즉 실시비율이 매년 상장회사 대비 4%에 해당하는 것으로서 확률적으로 약 25년에 한 번 감리를 받을 수 있는 것이다. 감리주기는 2011년부터 2017년까지 최소 15년에서 최대 41년까지 장기간으로 이루어졌다. 회계감독기관의 인력의 한계 때문에 표본감리주기를 줄이는 것은 한계가 있다. [금융감독원(2017, 2018), 이재은 · 이영한(2018) 재인용]

여기서 좀 더 근본적인 질문이 필요하다. 원칙중심 회계에서도 사후감독이 도움이 되고 있을까? 사후와 사전이라는 감독의 시점 자체에 대한 고민이 필요하다는 뜻이다.

원칙중심 회계에서 정확한 재무정보가 공시되고 유통되려면 기업과 감사인 모두에게 수준 높은 회계기준 해석능력과 회계정보 관리능력이 필요하다. 이런 능력이 있어야 스스로 정확하게 판단할 수 있기 때문이다. 그런데 기업과 감사인의 능력을 강화하는 데는 감독기관의 역할도 중요하다. 감독기관은 회계라는 그라운드에서 뛰는 선수들이 역량을 강화할 수 있는 환경을 조성해 줘야 한다. 즉, 기업 회계담당자와 감사인이 스스로 정확하게 판단하여 경영의 실체를 잘 표현할 수 있도록 강온 양면에서 자극과 격려를 해야 한다.

여기서 기업과 감사인의 역량 강화라는 측면에서 사후 제재 중심의 감독이 얼마나 도움이 되는지 따져보자. 물론 사후 제재 중심의 감독도 소폭이나마 회계역량을 강화할 수도 있다. 사후에 제재받을 가능성에 대비해 기업과 감사인이 감독기관이 요구하는 지침대로 회계처리를 시행하려고 노력할 것이기 때문이다. 그러나 혼나는 게 무서워서 하는 공부는 완전히 자기 것이 될 수 없다. 지적 호기심을 발휘해 스스로 파고드는 공부가 진짜 공부이기 때문이다.

따라서 사후 제재 중심의 감독방식은 자체적 회계역량을 키우기보다는 제재를 피하는 요령을 익히는 데 그칠 가능성이 크고, 이는 원칙중심 회계의 근간인 자율적 판단을 높이는 방향과 일치하지 않는다. 이처럼 감독기관의 사후 제재를 피하기 위한 기업과 감사인의 행태는 원칙중심 회계에서 회계역량을 키우는 데 별 도움이 되지 않을 가능성이 높다.

좀 더 구체적으로 새로운 거래유형이 나타났거나 해석이 나뉠 수 있는 회계처리 대안이 제시되는 경우를 생각해 보자. 이때 기업이나 감사인은 회계기준의 원칙과 목적을 고려해 가장 적합한 회계처리를 채택하기보다는 감독기관에게 구체적 회계처리방식에 대한 답변을 요구할 공산이 크다. 또한 감독기관이 문제를 제기하지 않으리라 예상되는 가장 보수적인 회계처리방식을 채택할 가능성이 높다. 그래야 나중에 제재를 받을 가능성이 적고 제재를 받더라도 적게 받기 때문이다.

이처럼 원칙중심 회계에서 사후 제재 위주의 감독이 계속되면 기업과 감사인은 감독기관의 결정에 의존하거나, 감독기관이 선호하리라 예상하는 대안을 찾는 데 에너지를 집중할 가능성이 높다. 이에 따라 스스로 내부의 회계역량을 키우기 위한 노력은 요원해질 수밖에 없다.

감독업무를 실행할 때 발생할 수 있는 문제들

원칙중심 회계는 감독업무가 실행되는 과정에서도 몇 가지 문제를 일으킬 수 있다. 우선 담당자의 성향에 따라 감독조치의 수준이 달라지는 경향이 짙어질 수 있다. 원칙중심 회계에서는 명확한 지침 위반보다 회계처리가 회계기준의 원칙에 어느 정도 벗어났느냐에 따라 회계부정과 오류를 판가름한다. 따라서 담당자가 회계기준을 얼마나 엄격하게 적용하느냐에 따라 감리조치나 징계수위가 달라질 수 있다. 객관식 문항의 채점자는 정/오답만 구분하면 되지만, 주관식 문항에서는 채점 역시 주관성이 개입될 소지가 큰 것과 같은 이치이다.

이런 상황에 대해 기업 회계담당자들과 감사인들은 한결같이 감독기관 감리담당자의 성향에 따라 비슷한 사안에 대해 내려지는 조치나 징계수위가 크게 달라질 수 있다는 우려를 표명하고 있다.

감독업무 실행과정에서 일어날 수 있는 심각한 문제가 하나 더 있다. 바로 감독과정의 시간이 지나치게 늘어질 가능성이 크다는 점이다. 원칙중심 회계에서는 보통 감리위원회에서 감리담당자와 기업이 각각 회계처리의 정당성에 대한 지지 증거를 제시하며 논쟁하는 방식으로 감리가 진행된다. 따라서 감독기관이 수집해야 할 감리 증거의 분량이 점점 많아지게 되고, 이는 감독과정 기간의 장기화로 이어질 가능성이 높다.

기간이 길어지다 보면 그사이 감리담당자가 변경될 수도 있고, 기업은 이미 자료를 제출했지만 새로운 담당자는 같은 자료를 다시 요청할 수도 있다(이충훈 2018).[18] 이렇게 되면 기업과 감사인은 같은 설명을 되풀이하게 되고, 감독기관 역시 자료에 대응하는 노력이 중복되면서 서로 갈등이 증폭될 가능성이 있다.

담당자의 성향에 따라 감리의 결과가 달라질 수 있는 공정성 시비와 감리의 장기화라는 두 가지 문제는 결국 회계감독에 대한 수용성을 떨어뜨리는 결과를 초래하게 될 것이고, 이는 결국 기업과 감사인이 감독기관에 대해 반발하거나 감독 결과에 불복하는 위협이 발생할 수 있다.

원칙중심 회계는 정답이 서너 개

원칙중심 회계의 매우 중요한 특징 중 하나는 답이 하나가 아니라 여러 개일 수 있다는 점이다. 반복하여 강조하지만 원칙중심 회계는 상세한 회계처리방법을 규정하지 않는 대신 경제적 실질을 반영해야 한다는 회계기준의 목표를 충족시켜야 한다. 그런데 경제적 실질을 반영하는 회계처리방법이 항상 분명하지는 않다. 따라서 기업은 여러 가지의 회계처리방법 중 최선이라고 판단하는 방법을 선택할 수밖에 없는 경우도 있다.

더군다나 경제적 실질을 반영하는 회계처리는 시점에 따라 달라지기도 한다. 예를 들어 기업이 기계장치를 1억 원에 구입하였고 잔존가치가 없다고 가정하자. 세법상 내용연수가 5년인 경우, 종전 K-GAAP에서는 세법에 따라 대부분의 기업들이 기계장치의 감가상각기간인 5년 동안 매년 2천만 원(1억 원÷5년)씩 감가상각비를 인식하였다. 그러나 원칙중심 회계에서는 매년 말에 내용연수가 여전히 5년인지 재검토한다. 만일 1년 사용 후 잔여내용연수가 4년이 아닌 2년에 불과한 것으로 판단되면, 잔여 장부가액 8천만 원은 남은 기간인 2년 동안

4천만 원씩 감가상각해야 한다.

즉, 종전의 규칙중심 회계에서는 경제적 실질의 변화에 관계없이 규정에 따라 5년 동안 일정하게 2천만 원의 감가상각비를 인식한 반면, 원칙중심 회계에서는 회계가 경제적 실질의 변화를 반영해야 한다. 이에 따라 첫해에는 2천만 원의 감가상각비를 인식했더라도 둘째 해와 셋째 해에 각각 4천만 원의 감가상각비를 인식해야 하는 것이다.

원칙중심 회계에서는 정보이용자들에게 규칙을 준수한 정보보다 목적에 적합한 정보를 주는 것이 더 중요하다. 이를 위해 취득원가뿐 아니라 공정가치 정보를 활용할 수 있고 감가상각방법 역시 법령이나 관행을 준용하기보다는 감가상각의 기본적 정의에 충실한 방향에 따라 미래 경제적 이익의 소비 형태를 가장 잘 반영하는 방법을 채택해야 한다. 나아가 감가상각의 기본요소가 적정한지에 대해서도 매년 재평가해야 한다.

원칙중심 회계에서 답이 여러 개일 수 있다는 것은 판단하는 과정이나 판단시 중요하게 고려한 정보에 따라 최선의 회계처리방법이 달라질 가능성이 있다는 것을 의미한다. 또한 과거의 정답이 오늘의 오답일 수 있고, 마찬가지로 지금은 오답이지만 나중에는 정답이 될 수도 있다는 뜻이다.

회계기준 해석 차이에 대한 우려

다양한 선택이 가능하고 회계처리를 다른 방법으로 대체할 수 있는 상황은 때로는 약으로, 때로는 독으로 기업에게 다가온다. 기업이 정당한 절차(due process)를 통해 경제적 실질을 판단하고 관련 기준 해석에 기초하여 타당한 회계처리를 했다고 확신하는 사안일지라도, 이에 대한 감독기관의 판단은 기업과 다를 수 있기 때문이다. 이렇게 되면 원칙중심 회계의 다양한 선택 가능성은 기업에게 득보다 실이 많은 결과가 될 수 있다. 판단의 차이, 즉 회계기준 해석의 차이에 따라 감독기관이 기업을 제재하게 되면 기업의 수용성을 떨어뜨림은 물론 원칙중심이라는 국제회계기준의 개념체계를 훼손할 수 있다.

이러한 상황에서 개별 기업들이 취할 수 있는 가장 손쉬운 방법은 중요한 회계처리마다 감독기관의 질의회신과 의견조회를 거치는 것이다. 그러나 이런 일이 누적되어 관행과 지침이 양산되면 원칙중심 회계는 정착할 수 없다. 판단의 권리가 기업이 아닌 감독기관으로 넘어가는데, 제3자인 감독기관은 기업만큼 거래의 본질을 알지 못하기 때문에 오히려 거래의 실질을 반영하지 못한 판단을 할 가능성이 있기 때문이다.

또한 실제로 감독기관 역시 기업의 수많은 의견조회에 민첩하고 정확하게 대응하기 힘들다. 그렇게 되면 의견조회에 대한 답변을 거부하거나 미루는 상황이 발생하게 되고 이는 결국 시장의 불확실성을 키우는 결과를 초래한다. 답변을 받지 못하는 기업은 올바른 회계처리보다는 감독기관이 인정할 것으로 예상되는 회계처리를 선택하게 된다. 권한 있는 감독기관의 의견만 존중받기 때문에 감사인 또한 스스로 위험을 줄이기 위해 독자적인 해석은 지양하고 감사를 최대한 보수적으로 하게 된다. 이는 본격적인 지정감사제도[19] 도입과 맞물려 재무제표의 잦은 수정과 감사보고서의 빈번한 변경으로 이어질 가능성이 매우 높다.

사후적 확신 편향에 대한 우려

감독기관의 감독은 과거완료형이지만 기업의 재무제표 작성은 현재진행형이다. 감독기관은 모든 거래의 결과를 알 수 있는 시점에서 감리를 진행하지만, 기업은 사후 정보가 충분히 주어지지 않은 상태에서 회계처리를 수행하고 재무제표를 작성하게 된다. 이에 따라 발생하는 문제가 정보의 불균형이다. 감독과정에 대해 기업이나 감사인이 표출하는 불만 중 하나는 감독기관에 비해 낮을 수밖에 없는 기업과 감사인의 정보 수집 능력에 따라 사후적 확신 편향(hindsight bias)이 발생할 수 있다는 사실이다.

감독기관은 사후에 알게 된 정보를 판단의 근거로 삼는다. 이를 바탕으로 회계처리 당시 기업이나 감사인이 충분한 정보를 반영해 회계처리와 감사를 수행했는지를 따진다. 그러나 기업이나 감사인은 당시 자신들에게 주어진 정보가 부족했기 때문에 적정한 회계처리를 판단하기 힘들었다고 주장할 수 있다.

이러한 감독기관과 피규제기관인 기업이나 감사인 사이에 존재하는 시점의 차이와 정보의 불균형은 감독기관의 징계 자체를 받아들이기 어렵게 만든다. 경기가 다 끝나고 평론하는 해설가와 경기가 벌어지는 현장에서 아나운서와 함께 중계방송을 진행하는 해설가를 비교할 때, 전자에 비해 후자가 실수를 범할 가능성이 훨씬 크다는 주장과 일맥상통하는 논리이다.

배길수와 이재은(2013)의 연구에서 시행한 감리절차의 문제점에 대한 감사인 대상 설문조사 결과를 보면 공인회계사 개인 응답자의 69%와 회계법인 심리실 응답자의 93%가 감독과정에서 사건 종료 후 결과를 보고 판단하는 사후적 판단이 발생하는 것을 경험하였다고 답변했다. 이는 사후적 확신 편향에 대한 문제의식이 감사인들 사이에 매우 폭넓게 공유되고 있다고 볼 수 있는 통계 수치이다.

정보 불균형의 심화

회계 관련자 대부분이 공통적으로 정보의 불균형에 대해 지적하고 있다. 집필진은 원칙중심 회계에 관한 연구를 수행하면서 대기업과 중소기업의 CFO, 대형 회계법인과 중소형 회계법인의 감사인 등 다양한 사람들과 대면 면담을 진행했다. 그 결과 감독기관과 기업, 감독기관과 감사인은 물론 기업과 감사인, 기업과 기업, 감사인과 감사인 사이에서도 국제회계기준의 해석, 정당한 회계처리를 위한 정보의 접근 가능성, 정보의 보유 정도 등에서 불균형이 나타나고 있는 문제에 대한 우려의 목소리가 높았다.

특히 새롭고 특이한 거래에 대해 회계처리할 때에는 어떠한 회계처리를 선택해야 할지 어렵기 마련이다. 기업이나 감사인 입장에서는 사후 감독과정에 대한 우려를 하지 않을 수 없기 때문에 올바른 회계처리방식을 적용하기보다는 감독기관이 적정하다고 판단하는 회계처리방식이 무엇인지 파악하여 적용하기 원한다.

크기에 따라서도 대응의 수준이 달라진다. 아무래도 대형 회계법인이나 대기업은 내부에 국제회계기준 전문가를 많이 보유하고 있고, 자문을 구할 수 있는 재정 자원도 확보하고 있으며, 감독기관의 견해나 방향을 파악할 수 있는 인적 네트워크도 풍부할 가능성이 높다. 그러나 중소형 회계법인이나 중소기업은 내부 역량이나 감독기관과의 인적 네트워크가 모두 약할 가능성이 크다.

원칙중심 회계는 기존의 회계감독과 감리절차에 대해 많은 도전적 과제를 제기하고 있다. 원칙중심 회계는 올바른 회계처리에 대한 관점과 해석이 다양하게 나타날 수 있으며, 이러한 특성은 감독과정에서 기업이나 감사인의 해석 차이로 인한 불안감과 정보비대칭에 따른 불확실성을 제고할 가능성이 있다. 사후 제재 중심의 현행 감독체계는 기업과 감사인의 회계역량을 키우면서 왜곡된 회계정보가 적시에 수정되도록 하는 데 적합하지 않은 점이 많다.

제 3 장

원칙중심 회계 해법 만들기

1. 프로세스 정비하고 의사소통 지속하라 – 기업의 역할
2. 인적 자원 강화하고 감사절차 정비하라 – 감사인의 역할
3. 다양성을 인정하고 예방중심 감독하라 – 감독기관의 역할
4. 원칙중심 회계 정착을 위한 그 밖의 아이디어

원칙중심 회계는 기업은 물론 감사인과 감독기관, 나아가 재무정보 이용자 등 회계와 관련된 수많은 사람들에게 큰 변화를 일으켰다. 이 변화에 따라 회계정보의 품질 향상과 같은 긍정적 효과도 나타났지만 새로운 시스템으로 인한 그늘진 구석도 드리워졌다.

그러나 분명한 것은 원칙중심 회계 자체가 아니라 이 원칙과 제도를 운영하는 주체들이 그림자를 만들고 있다는 사실이다. 먼저 기업은 재무제표 작성의 책임자라는 인식이 다소 부족했다. 그랬기 때문에 원칙중심 회계를 위해 필요한 역량 강화나 충실한 의사소통 등에서 혁신을 제대로 이루지 못했다.

감사인도 원칙중심 회계가 본질적으로 견해 차이가 존재한다는 사실을 인정하기보다는 기업이나 다른 감사인에게 자신의 견해만을 강하게 주장하는 일이 많았다. 감독기관 역시 여전히 사후 제재 중심의 감독체계에서 벗어나지 못해 기업이나 감사인과 점점 더 갈등했다.

그렇다면 원칙중심 회계의 어두운 음지를 줄이고 밝은 양지를 늘리는 방법은 무엇일까? 제도가 가진 특성을 정확히 이해하여 그에 따른 부작용을 방지하고 본연의 장점을 강화할 수 있는 방안은 없을까? 지금부터 원칙중심 회계의 정착과 발전을 위해 기업, 감사인, 감독기관이 각각 어떻게 변화해야 할 것인지 고찰하고 나아가 이를 위한 구체적인 개선 방안을 제시하고자 한다.

1 프로세스 정비하고 의사소통 지속하라 – 기업의 역할

원칙중심 회계 도입 후 기업은 안팎으로 다양한 변화와 마주하고 있다. 내부로는 회계부서 강화의 필요성을 실감하지만 투자 부담이 만만치 않아 머뭇거리고 있고, 예전과 다른 요구와 조치를 하는 감사인이나 감독기관과의 갈등은 자꾸 증폭하고 있다. 부족한 역량을 외부 자문을 통해 보완하긴 하지만 내부 전문가가 직접 수행하는 것만큼 편하진 않은 데다가 감사보수까지 증가하여 기업들의 부담은 갈수록 증가하고 있다. 그러나 끌탕하는 것만으로 어려움을 극복할 수는 없다. 기업들은 지금부터라도 대응을 넘어 원칙중심 회계를 전략적으로 활용할 수 있는 역량을 길러야 한다.

먼저 기업은 내부의 회계 인프라 투자를 확대해야 한다. 재무제표 작성의 주요 책임자는 결국 기업이므로 기업 스스로 내부 역량을 강화해야 한다. 또한 기업은 내부회계 프로세스를 재정비해야 한다. 회계 선택에 대한 합리적 근거를 문서화함은 물론 내부통제 프로세스도 개선해야 한다. 이를 위해 내부 감사위원회가 명목만이 아니라 실질적 기능을 수행할 수 있도록 하는 과감한 조치도 실행해야 한다. 정보이용자들이 회계처리의 판단 근거를 쉽고 빠르고 정확하게 접할 수 있도록 돕는 적극적인 공시정책에도 힘을 기울여야 한다.

그러나 무엇보다 회계에 대한 경영진의 시각 전환이 필요하다. 경영진은 회계가 소극적 관리나 수동적 방어의 수단이 아니라 경제 생태계의 일원으로서 기업을 알리고 사회와 상생하기 위한 적극적 의사소통

수단임을 인식해야 한다. 이를 위해 회계부정에 대한 내부공익신고를 보호하고 장려할 수 있는 개방적 문화와 실체적 장치가 반드시 필요하다. 또한 기업은 외부 자문기구를 적극적으로 활용하여 이해관계자들과 원활히 소통해야 한다. 이와 같은 내용을 중심으로 원칙중심 회계의 정착과 발전을 위한 기업의 역할을 차근차근 살펴보자.

내부회계 인프라 투자 확대

훌륭한 타자에게는 투수가 던지는 공을 잘 보는 눈과 그 공을 잘 골라내는 판단력이 필요하다. 마찬가지로 원칙중심 회계에서 기업에게는 경제적 실질을 잘 보는 눈과 이를 잘 표현하는 방법을 선택하는 힘이 필요하다. 그런데 타자가 공을 잘 보고 잘 골라내려면 우선 스트라이크 존을 정확히 이해해야 하는 것처럼 기업이 경제적 실질을 잘 보고 회계처리방법을 잘 선택하려면 먼저 원칙을 잘 이해해야 한다.

따라서 기업 회계부서 구성원들에게 가장 먼저 필요한 힘은 원칙중심 회계의 원칙에 대한 정확한 이해력이다. 여기에 경제적 실질을 인식할 수 있는 역량과 경제적 실질에 맞추어 최적의 회계처리를 선택할 수 있는 역량, 나아가 합리적 판단의 정당성을 감사인과 감독기관 등에 설득력 있게 주장할 수 있는 역량을 갖추어야 한다.

이를 위해 기업은 내부회계 인프라에 대한 투자를 확대해야 한다. 특히 회계부서의 위상 제고와 회계담당 구성원의 역량 강화가 중요하다. 이 두 가지가 이루어져야 기업은 재무제표 작성역량을 강화할 수 있기 때문이다.

먼저 기업은 회계담당부서의 위상을 높여야 한다. 회계부서가 여전히 현업부서에서 입력한 분개를 단순 취합하는 방식으로 재무제표를 작성해서는 안 된다. 회계부서는 현업부서를 뒤치다꺼리하는 것이 아니라 현업부서들을 선도해야 한다. 이를 위해서는 중요한 경제적 사건과 관련된 정보를 회계부서가 모두 취합할 수 있도록 조직을 설계하고 운영해야 한다. 또한 회계부서는 관련 정보를 있는 그대로 보고만 하는 것이 아니라 경영진의 합리적 판단을 도와야 한다. 이를 위해 가장 좋은 방법은 바로 회계부서에 힘을 더 실어주는 것이다.

여전히 많은 기업들이 회계부서를 재무부서 안에 셋방 살도록 하고 있는데, 이래선 안 된다. 경영자 직속의 브레인 팀으로 독립시키거나 다른 직할 참모조직으로 편성하여 회계부서의 조직 내 R&R(Role & Responsibility)을 격상해야 한다. 그래야 회계부서가 경영진에게 직접 보고할 수 있고, 경영진도 언제든지 주요 정보를 확인할 수 있다.

회계부서 구성원의 역량을 강화하는 일도 매우 절실하다. 국내 H기업의 회계부서는 회계부서 직원들의 순환근무를 장려하고 있다. 영업과 생산, 고객관리와 유통 등 다른 부서에서 일어나는 경제적 사건을 현장에서 직접 경험하도록 함으로써 회계담당자들이 경제적 실질을 올바로 이해하도록 돕는 것이다. 물론 이 방법을 쓰려면 어느 정도 여유인력이 있어야 한다. 지금 당장 회계업무를 할 일손도 부족한 상황에서 순환근무는 언감생심에 불과하기 때문이다.

따라서 우선은 회계부서에 안정적으로 인력을 공급하는 투자가 먼저 이루어져야 한다. H기업 역시 패를 돌릴 수 없을 만큼 회계인력이 부족했다. 그래서 기업은 어쩔 수 없이 붙박이에게 계속 회계를 맡기고, 이 붙박이는 또 어쩔 수 없이 다른 부서 돌아가는 사정을 알기 힘든 악순환은 H기업의 현실이기도 했다. 그러나 H기업은 원칙중심 회계 도입 이후부터는 이런 악순환의 고리를 반드시 끊고자 노력했고, 이를 위해 먼저 회계인력을 지속적으로 충원했다. 그 결과 회계담당자들을 현장으로 보내 순환근무를 시킬 수 있을 만큼 안정적인 시스템을 구축하는 데 성공한 것으로 알려졌다.

기업은 내부 인력을 키우는 일에 집중하는 한편, 필요한 경우에는 외부 전문가 영입을 위해서도 노력해야 한다. 간혹 회계는 집안 살림이라 여기며 반드시 공채 출신처럼 자사에서 오래 근무한 사람에게만 회계를 맡기는 기업이 있다. 십분 이해할 수 있는 측면이 있으나 내부 직원들의 역량이 부족하다면 과감하게 외부로도 눈을 돌릴 필요가 있다.

또한 주요 이슈에 대해 판단을 내릴 때는 한 명의 담당자가 독자적으로 판단하도록 하지 말고 적어도 두 명 이상의 전문가들이 충분한 논의를 거쳐 올바른 선택을 하도록 해야 한다. 그렇게 하면 자연스럽게 회계처리 근거를 문서화할 수도 있고 향후 담당자가 교체되어도 회계부서의 전문성과 업무의 일관성을 유지할 수 있을 것이다.

기업은 회계정보를 이용하여 중요한 의사결정을 내리며 외부 이해관계자와도 회계정보를 소재로 소통한다. 따라서 최적의 의사결정과 정확한 의사소통을 위해서는 재무제표의 품질이 무엇보다 중요하다. 단순히 국제회계기준을 도입하는 것만으로는 재무제표의 품질과 신뢰성은 향상되지 않는다. 품질 높은 재무제표를 작성하기 위해서는 기업의 적극적인 노력이 필수불가결하다. 요컨대 경영진은 기업의 회계역량 강화가 경영의 성공을 위한 출발점이라는 점을 명심하고 기업 내부의 회계 인프라 투자, 즉 조직 내 위상 강화와 회계전문인력 양성에 적극 힘써야 한다.

편견 없는 판단과 판단 근거의 내부 문서화

원칙중심 회계의 본질인 합리적 판단은 이용 가능한 모든 정보를 고려하여 편견 없이 내리는 판단이다. 합리적 판단을 위해 경영진은 정당한 재무보고 프로세스를 거쳐야 하고, 합리적 판단을 위해 활용한 정보와 근거를 문서화해야 한다.

그러나 종전까지 우리나라 기업들은 일반적으로 회계처리의 판단 근거를 내부 문서화하는 일에 소홀했던 것이 사실이다. 보통 기업의 재무보고 프로세스는 실무자가 정리하여 보고하는 결과를 경영진이 간략히 확인한 후 승인하는 형태로 이루어져 왔다. 심지어 문제가 불거지면 그때서야 자신이 해당 내용을 결재했음을 확인하는 경영진도 적지 않을 것이다. 이렇게 부실한 프로세스는 당연히 감사인이나 감독기관이 문제를 제기할 때 대응하기 힘든 상황을 만들고, 그 결과 경영진은 종종 자신이 아닌 감사인이나 감독기관의 판단에 근거하여 재무제표를 수정하고 있다. 그러나 사실 판단 근거를 문서로 남기기만 해도 이러한 상황은 대부분 막을 수 있다.

회계감사는 감사인의 판단으로 회계처리방법을 결정하는 것이 아니라, 경영진의 판단이 감사인이 수용할 수 있는 범위 내에 있는지를 결정하는 것이다. 재무제표로 대표되는 재무보고에는 필연적으로 경영진의 판단이 수반된다. 회계감사기준에서도 재무보고를 '회계기준이 요구하는 사항을 그 기업의 사실과 상황에 적용하여 재무제표를 작성할 때 경영진의 판단이 수반되는 것'으로 규정하고 있다. 또한 감사기준 역시 불확실성을 수반한다. 여러 재무제표 항목에 대한 주관적 결정이나 평가가 덧붙기 때문이다. 이런 고유의 가변성을 인정하기 때문에 회계감사기준은 감사인에게 경영진의 판단이 한쪽으로 치우칠 수 있다는 점을 고려하도록 요구하고 있다.[20]

요컨대 경영진이 회계처리 당시 왜 그렇게 판단했는지를 잘 납득시키면 감사는 물론 감독과정에서도 감사인과 감독기관이 충분히 동의할 수 있다는 뜻이다. 따라서 기업은 거래가 이루어지는 시점부터 판단 근거를 상세하고 치밀하게 기록해서 남겨야 한다. 구체적으로는 거래의 내용, 거래의 성격, 관련 회계기준, 적용 가능한 회계처리방법, 회계처리시 재무제표에 미치는 영향, 최종 선택한 회계처리의 적절성에 대한 사후 평가 내용 등을 문서화해야 한다. 원칙중심 회계에서는 기록이 밑천이고 내부 문서가 깡패라는 사실을 유념해야 한다.

내부회계 관리제도 정착

이와 더불어 내부회계 관리제도의 정착도 반드시 필요하다. 2018년 외감법 개정과 함께 실효성 있는 내부회계 관리제도 정착을 위한 여러 방안이 제시되었다. 기업이 내부회계 프로세스를 수립할 때는 내부회계 관리제도의 설계와 운용이라는 측면도 고려해야 한다. 경영진의 판단이 필요한 회계처리에 대해서는 승인권자가 판단 근거는 물론 근거자료의 신뢰성 등을 직접 검토하도록 하고, 이후 그 결과를 문서화한 다음 승인하도록 하는 등 내부통제를 강화하는 정당한 절차를 수립해야 할 것이다.

또한 중요한 회계정책 결정 등 경영진의 판단이 요구되는 항목에 대해서는 감사위원회의 검토를 반드시 거치도록 하는 내부회계 관리 제도를 수립하여 운영해야 한다. 이 제도는 경영진의 판단을 문서화하고, 문서화된 내용이 적절한 검토를 거쳐 감사위원회에 제시될 수 있도록 하는 좋은 방안이 될 것이다.

기업이 주체가 되는 공시제도 운영

국제회계기준은 '재무제표에 인식되는 금액에 가장 유의적인 영향을 미친 경영진이 내린 판단'을 공시할 것을 요구하고 있다(기준서 제1001호 문단 122). 하지만 지금까지 이 공시를 충실히 이행하고 있는 국내 기업은 거의 없다. 대신 대부분 중요성을 고려하지 않고 특정 기준서에 명시된 공시 요구사항들을 그냥 나열하여 공시하고 있다. 재무제표 전반에 걸쳐 유의적(有意的)인 경영진의 판단을 공시하라는 요구사항을 간과하고 있다. 즉, 상사가 중요한 부분만 형광펜으로 밑줄을 그어 보고해 달라는데 다 중요하니까 그냥 보라는 격이다.

국제회계기준위원회가 경영진이 내린 판단을 공시하도록 요구하는 목적은 재무제표 이용자가 적용된 회계정책을 보다 잘 이해하도록 돕고, 기업끼리 비교하는 일을 쉽게 해주기 위함이다. 이는 설령 유사한 상황에 있는 기업이 서로 다른 회계처리를 하더라도 그것이 경영진이 합리적으로 판단한 결과라면 수용할 수는 있지만, 기업 간 비교를 할 수 있도록 공시는 꼭 하라는 취지로 풀이된다.

이러한 취지에 비추어 볼 때 우선 기업들은 스스로 합리적인 판단을 내리는 일에 대해 더 자신감을 가져야 한다. 기업 자신과 다른 판단이 존재할 가능성에 대하여 미리 주눅 들 필요가 없다는 뜻이다. 경영진은 쉬운 결론이 아니라 가장 좋은 판단을 해야 한다. 즉, 수동적으로 단지 감사인과 감독기관 등 외부에서 문제를 제기하는 것을 피할 수 있는 손쉬운 결론이 아니라 능동적으로 가장 합리적인 판단을 내려야 한다. 더불어 기업 주체 공시제도를 적극적으로 운영해야 한다. 이를 통해 판단 근거를 제시하고, 회계처리에 대해 설명하며, 이 회계처리가 재무제표에 미치는 효과까지 공시해야 한다.

감사위원회의 기능 강화

원칙중심 회계의 순기능 강화를 위해 기업이 해야 할 역할 중 하나는 감사위원회의 강화이다. 경영진이 회계의 중요성을 실감하도록 하는 가장 좋은 방법이 바로 감사위원회의 왕성한 활동이다. 우리나라가 감사위원회 제도를 도입한 지 벌써 20여 년이 지났지만, 사실 감사위원회가 뿌리를 깊게 내린 기업은 많지 않다. 그래서 감사위원회를 유명무실하고 비현실적이라고 보는 시각도 많다.

그러나 2018년 개정된 외감법은 감사위원회의 권한과 책임을 크게 강화하였다. 감사인 선임, 회계처리 위반 발견시 외부전문가 선임, 경영진에 대한 시정 요구 등 감사위원회의 실효성 확보를 위한 여러 장치들이 마련된 것이다. 2019년부터 강화된 내부회계 관리제도도 감사위원회의 권한과 책임을 더욱 견고히 했다. 기업 경영진이 재무제표 작성과정의 중요성과 그에 대한 자신의 책임감을 제대로 인식하지 못하는 고질적 문제의 해결을 위해 감사위원회에 막중한 권한을 부여한 것이다. 이처럼 관계 법령을 통해 감사위원회의 권한을 강화한다는 것은 외부감사제도만으로는 회계투명성을 확보하는 데 한계가 있다는 뜻이다.

감사위원회가 제 역할을 감당하면 기업 내부에서 상시로 경영진의 도덕적 해이를 감시할 수 있다. 또한 재무제표 작성은 물론 내부회계관리제도를 운영하고 평가하는 과정에서 회계부정을 예방하거나 빨리 발견할 수 있다. 더불어 회계정보에 대한 중요성을 경영진이 인식하도록 독려할 수 있다는 점도 감사위원회의 기대효과 중 하나이다. 따라서 기업과 감독기관은 물론 시장의 이해관계자들은 모두 감사위원회가 개정 외감법의 취지에 맞게 적절히 운영될 수 있도록 관심과 자극을 아끼지 말아야 한다.

2019년 발표된 한국기업지배구조원의 감사위원회 모범규준은 감사위원회에서 수행할 검토사항을 크게 세 가지로 제안하고 있다. 감사위원회는 ① 회사의 회계 및 재무 기능 담당부서가 적절한 전문성을 갖추고 있는지, ② 충분한 인력을 보유하고 있는지, ③ 회계 및 재무 기능을 총괄하는 경영진이 적절한 경험을 갖추고 있는지를 매년 검토하는 것이 바람직하다는 것이다.

특히 이 모범규준은 감사위원회를 최소 3인 이상의 사외이사 중 '회계와 재무 전문가 2인 이상'으로 구성하도록 제안하고 있다. 그러나 적어도 회계전문가가 1인은 있어야 감사위원회가 회계와 관련된 주요 이슈를 원활히 검토할 수 있다.

구슬이 서 말이어도 꿰어야 보배이듯, 제도가 아무리 좋아도 실행이 되지 않으면 효과가 없다. 기업은 내부의 회계역량을 확보하는 일과 함께 감시자로서의 역할을 충실히 수행하는 감사위원회를 활성화하여 국제회계기준이라는 새로운 제도를 체계적으로 운영할 수 있는 원동력을 지속적으로 창출해야 할 것이다.

모두를 꿀 먹은 벙어리로 만들었던 지배권 보유 여부 판단 사례

국제회계기준 도입 이후 기업들이 공통적으로 겪었던 대표적인 혼란 중 하나는 2013년 기준서 제1110호 도입 이후 있었던 '타 기업에 대한 지배력 판단'이다. 동 기준서 도입으로 '과반 의결권'이라는 명확한 경계선이 삭제되자 모든 기업은 의결권을 어느 정도 가졌을 때 지배력이 있다고 판단해야 할지 몰라 갈팡질팡했다. 종전의 회계기준에 30% 초과 최대주주인 경우에도 지배력이 있다는 규정이 있었기 때문에 기업들의 혼란은 더 클 수밖에 없었다.

이때 기업들이 경제적 실질이라는 관점에 충실했다면 이 문제에 대해 직관적 판단을 할 수 있었을 것이다. 하지만 오랫동안 규정에서 정해주는 지침에 따라 지배력을 결정하는 방식에 익숙했던 기업들은 어떤 방식의 판단과정을 거쳐 지배력 보유 여부를 결정해야 하는지 알지 못했다. 또한 지배력에 대한 판단을 할 자신도 없었고 이를 주체적으로 결정할 의지도 부족했다.

이에 따라 몇 년이 지나자 감독기관이 감독과정에서 기업이 내렸던 지배력 판단에 대해 동의하지 않는 사례들이 속출하기 시작했다. 이로 인해 감독과정이 장기화되자 지배력 판단이라는 이슈는 큰 쟁점이 되어 시장에 퍼졌고 많은 기업들은 동요했다. 그러나 여전히 지배력 보유 여부에 대한 판단은 미궁을 빠져나오지 못하고 있었다.

이에 대한 감독과정이 지속되고 있다는 사실 말고는 이렇다 할 구체적 정보가 부족했던 기업과 감사인들의 혼란이 확대되고 심화되었으나, 감독기관과 한국회계기준원에서는 우리나라 현실에 특화된 지배력 판단과정에 대한 가이던스를 내지 않았다. 한국회계기준원은 애초부터 사실관계 판단에 대한 질의를 다루지 않았고, 금융감독원은 감독과정에서 줄곧 계도보다는 처벌 위주로 기업과 소통해왔으며, 한국공인회계사회도 회계처리에 대한 입장을 밝힌 경험이 없었기 때문에 별다른 도움을 주지 못했다. 이에 따라 기업과 감사인들은 안절부절못하며 진행 중인 감독과정이 빨리 종결되어 참고할 수 있는 결과가 나오기만을 기다릴 수밖에 없었다.

이 사례는 원칙중심 회계의 기반이 취약한 우리나라의 현실을 잘 보여주었다. 더불어 기업이 이처럼 소극적으로 대응하면 원칙중심 회계는 정착할 수 없다는 사실도 잘 드러냈다.

내부 토의 활성화와 외부와의 소통 강화

그렇다면 이러한 문제를 풀 수 있을 방법은 무엇인지 생각해 보자. 우리나라 기업들은 모두 오랫동안 규칙중심 회계에 익숙했기 때문에 원칙중심 회계 적용을 위한 판단 프로세스에 대한 이해가 부족하고 경험이 많지 않다.

이러한 판단의 미숙함을 해결하기 위해서 기업은 무엇보다 기업 바깥으로 시야를 넓혀야 한다. 즉, 외부 자문기구와의 적극적 의사소통을 통해 판단 프로세스를 익히고 주요 이해관계자와 긴밀히 접촉하면서 적용 논리를 알리기 위한 문서화 프로세스를 정착시켜야 한다. 이를 위해서는 기업 내부의 소통도 더욱 활발해져야 한다. 거래시점부터 회계처리방법을 결정할 때까지 모든 단계에서 충분한 토의를 거쳐 의사결정해야 하며, 필요한 사항에 대해서는 외부 이해관계자로부터 적극적으로 피드백을 받아야 한다. 또한 이러한 과정을 빠짐없이 자세하게 문서화하는 일을 체계화해야 한다. 그래야 감사인이나 감독기관이 특정한 회계처리의 근거자료를 요청했을 때 구체적 판단과정에 대한 정보를 즉각 제공할 수 있기 때문이다.

최근 많은 변화가 있었지만, 감독기관은 회계기준 문구의 의미를 해석해 주지 않는 소극적 방식이나 징계 위주의 일방적 방식으로 기업과 소통해왔다. 즉, 기업이 혼란을 겪을 때는 외면하다가 사후에 문제가 생기면 기업에게 책임을 묻는 규제-피규제의 종속 또는 비협력적 관계의 대상으로 인식해왔다.

그러나 원칙중심 회계에서 기업과 감독기관은 이런 관계를 뛰어넘어 상호 협력적인 새로운 관계를 정립해야 한다. 이를 위해서는 특히 목마른 사람이 우물을 판다는 격언처럼 기업이 먼저 감독기관에게 다가서야 한다. 기업이 적극적으로 한국회계기준원이나 금융감독원 등의 감독기관은 물론 회계법인과 정기적인 간담회를 개최하는 것도 좋은 방법이다. 간담회를 통해 변화하는 기업환경에서 등장하는 주요한 회계이슈를 공유하고, 새로운 경제적 사건에 대한 판단 프로세스를 토의하는 등 공감대를 넓혀갈 필요가 있다.

한 걸음 더 나아가 기존 회계처리에서 불합리한 관행을 발견했거나, 더 좋은 회계처리 방안을 고안했다면 이를 적극적으로 피력함으로써 기업 스스로 회계기준 제정이나 초안 검토과정에 적극 동참하는 것이 바람직하다. 원칙중심 회계에서 기준의 제정은 회계기준제정기구의 전유물이 아니라 회계주체 모두가 함께 참여해야 하는 일이기 때문이다.

회계에 대한 경영진의 인식 변화

우리나라는 최근 수년간 법률과 제도의 개선을 통해 경영진에게 재무정보 생성과정에 더 많은 책임을 부여하고자 노력하고 있다. 특히 2018년 외감법을 개정하여 내부회계 관리제도를 일부 손질했는데, 그 핵심 내용 중 하나로 내부회계 관리제도 운영책임자인 대표자의 보고 책임을 한층 강화하였다.

금융감독원은 발간 자료를 통해 이 제도의 제정배경을 '대표자가 회계정보의 결과에 대해서만 관심이 높고, 회계정보의 생성과정에 대해서는 관심이 낮은' 문제가 있어 '대표자가 직접 내부회계 관리제도 운영실태 등을 이사회 감사뿐 아니라 주주총회에도 보고'하는 것으로 외감법을 개정했다고 밝혔다.

이 문구에는 대부분의 경영진이 회계정보를 만들어 공시하는 과정을 단순히 감독기관의 규제에 순응(compliance)하는 정도로만 인식한다는 의미가 담겨 있다. 스스로 규칙적인 운동과 자발적인 건강검진을 통하여 건강을 관리하는 것이 아니라 아내에게 핀잔을 듣기 싫어서 억지로 한약을 먹는 남편처럼, 경영진이 인프라 투자를 통한 회계정보의 품질향상보다는 감독기관에게 제재받는 것이 두려워서 시키는 대로 적당히 회계처리를 해왔으니 이를 바로잡아 보겠다는 의도라 할 수 있다.

실제로 기업이 중요한 거래를 추진하는 과정을 살펴보면 법률이나 세무 측면에서는 해당 거래에 따라 발생할 영향을 치밀하고 상세하게 분석한다. 반면 회계 측면에서 일어날 영향에 대해서는 사전에 별다른 검토를 하지 않다가 막상 예상하지 못한 회계처리 결과를 만나면 그때서야 발을 동동 구르는 모습을 많이 연출한다. 이런 모습을 지속하면 기업은 결코 원칙중심 회계를 통해 투명성을 강화하고 기업가치를 향상시킬 수 없다. 이런 효과를 보기는커녕 계속해서 소 잃고 외양간 고치듯 손해만 볼 가능성이 높다.

경영진은 주요한 의사결정에 있어서 항상 회계이슈가 무엇이고 이를 어떻게 해결할지 준비해야 한다. 이를 위해 의사결정 이전에 의사결정이 재무상태나 경영성과에 미칠 영향에 대해 내부의 회계전문가와 충분히 논의하고, 필요할 경우 외부전문가의 자문을 얻어 회계이슈로 인한 문제점 발생을 최소화해야 한다. 외부전문가의 자문을 구할 때는 회계처리의 정당성을 사후 입증하려는 목적보다 제3자의 객관적 의견을 사전에 청취하기 위한 목적에 충실해야 한다.

2 인적 자원 강화하고 감사절차 정비하라 – 감사인의 역할

원칙중심 회계는 기업과 감사인 중 누구에게 더 어려울까? 물론 두 그룹 모두에게 어려울 것이다. 기준 분량의 방대함, 기준 해석의 어려움 등으로 인해 기업과 감사인 모두 많은 어려움을 겪고 있다. 그러나 교과내용이 바뀌면 학생도 힘들지만 교수들은 더 힘든 법!

기업과 공통으로 겪는 어려움에 더해 감사인들은 감사조서에 작성할 내용이 부쩍 늘어난 점, 감리나 소송 과정에서 자신의 판단이 옳다는 사실을 입증하기 힘든 점, 감사인 교체시 전임 감사인과 당기 감사인의 의견 불일치로 인해 재무제표 재작성이 잦아진 점 등을 원칙중심 회계 도입 이후의 어려움으로 호소하고 있다.

그렇다면 원칙중심 회계의 올바른 구현을 위해 감사인들이 해야 할 역할은 무엇인지 생각해 보자. 우선 감사인 역시 무엇보다 회계기준에 대한 이해도를 높이는 것이 우선되어야 할 것이다. 이를 위해 회계법인은 품질관리실의 기능 강화와 인원 확충에 힘써야 하고, 소속 회계사들에 대한 교육도 강화해야 한다. 또한 감사절차의 충실한 수행과 문서화를 위해서도 배전의 노력을 다해야 한다. 그래야 본인이 수행하는 감사업무의 정당성을 대외적으로 입증할 수 있기 때문이다. 더불어 원칙중심 회계에서는 언제 어디서든 회계처리방식에 대한 견해 차이가 존재할 수 있다는 사실을 겸허히 인정하며 다른 감사인의 판단을 존중하는 마음가짐을 가다듬어야 한다. 이와 같은 내용을 중심으로 원칙중심 회계의 정착과 발전을 위한 감사인의 역할을 차근차근 살펴보자.

품질관리 기능 강화

감사인이 방대한 분량의 기준을 해석하는 과정에서 발생하는 어려움을 해결하는 가장 좋은 방법은 철저한 관리로 감사의 품질을 높이는 것이다. 그리고 이를 위해서는 회계법인의 품질관리실에 회계기준 전담팀을 편성하는 것이 최선책이다.

회계기준 전담팀이 해야 할 역할은 크게 네 가지이다. ① 제·개정되는 회계기준의 수시 업데이트, ② 회계기준의 지속적 연구, ③ 회계기준에 대한 지식 데이터베이스 구축, ④ 소속 회계사 대상의 연구내용의 전파. 이 기능들을 효율적으로 수행하면 기준 해석의 어려움을 상당 부분 해결하여 감사품질을 높일 수 있을 것이다.

현재 대형 회계법인들은 대부분 회계기준 전담팀을 구성했다. 그러나 아직 많은 중소형 회계법인은 회계기준을 담당할 인력이 부족한 실정이다. 대형 회계법인은 회계기준 전담팀의 인원 확충과 기능 강화를 위해 계속 투자해야 하고 아직 구성이 되어 있지 않은 회계법인들은 회계기준 전담팀 신설을 한시바삐 서둘러야 한다. 이 팀을 통해 소속 회계사들의 역량 강화를 위한 교육도 체계적으로 실행해야 한다. 이와 같은 회계기준 전담팀을 통한 품질관리 강화는 사후 감독과정에서 감사팀의 절차적 정당성과 판단 근거의 합리성을 효과적으로 입증하기 위해서도 반드시 필요하다.

감사인들 역시 대부분 품질관리 기능 강화의 필요성에 대해 동의하고 있다. 감사인 대상 설문조사 결과 전체 응답자 중 83.5%가 원칙중심 회계에 따른 실무상 어려움을 해소하기 위해서는 품질관리실의 인력 충원과 기능 강화가 중요하다고 응답했다(중요함 49.5%, 매우 중요함 34.0%). 이러한 결과는 품질관리실의 역할이 이미 그만큼 커졌다는 사실을 보여준다.

금융위원회도 품질관리 기능의 강화 필요성에 대해 감사인들과 뜻을 같이하고 있다. 이에 따라 주권상장법인 감사인 등록요건 중 하나로 적정 품질관리인력의 확보를 도입했다. 좀 더 구체적으로는 품질관리업무 담당이사와 담당자 모두 품질관리업무만을 전담하도록 규정하였고, 특히 품질관리업무 담당이사의 경력기간을 7년 이상으로 요구하여 회계법인의 품질관리 기능 강화를 촉진하고 있다.

소속 회계사들에 대한 교육 강화

원칙중심 회계 도입에 따라 감사인도 판단의 중요성이 높아졌고 판단해야 할 영역도 넓어졌다. 이 말은 곧 감사인에게 요구되는 역량 역시 그만큼 중요해지고 많아졌다는 의미이다. 조기축구 에이스가 FA경기대회에 출전하려면 종전과는 수준이 다른 역량을 길러야 하는 것처럼, 회계법인은 원칙중심 회계에서 제대로 실력을 발휘할 수 있도록 회계사들을 집중 교육해야 한다. 감사인의 전문성을 높여야 실무에서 겪는 수많은 어려움들을 효과적으로 해소할 수 있다.

구체적으로는 각 회계법인과 한국공인회계사회를 중심으로 공인회계사들의 실무에 실질적인 도움이 되는 교육 프로그램을 연구하고 운영해야 한다. 이때에는 단순히 지식을 전달하는 교육이 아니라 생각하는 교육, 판단력을 키우는 교육이 되어야 한다. 이를 위해선 이론보다 사례학습 등을 통해 원칙의 적용능력을 높이는 훈련이 바람직할 것이다. 원칙중심 회계에서는 완벽한 숙지가 아니라 올바른 판단이 전문성의 핵심이기 때문이다.

충분한 감사시간의 투입

시간은 돈이다(Time is money). 이 명제는 원칙중심 회계의 감사인에게도 그대로 적용된다. 올바른 판단을 하려면 감사인에게 더 많은 시간이 필요하다.

감사시간을 충분히 투입해야 공정가치 평가 또는 손상차손의 인식 등 여러 변수들이 복잡하게 난마처럼 얽힌 상황에서도 어떤 회계처리가 적정한지 판단할 수 있다. 감사시간을 충분히 투입해야 감사조서를 상세하고 정확하게 문서화할 수 있다. 또한 사후 감독과정이나 소송에 대비하기 위해서도 충분한 감사시간이 필요하다.

하지만 현실적으로 감사시간에는 많은 제약이 따른다. 시간이 곧 돈이기 때문에 모든 기업은 감사인이 많은 시간을 투입하는 것을 내키지 않아 한다. 그럼에도 불구하고 감사인은 최선을 다해 더 많은 감사시간 확보를 위해 노력해야 한다. 비용을 염두에 둘 수밖에 없는 기업을 대상으로도 충분한 시간이 확보되지 않으면 감사의 품질이 떨어지기 마련이고, 이는 결국 기업의 제 살 갉아먹기임을 설득해야 한다. 다른 회계법인과의 경쟁이 심하더라도 감사시간을 줄여 공동의 파이를 줄이고 회계품질의 전체적 하향화를 초래하는 선택을 해서는 안 된다. 감사품질은 비용을 이유로 타협할 대상이 아니다.

대부분의 감사인들 역시 감사기간이 충분히 확보되어야 한다는 점에 동의한다. 감사인 대상 설문조사 결과에서도 전체 응답자의 절반에 육박하는 49.5%가 원칙중심 회계로 인한 실무상 어려움을 해소하기 위해서는 충분한 감사시간 투입이 매우 중요하다고 응답했다(중요하다는 응답은 37.2%). 원칙중심 회계에서는 시간이 돈인 것처럼 감사의 품질도 돈, 즉 감사기간에서 나온다는 점을 항상 유념해야 할 것이다.

절차적 정당성 확보와 감사절차의 충실한 문서화

원칙중심 회계에서 기업의 회계처리나 감사인의 감사가 적정했는지 여부를 판단할 때 중요한 것은 절차적 정당성이다. 기업은 하나의 경제적 사건에 대한 여러 가지 대안적 회계처리 중 경제적 실질을 가장 잘 반영하는 방법을 선택하여 재무제표를 작성해야 한다. 이를 위해 기업은 회계처리의 각 대안별 효과를 치밀하게 검토해야 하는데, 이때 놓쳐서는 안 될 요소가 바로 절차적 정당성이다.

기업이 선택한 회계처리의 정당성은 내용의 결과적인 정당성만으로 성립되지 않는다. 최종 결론에 도달한 절차도 정당해야 한다. 이게 바로 절차적 정당성이다. 그런데 이 절차적 정당성은 기업은 물론 감사인에게도 요구된다. 어떤 회계처리방법이 경제적 실질을 가장 잘 반영하는지에 대해서는 의견이 다를 수 있지만, 중요한 것은 감사인 역시 최종 결론에 도달하기까지 취한 절차들을 문서화하여 다른 사람이 그 절차적 정당성을 평가할 수 있도록 해야 한다는 점이다.

예컨대 공정가치 평가의 적정성과 관련하여 감사인이 필요한 절차를 충실히 밟으면서 그 내용을 문서화했다면, 공정가치 평가의 적정성에 대한 의견 내용이 갈라지더라도 사후 감독과정에서 부실감사를 이유로 감독기관으로부터 징계를 받을 가능성은 거의 없다. 하지만 의견이 다른 결과 자체가 아니라 다른 의견을 취한 절차에 문제가 있다면 거꾸로 징계를 받을 가능성이 높아진다. 감사인에게 절차적 정당성의 확보와 감사절차의 문서화를 아무리 강조해도 지나치지 않은 이유가 여기에 있다.

요컨대 원칙중심 회계에서는 언제든지 전임 감사인과 당기 감사인,

감사인과 감독기관 간에 견해 차이가 존재할 수 있으므로 감사인은 항상 절차적 정당성을 확보함은 물론 그것을 문서화함으로써 사후 징계위험을 스스로 줄여가야 한다.

감사인 간의 이슈 공유

원칙중심 회계의 정착과 발전을 위해 감사인이 해야 할 역할 중에 하나는 감사인들끼리 더 활발하게 중요한 이슈들을 공유하는 것이다. Big 4는 이미 글로벌 네트워크를 활용해 주요 이슈에 대해 각국의 회원 회계법인들과 활발하게 논의를 하고 있으며 그 결과를 국내 구성원들과 공유하고 있다. 또한 충분히 확보된 품질관리 인력들을 기준서별 전담으로 배치하여 제기되는 회계이슈마다 심도 있는 검토와 연구를 통해 결론을 내리고 있다.

그러나 중소형 회계법인들의 사정은 그렇지 못하다. 중소형 회계법인은 무엇보다 인력이 제한되어 있으며 정보 네트워크가 넓지 않아 중요한 자료에 대한 접근 역시 난항을 겪고 있다. 정보의 빈익빈부익부가 회계법인 간에도 발생하고 있는 것이다.

이와 같은 현실에서 Big 4는 자사가 보유하고 있는 지식과 경험을 다른 중소형 회계법인과도 공유해야 한다. 그것이 회계품질을 전반적으로 높이고 국가 전체의 감사품질을 제고하는 첩경이기 때문이다. 물론 Big 4 입장에서는 자사가 노력해서 축적한 지적 자산을 경쟁 회계법인과 공유할 이유가 없다고 주장할 수 있다. 응당 일리 있는 말이다. 그러나 이 문제는 좀 더 넓은 시각에서 바라봐야 한다. 낮은 감사품질로 인하여 발생하는 사회적 비용이 Big 4에게도 돌아오게 되며, 주기적 지정제로 인하여 Big 4도 언젠가는 해당 기업의 감사를 수행할 것이라는 점이다. 이를 고려한다면 지식과 경험의 공유를 통하여 중소형 회계법인의 감사품질을 높이는 것이 궁극적으로 자신의 감사위험을 낮춘다는 전향적인 자세를 가질 필요성이 있다. 이는 또한 우리나라의 회계투명성을 한 단계 더 상승시키는 결과를 가져올 것이다.

구체적으로는 품질관리실장 협의체 등의 조직 이외에도 다른 여러 가지 방법을 통해 중요 회계이슈를 적극적으로 공유함으로써 Big 4가 가지고 있는 지식이 중소형 회계법인에도 전파될 수 있기를 기대한다. 같은 취지로 한국공인회계사회가 매년 기준서별 실무해설서를 발간하고 있는 일도 매우 의미 있다고 평가할 수 있다.

다른 감사인의 판단에 대한 존중

끝으로 원칙중심 회계의 발전을 위해 감사인은 긍정적 의미의 동업자 정신을 발휘해야 한다. 그리고 이 정신은 다른 감사인의 판단에 대한 존중으로부터 시작되고 완성된다.

앞서 살펴본 바와 같이 감사인이 변경되면 재무제표 재작성이 이루어질 가능성이 매우 높고, 이때 전임 감사인과 당기 감사인 간의 입장 차이와 의견 불일치로 감사의견 없는 재무제표까지 발행될 가능성이 있다. 그런데 앞으로 주기적 지정제가 본격적으로 시행되면 재무제표 재작성이 더욱 증가할 것으로 예상된다.

재무제표 재작성이 빈번해지면 회계정보의 안정성과 신뢰성 측면에서 바람직하지 않다. 공시된 재무제표가 조변석개처럼 자주 수정된다면 정보이용자는 당연히 제공되는 정보를 신뢰할 수 없기 때문이다. 물론 명백한 오류가 있는 경우에는 해당 오류를 수정하여 재무제표를 재작성하는 것이 마땅하다. 그러나 재작성을 해야 하는 이유가 원칙 해석과 적용상 이견일 때에는 무엇보다 당기 감사인이 전임 감사인의 판단을 존중해 주는 문화가 필요하다.

마치 새로 선출된 대표이사가 전임 대표이사의 업적까지 구태로 매도하는 것처럼, 전임 감사인의 판단을 무조건 잘못된 것이라고 평가절하하는 것은 바람직하지 않다. 당기 감사인인 나도 다른 기업에서는 전임 감사인이 될 수 있다는 점을 항상 유념하며 상호 간에 존중과 협력이 아름답게 이루어질 수 있도록 노력해야 한다.

이와 같은 문제를 해결하기 위해 최근 금융위원회는 '전 · 당기 감사인 간 의견 불일치로 발생하는 문제점 완화방안'을 마련하였다. 이 방안은 전 · 당기 감사인 간에 의견 불일치가 있을 경우 한국공인회계사회가 주관하는 「전기오류수정협의회」의 조율절차를 거쳐야 하고, 협의회의 충실한 협의를 거친 사항에 대해서는 향후 회계감리 조치시 최소한 1단계 이상 감경하도록 하는 내용을 담고 있다. 이 방안을 효과적으로 활용하는 방법 등을 통해 감사인 서로가 서로의 판단을 존중해 주는 문화를 조성해 가야 할 것이다.

3 다양성을 인정하고 예방중심 감독하라 - 감독기관의 역할

원칙중심 회계라는 새로운 환경에서 감독기관은 새로운 회계감독을 요구받고 있다. 즉, 규칙중심 회계 때와 같은 사후 제재 중심이 아니라 경제적 실질의 판단이라는 원칙중심 회계 본연의 목적을 충실히 달성할 수 있는 감독이 이루어져야 한다. 이를 위해 감독기관은 무엇보다 '원칙중심 회계에서의 회계감독 기본원칙'을 세우고 이를 바탕으로 회계감독체계를 새롭게 구축하여 운영해야 한다.

유럽연합의 회계감독 핵심요소

다수의 유럽연합 국가들은 지난 2005년 국제회계기준을 도입했다. 당시 유럽연합 국가들은 회계감독의 틀을 어떻게 정립할 것인가에 대해 열띤 논의를 전개했다. 이때 이 국가들은 FEE(2002)를 통해 국제회계기준 도입과 관련한 유럽 각 국가들의 회계감독기관들의 실태를 조사하여 효과적인 회계감독의 핵심요소를 다음과 같이 제시하였다.

[도표 15] 국제회계기준 환경에서의 효과적인 회계감독의 핵심요소 (FEE, 2002)

① Support for high quality corporate governance and external audit
효과적인 회계감독 운영은 재무보고의 각 당사자들이 자신들의 역할을 제대로 수행하는 것에 의존하므로 감독기관은 기업경영자, 감사위원회 및 내부감사조직, 외부감사인들의 기능이 효과적으로 운영될 수 있도록 지원해야 함.

② High quality, expert, globally consistent decisions on important issues
국제회계기준은 유럽 전체의 모든 기업들에게 일관성 있게 적용되어야 하므

로 감독기관은 전 세계의 국제회계기준의 적용 실태에 관련된 전문성을 보유하고 있어야 함.

③ Freedom from bias

회계감독당국은 편의(偏意) 없는 의사결정을 내려야 하며, 감독기관에 근무하는 감독업무 담당자들은 신뢰성 있게 의사결정을 내리고 이해관계의 상충이 되는 상황을 회피해야 함.

④ Transparency and clear procedures

감독기관의 행위에 대한 투명성은 감독기관의 결정에 대한 수용 여부의 중요 요소임. 감독기관은 반드시 투명한 절차에 따라 적정한 의사결정을 내렸다는 점을 표방해야 하며 업무과정을 외부에 공개해야 함.

⑤ Confidentiality and speed of action

감독관련 정보의 보안이 잘 이루어져야 하고, 재무정보의 오류나 누락은 주식시장이나 채권시장에 혼란을 유발할 수 있으므로 회계기준 불이행에 대한 조치와 정보공개는 신속하게 이루어져야 함.

⑥ Avoidance of making detailed accounting rules

국제회계기준은 원칙에 근거하며 상세한 세부지침을 두지 않으므로 감독기관이 이러한 회계기준의 원칙이 어떻게 적용되어야 할 것인지에 대해 감독기관의 입장이나 방침을 공표하고 이로 인해 규정(rule)이 도입될 수 있는 상황은 가급적 회피해야 함. 감독기관은 회계기준 해석이슈에 대해서는 IASB, IFRS IC 또는 EFRAG에 이첩해야 함. 감독기관이 명확한 회계처리기준이나 재무제표 형식에 대하여 별도로 언급하는 것은 적절하지 않음.

⑦ Focusing resources

재무제표 심사의 대상과 범위를 결정할 때는 위험접근법(risk-based approach)을 사용하여 감독기관의 인적 자원을 효율적으로 사용할 수 있도록 해야 함.

⑧ Rectification of defective financial information

잘못된 회계정보에 대한 적절한 수정은 회계감독의 가장 중요한 요소임. 이러한 교정은 재무정보 수정 및 후속공시에 의해 이루어짐. 감독기관은 회계오류에 대한 소송제기 권한을 가져야 하며 자신들의 결정을 보호하기 위한 행정권한을 보유해야 함.

⑨ Sanctions

제재조치는 재무제표 오류에 대한 교정이 이루어지도록 하기 위한 필수 절차이나 감독기관이 직접 제재 권한을 가질 필요는 없으며 회계기준에 대한 감독(enforcement)과 제재(sanction) 역할은 분리되는 것이 더 바람직함.

이 내용들이 시사하는 중요한 포인트를 다음과 같이 정리할 수 있다.

첫째, 투자자 보호와 자본시장의 신뢰 향상을 회계감독의 목적으로 정의하고 있다. 즉, 감독기관의 역할을 재무보고 체계 내에서 재무보고의 주체인 기업, 감사인, 감사위원회가 제 기능을 수행할 수 있도록 지원하는 것이라고 규정하고 있다. 이는 감독기관의 역할이 회계 부정이나 오류를 적발하고 제재하는 것에 머무르는 것이 아니라 올바른 재무보고를 통하여 투자자를 보호하고 자본시장의 신뢰성을 향상시키는 기능이 제대로 운영되도록 지원해야 한다는 의미이다.

둘째, 감독기관은 정부의 한 기관 또는 정부로부터 권한을 위임받은 공공조직이지만 정부는 물론 다른 시장 참가자들로부터도 완전히 독립하여 운영될 필요가 있음을 규정하고 있다. 그 이유는 무엇보다 국제회계기준이 국제적 규범의 성격을 갖기 때문인 것으로 보인다. 즉, 회계기준에 대한 감독이 특정한 어느 국가의 정부가 취하는 정책 선호 방향에 따라 이루어진다면 국제회계기준의 집행에 대한 국제적 신뢰를 크게 잃을 수 있다는 점을 경고한다고 볼 수 있다.

셋째, 감독기관은 회계기준에 대한 일반적 적용 지침(general application guidance)을 제정 및 공표하는 것을 지양하고, 새로운 규정(rule)으로 받아들여질 수 있는 지침 발표도 경계할 것을 권고하고 있다. 국제회계기준이 가진 원칙중심 회계라는 본질적 특성을 유지하기 위해서는 각 국가별 감독기관의 지침 발표가 또 다른 규정이 될 수 있는 가능성을 배제해야 하기 때문이다.

이에 따라 감독기관은 논란이 될 수 있는 중요 회계기준 해석이슈에 대해서는 IASB, IFRS IC 또는 EFRAG[21]에 이첩(移牒)해야 하며, 감독기관이 명확한 회계처리기준이나 재무제표 형식에 대하여 별도로 언급하는 것은 적절하지 않다고 규정하고 있다.

회계감독제도 개선의 기본원칙

이 책에서는 원칙중심 회계에서 바람직한 회계감독의 구체적 운영 방안에 대한 논의에 앞서 회계감독제도 개선의 기본원칙을 다음과 같이 제시한다.

[도표 16] 회계감독제도 개선을 위한 기본원칙

(원칙 1) 사전 예방적 회계감독
원칙중심 회계에서 회계감독제도의 첫 번째 기본원칙은 회계처리 결과와 외부감사 결과(output)를 중요시하는 사후 적발 위주의 규제보다 예방적 차원에서 과정(process) 위주의 회계감독을 실시하는 것이다. 이를 위해서는 사후 결과보다는 정당한 절차(due process)를 중요시하는 회계감독체계가 되어야 한다.

(원칙 2) 예측 가능한 회계감독
원칙중심 회계에서는 회사와 감사인 모두 사후 조치에 대한 불안감이 증가한다(Black et al. 2007). 따라서 기업의 회계처리와 감사인의 회계감사시 불확실성(uncertainty)을 제거하여 예측 가능성(predictability)을 제고하는 회계감독체계가 되어야 한다.

(원칙 3) 해석의 다양성을 인정하는 회계감독
원칙중심 회계에서는 회계처리의 다양성을 인정하는 회계감독체계가 되어야 한다. 규칙중심 회계에서는 회계처리에 대한 구체적 지침이 존재하는 경우가 대부분이므로 하나의 거래에 대하여 하나의 회계처리가 존재할 수 있지만, 원칙중심 회계에서는 하나의 거래에 대하여 다양한 해석이 가능하고 이에 따라 여러 개의 회계처리가 존재할 수 있다는 것을 전제로 하는 회계감독체계가 되어야 한다.

(원칙 4) 기존 인식의 틀을 극복하는 회계감독
원칙중심 회계라는 새로운 기준에 따라 회계감독이 이루어지도록 하기 위하여, 무엇보다 회계감독 관련 당사자들이 기존의 틀을 벗어나야 한다.

- 금융위원회와 금융감독원의 회계감독업무를 사후적으로 감사하는 기관은 감사원이다. 금융감독원도 감사원의 감사방향에 따라 감독방향이 영향을 받을 수 있다. 따라서 감사원은 회계감독이 원칙중심 회계에 따라 발전할 수 있도록 인식변화를 위해 노력해야 한다. 감사원이 원칙중심 회계와 이에 따른 회계감독의 특성을 수용하지 않으면 금융위원회와 금융감독원도 원칙중심 회계에 따른 회계감독을 수행하기 어려워진다. 따라서 회계감독제도가 올바르게 정착되기 위해서는 금융위원회와 금융감독원의 인식변화에 앞서 감사원의 인식변화가 선행되어야 한다. 예컨대 명백한 잘못이 없는 한 금융감독원이 재무제표 심사에서 발견하지 못한 사항을 감사원이 지적하고 징계하는 것은 부적절하다. 즉, 재무제표 심사의 한계를 인정하는 감사원 감사가 되어야 한다.
- 금융위원회와 금융감독원은 징계를 전제로 하는 감리와 재무제표의 적정성을 확인하는 회계감사의 차이를 고려하여야 한다. 이에 따라 회계기준을 명백하게 위반한 경우만 징계하고, 다양한 주장이 존재하는 경우에는 징계가 아닌 공시를 통해 해결하여야 한다. 또한 사후적으로 감사절차의 정당성을 평가하는 사후 편견(hindsight bias)을 배제하는 한편 감리 전문 인력의 지속적 양성을 위하여 노력하여야 한다.

회계감독의 문제해결을 위한 전문가들의 처방

이와 같은 기본원칙을 바탕으로 좀 더 구체적으로 원칙중심 회계에서의 회계감독이 갖고 있는 문제점을 해결하기 위한 방안에 대해 살펴보자. 집필진은 먼저 원칙중심 회계의 안정적이고 효과적인 적용을 위한 회계감독에 대해 여러 전문가들의 의견을 수렴했다. 면담조사를 통해 얻은 감독기관, 기업, 회계법인 등 다양한 분야 전문가들의 의견은 다음과 같이 요약된다.[22]

- 재무제표 심사제도의 기업 친화적 운영 : 기업들이 회계오류를 범한 경우 재무제표를 수정하는 데 부담이 없어야 감독당국의 지적사항에 대한 수용성이 높아질 것이다. 그래야 사전 예방 및 지도 중심의 회계감독이라는 심사제도의 취지를 살릴 수 있다.

예를 들어, 고의성이 없는 회계오류를 범한 기업이 수정권고를 받고 이를 즉시 정정한 경우에는 감리를 실시하지 않는 방안도 고려할 필요가 있다.

- 기업의 신속한 자진 수정공시의 유도를 위한 유인제도 : 기업이 스스로 신속하게 수정하는 분위기를 조성해야 한다. 이를 위해서 감독기관이 재무제표 심사제도를 통하여 수정권고하지 않았다고 하여도, 기업이 오류(error)를 자진하여 정정한 경우에는 면책 또는 제재수위를 대폭 경감하는 출구를 열어주는 것이 도움이 될 것이다.
- 사전 감독지침 활성화 : 감독기관은 예방적 계도방식의 취지 실현과 감리의 부담과 부작용을 최소화하기 위해, 감독지침이나 비조치의견서 등을 활용하여 특정 산업 또는 회계이슈에 대한 정보를 미리 제공해야 한다. 이때 정보 제공 이전에 발생한 회계처리와 관련해서는 자진 정정을 적절하게 유도할 필요가 있다. 다만, 감독지침이 새로운 회계기준이나 규정으로 인식되지 않도록 주의해야 한다.
- 감리 적격 심사패널 운영 : 감리착수 여부를 결정할 때는 외부전문가가 참여하는 감리패널, 즉 일종의 'screening committee'를 운영하여 표적감리라는 비난을 사전에 차단해야 한다. 또한 감리패널을 통해 피감리자의 수용성을 확보함으로써 이후 초래될 수 있는 부작용을 최소화하는 안전장치를 마련할 필요가 있다. 감리가 착수되고 나면 기업은 인력이나 재정 등의 자원 소모가 불가피해지고, 감독기관은 지적을 하지 않을 수 없는 현실적 부담이

있기 때문에 애초에 감리착수 여부 자체를 매우 신중하게 결정해야 한다.

- 공시정보 활용강화 : 원칙중심 회계에서는 누구든 회계기준 해석의 차이가 있을 수 있음을 인정해야 한다. 이를 위해 무조건적인 재무제표 수정이나 제재보다는 차이가 발생한 기준서의 해석에 대한 충분한 정보를 공시하도록 유도하여 정보이용자의 자율적 판단을 지원해야 한다.
- 감사인의 품질관리 중심 감리 : 재무제표에 대한 감리는 명백한 회계오류 중심으로 진행하되, 전체적인 감리방향을 재무제표보다 감사인의 품질관리 시스템 위주로 전환해야 한다. 이를 통해 감사인의 해석능력을 제고하고 감사의견을 형성하는 내부 프로세스의 적정성 검증을 통해 독립적 감사수행능력을 강화할 수 있을 것이다.

여기까지가 원칙중심 회계의 회계감독과정에서 일어나고 있는 문제점들에 대해 전문가들이 제시하는 개괄적인 해법이다. 지금부터 좀 더 구체적으로 이에 대한 내용을 나눠보자.

다양성 존중을 통한 복수의 회계처리 인정

모든 운동에서 가장 중요한 것은 바른 자세이다. 골프든 축구든, 훌륭한 운동선수가 되려면 종목에 관계없이 정확한 자세를 취하고 유지하는 훈련이 매우 중요하다. 물론 지식과 기술도 중요하지만 바른 자세가 흐트러지면 모두 빛이 바랜다. 회계감독도 마찬가지이다. 원칙중심 회계에 부합하는 회계감독 방향의 핵심에는 다양성 존중이라는 자세가 필요하다.

육안으로 볼 때 빛에는 색깔이 없다. 단지 밝음과 어두움의 흑백으로 나눠질 뿐이다. 그러나 프리즘을 통해 보면 색깔이 없는 것처럼 보이던 빛은 일곱 가지 무지개 색으로 나타난다. 원칙중심 회계의 재무제표는 흑백이 아니라 컬러다. 같은 형식을 이용하기 때문에 언뜻 보면 흑백처럼 모두 비슷해 보이지만, 사실 다양한 기업들의 수많은 거래정보들이 모인 재무제표는 서로 똑같은 것이 단 하나도 없이 다채롭다.

그렇기 때문에 원칙중심 회계의 모든 거래들은 각각 그 나름대로 갖고 있는 특성에 따라, 각각의 거래 본연의 경제적 실질을 있는 그대로 표현할 수 있는 방법으로 회계처리가 되어야 한다. 따라서 회계감독 역시 다양성을 존중하는 자세로 흑백 렌즈가 아닌 컬러 렌즈의 시각으로 관찰하여 집행해야 한다.

과거의 규칙중심 회계에서 감독기관은 회계처리를 규정에 맞는 것과 규정에 반한 것으로 양분하며 감독했다. 그러나 원칙중심 회계에서는 비슷해 보이는 거래라고 해도 경제적 실질이 다르면 그 차이에 따라 서로 다른 회계처리가 이루어질 수 있다. 따라서 규정 준수 여부로 칼로 무 자르듯 명확하게 나누기 힘든 경우가 있을 수 있다. 유사한 경제적 사건이나 대상에 대해 다양한 인식과 접근방법이 존재할 수 있기 때문이다. 여기서 바로 원칙이 작동한다. 다양한 접근에 따라 서로 다른 회계처리를 할 수 있지만 이러한 회계처리가 '원칙'에 부합한다면 이를 인정할 수 있기 때문이다.

자산의 공정가치 평가는 기업의 재무제표 작성자와 감독기관의 평가결과가 다를 수 있는 전형적인 경우이다. 이때 기업의 공정가치 평가방법론이 회계기준의 원칙의 범위 안에서 합리적으로 이루어졌다면, 감독기관은 자신들과 다른 방법을 사용해서 나온 다른 결과일지라도 이를 인정할 수 있어야 한다.

원칙중심 회계가 이처럼 동일한 회계사건이나 대상에 대해 복수의 접근방식을 인정하는 이유는 획일화된 규정에 따라 서로 다른 경제적 실질을 가진 사건을 동일하게 회계처리하도록 유도하면 경제적 실질과 회계 간의 간극이 더 벌어질 우려가 있기 때문이다. 과거 규칙중심 회계에서는 정형화된 판단기준에 따라 특정 회계사건에 대한 회계처리방법의 종류가 한정적이었다. 그러나 경제의 발달과 다원화된 사회는 이 몇 개 되지 않는 방법으로 회계사건이나 거래의 특성을 반영하기에는 역부족인 상황에 이르렀고, 이에 따라 복잡한 요인을 모두 담아낼 수 있는 원칙중심 회계가 대두된 것이다.

따라서 감독기관은 하나의 거래에 대해 복수의 회계처리가 존재할 수 있다는 사실을 전제로 회계감독을 수행해야 한다. 이것이 원칙중심 회계의 본질이기 때문이다. 예를 들어 보자. 감사인이 변경되어 당기 감사인이 기업에게 전임 감사인과 다른 회계처리를 요구했다. 그러자 기업은 이 요구를 수용해 회계처리를 변경하여 재무제표를 재작성했다.

그런데 감독기관은 이 기업의 감독과정에서 재무제표가 재작성되었음을 발견하였다고 해서 무조건 감리대상으로 선정한다거나 제재를 가해서는 안 된다. 원칙중심 회계에서는 하나의 거래에 대해 복수의 회계처리가 존재할 수 있고 기업과 전임 감사인이 당시에는 최선을 다했음에도 불구하고 사후적으로 볼 때 회계처리의 선택이 최선이 아니었을 가능성이 존재하기 때문이다.

현실적으로 주기적 지정제도가 도입되어 감사인의 교체가 더욱 빈번해졌고, 이에 따라 당기 감사인과 전임 감사인의 의견 불일치가 가파르게 증가하고 있다. 감독기관은 다양성 존중의 자세를 바탕으로 흑백이 아닌 컬러 렌즈로 회계감독을 수행해야 한다. 물론 명백한 잘못이 있는 경우에는 감리대상으로 선정하여 제재를 가해야 한다. 그러나 회계전문가 사이에 의견이 엇갈리는 주제에 대해서는 전임 감사인의 주장과 당기 감사인의 주장 모두 회계기준의 원칙에서 벗어나지 않을 가능성이 있음을 인정하면서 감독을 진행하는 자세가 필요하다.

주석공시 활성화 유도

그런데 감독기관이 회계오류를 스스로 찾아내 재무제표를 재작성한 기업을 제재하지 않으면 장점과 단점이 함께 발생한다. 현실적으로 기업은 감독기관이 기업의 회계처리에 동의하지 않고 사후 제재할 가능성을 두려워하지 않을 수 없다. 여전히 회계처리에 대한 사후 감독 기능은 감독기관에게 있기 때문이다. 따라서 재무제표 재작성에 대한 감독기관의 제재가 없다면, 재무제표 재작성으로 인한 제재나 처벌의 부담이 없기 때문에 기업은 스스로 재무제표의 오류를 찾아내어 정확한 정보를 신속히 시장에 제공할 것이다. 이는 정보이용자가 더 정확한 정보를 더욱 빠르게 사용할 수 있다는 장점이 된다.

반면 사후 제재를 하지 않으면 단점도 발생한다. 즉, 기업이 너무 자주 재무제표를 재작성함으로써 회계처리의 계속성과 일관성이 떨어져 재무제표의 비교 가능성을 낮출 우려가 생긴다. 어쨌든 재무제표 재작성은 어쩔 수 없더라도 정보이용자들을 혼란하게 만들기 때문이다.

주석공시 활성화는 회계처리 대안에 대한 기업의 잠재적 불안감 해소와 정보이용자의 혼란 방지를 한꺼번에 달성할 수 있는 방법이다. 즉, 기업이 재무제표를 재작성하는 경우 '재무제표 재작성 사유, 논리적 근거, 관련 기준서 등과 재작성으로 인한 효과를 주석으로 상세하게 공시'하도록 감독기관이 적극적으로 유도하는 것이다.

이와 같은 주석공시는 이해관계자에게 충분한 정보를 제공함으로써 정보이용자들이 기업의 경제적 실질과 회계처리의 배경을 더 잘 이해하도록 하여 합리적인 투자의사결정을 돕는다.

또한 논란의 여지가 있는 대안에 대해서는 기업이 선택한 대안의 근거와 선택하지 않은 대안의 예상결과를 공시하도록 하는 방법도 좋다. '재무제표에 매우 중요한 영향을 미치는 사항'에 대한 회계처리에 대해서 다른 복수의 의견이 존재하는 경우에 다음 사항을 주석으로 공시하는 것이다. 여기서 말하는 재무제표에 매우 중요한 영향을 미치는 사항에는 지배력 보유 여부 판단, 제약·바이오 기업의 연구개발비, 손상차손 등이 있을 수 있다.

① 가능한 복수 대안의 회계처리

② 기업이 선택한 회계처리와 그 논리적 근거, 관련 회계기준

③ 가능한 대안(선택한 대안과 선택하지 않은 대안)이 자산, 부채, 자본, 매출액, 영업이익, 당기순이익 등 주요 항목에 미치는 영향

이와 같은 주석공시는 여러 장점을 갖고 있다. 먼저, 감사인은 기업이 주석으로 공시한 사항을 감사보고서 핵심감사사항(KAM, Key Audit Matters)으로 고려할 수 있다. 감사인이 핵심감사사항에 더 많은 노력을 기울이게 되면 기업은 해당 회계처리에 대해 오히려 감사인의 신뢰를 더 많이 얻어낼 수 있을 것이다.

정보이용자 역시 주석공시 정보를 투자결정에 활용할 수 있다. 기업의 회계처리에 동의하는 투자자라면 아마도 이 기업 주식을 신규 취득하거나 기존 보유주식을 계속 붙잡아둘 것이다. 은행이나 채권자들은 추가 대출이나 이자율 결정 등의 의사결정에 기업의 회계처리를 활용할 것이다.

반대로 기업이 선택한 대안에 동의하지 않는 투자자는 관련 주식

[도표 17] 회사가 선택한 회계대안에 대한 정보의 주석공시 사례

주석공시 예시

1안 : (선택 이유, 논리적 근거, 관련 기준서 등 설명)
2안 : (선택하지 않은 이유, 논리적 근거, 관련 기준서 등 설명)

(단위 : 백만 원)

구 분	2019.1.1~2019.12.31		
	1안	2안	차이 금액
자 산	×××	×××	×××
부 채	×××	×××	×××
자 본	×××	×××	×××
매 출 액	×××	×××	×××
영 업 이 익	×××	×××	×××
당기순이익	×××	×××	×××
…	…	…	…

처분, 대출금 회수, 이자율 인상 등의 의사결정에 주석공시 정보를 활용할 것이다. 또한 정보이용자들은 기업이 선택하지 않은 대안을 적용하여 기업의 재무제표를 재작성해 볼 수도 있다.

중요한 점은 주석공시를 통해 기업은 투자자에게 회계처리의 불확실성을 정확히 알려줌으로써 이러한 회계처리에 대한 평가를 자신이 아닌 투자자의 몫으로 전달했다는 사실이다.

주석공시에는 단점도 많이 있다. 무엇보다 어느 내용을 주석으로 공시할 것인가 하는 문제와 주석 분량이 너무 많아질 수 있다는 우려이다. 그러나 이보다 기업을 더 걱정하게 만드는 것이 있다. 회계감독이라는 측면에서 볼 때 회계처리 대안을 주석공시하면 논란거리를 미리 드러냄으로써 감독기관의 감리대상으로 선정될 가능성과 공시하지 않은 항목에 대해 제재를 받을 가능성이 있다는 점이다.

따라서 감독기관은 가능한 대안의 선택 논리가 명백한 오류가 아닌 이상 주석공시사항을 감리대상이나 기타 제재의 수단으로 활용해서는 안 된다. 또한 공시되지 않은 항목이라고 해도 '재무제표에 매우 중요한 영향을 미치는 사항'을 고의로 명백하게 누락한 것이 아닌 이상 제재수단으로 활용해서는 안 된다. 감독기관은 이와 같은 사항을 기업과 감사인에게 분명히 하는 것이 필요하다.

요컨대 주석공시를 통해 충분한 정보를 제공함으로써 이해관계자 보호를 위해 노력함과 동시에 경영자와 감사인의 판단을 존중하는 감리는 회계를 더욱 투명하게 만들 것이다.

재무제표 재작성 공시방법 명확화

원칙중심 회계 도입 이후 아직까지 원칙에 대한 사회적 합의가 이루어지지 않았기 때문에 재무제표 재작성 사례는 지속적으로 증가하고 있으며, 앞으로도 더욱 증가할 것으로 예상된다. 그런데도 재작성방법에 대한 명확한 규정이 없어 혼란이 가중되고 있다.

금융감독원은 '감리결과 조치양정기준 개정사항 관련 Q&A(2013.3)'에서 감경[23]을 받기 위한 자진 수정 · 공시방법을 답변한 바 있다. 즉, 당기 사업보고서상 비교 재무제표를 수정 · 공시하는 방법과 과거 사업보고서를 재발행하는 방법 중 하나를 선택할 수 있다고 답변했다. 이에 따라 두 가지 방법이 모두 허용되고 있는 것으로 판단되지만 아직까지 명시적 규정은 없는 상태이다. 이처럼 사업보고서를 재발행하는 기업과 비교 표시되는 재무제표만 수정하는 기업이 공존하기 때문에 시장의 일관성이 몹시 아쉬운 상황이다.

우리나라도 미국과 같이 오류 유형을 과거 재무제표에서도 중요한 Big R과, 과거 재무제표에는 중요하지 않지만 당기 재무제표에 중요한 Little r로 구분하여 Big R은 사업보고서 재발행, Little r은 당기 재무제표에 비교 표시되는 전기 재무제표만 재작성하는 방안을 고려할 필요가 있다. 이 내용을 담아 자본시장법 또는 기업공시서식 작성기준을 개정하면 재무제표 재작성으로 인한 시장의 혼란을 잠재울 수 있을 것이다.

이와 같은 방안을 확정하기 전이라도 재무제표 재작성 문제는 매우 시급한 상황이므로 경고 문구를 활용한 단기 처방이라도 선행해야 한다. 즉, 만약 Big R로 처리해야 하는 경우인데도 과거 사업보고서 재발행 없이 당기 재무제표에 비교 표시되는 전기 재무제표만 재작성하는 방안을 허용한다면 이때는 반드시 경고 문구를 표시하도록 하는 것이다. 경고 문구를 통해 과거 사업보고서에 재무제표 수치가 수정되었다는 사실과 함께 수정된 최근 수치를 이용하라는 내용을 고지하면 정보이용자들의 혼란을 크게 예방할 수 있을 것이다.

최근 금융위원회 역시 이런 점을 고려해 비교 표시되는 재무제표만 수정한 경우, 정보이용자가 전자공시 시스템에서 전기 사업보고서를 확인할 때 다음과 같은 메시지가 자동 안내되도록 조치하였다.

> XX회사의 2020년 사업보고서상 비교 표시된 2019년 재무제표가 변경되었습니다. 합리적인 투자의사결정을 위해 2020년 사업보고서의 재무제표도 확인하시기 바랍니다.

회계기준이 아닌 비조치의견서로서의 감독지침

금융위원회와 금융감독원이 발간하고 있는 '감독지침'은 일종의 비(非)조치의견서(no action letter)이다. 감독지침에 따르면 비조치의견서는 감독기관이 조치하지 않겠다는 것이다. 예를 들어 새로운 감독지침에 따라 종전의 회계처리를 수정하여 재무제표를 재작성하더라도 이때 감독기관은 재작성으로 인한 추가 제재를 하지 않거나 제재를 감경하겠다는 의미이다.[24]

대표적인 감독지침은 2018년에 금융위원회에서 발표한 「제약 · 바이오 기업의 연구개발비 회계처리 관련 감독지침」이다.[25] 이 지침은 신약개발의 경우 임상 3상 개시 승인을 받으면 자산화가 가능하고,

기업이 이 기준에 따라 자산으로 인식하는 경우에는 기술적 실현 가능성 판단에 필요한 객관적 증빙 자료를 제시하여야 한다고 규정하고 있다. 또한 이 기준 전(前) 단계에서 연구개발비를 자산으로 인식한 경우에는 감리과정에서 회사의 주장과 논거를 더욱 면밀히 검토할 것이라고 규정하고 있다.

그렇다면 이와 같은 감독지침에 대해 기업들은 어떻게 대응할 수 있을까? 대부분의 기업은 이 감독지침에 따라 신약을 개발하는 경우에 임상 3상 개시 승인 단계에서 자산화를 할 가능성이 높다. 또한 그동안에는 3상 시험을 완료하고 정부 승인 신청 단계 또는 그 이후 단계가 되어야 자산화를 해온 기업들도 임상 3상 개시 승인 단계로 자산화를 앞당길 가능성이 존재한다. 그런데 이렇게 되면 감독지침이 사실상의 회계기준이라고 생각되는 상황이 되는데, 이는 '재무회계'와 '감독 목적의 회계(감독회계)'에 대한 오해에서 비롯된 결과이다.

감독지침은 새로운 회계기준이나 회계기준의 해석이 아니다. 국제회계기준의 합리적인 해석범위 내에서 감독업무의 구체적 지침을 마련한 것이다. 즉, 감독목적을 위하여 특정한 회계처리에 대해서는 조치하지 않겠다는 비조치의견서란 뜻이다. 따라서 기업이 감독지침을 무조건 따라야 할 이유는 없다. 기업은 합리적 이유를 근거로 감독지침을 준용하지 않는 것이 경제적 실질을 더 잘 나타낼 수 있다면, 얼마든지 감독지침의 내용과 달리 회계처리할 수 있다. 단, 기업이 선택한 회계처리방법이 회계기준에 부합하여야 하고 감독지침과 다르게 회계처리한 근거를 충분히 설명할 수 있어야 한다. 그럴 수 없을 때는 감독기관으로부터 제재를 받게 될 것이기 때문이다.

준수(comply) 또는 설명(explain)

감독지침은 회계기준이 아닌 감독목적의 회계지침이므로 기업은 가급적 감독지침을 따르되, 따르지 않는 경우에는 왜 따르지 않는가를 설명하면 된다. 즉, 감독지침은 반드시 준수해야 하는 것이 아니라 '준수(comply)' 또는 왜 감독지침을 따르지 않는 것이 회계기준 원칙에 부합하는지 '설명(explain)'하면 되는 성격을 갖는다는 점을 유념해야 한다.

금융위원회도 감독지침이 회계기준은 아니므로 준수하거나 준수하지 않은 이유를 설명하면 된다는 의견을 명확히 하고 있다. 앞서 언급한 「제약 · 바이오 기업의 연구개발비 회계처리 관련 감독지침」에서 금융위원회는 이 감독지침이 '새로운 회계기준이나 기준 해석이 아니고, 회사는 개별 상황에 따라 합리적인 이유를 근거로 동(同) 지침과 달리 판단하여 회계처리할 수 있음'을 명시했다.

감독기관이 감독지침을 발간하면 회계처리의 불확실성을 어느 정도 해소할 수 있다. 그러나 감독지침을 남발하면 원칙중심 회계의 근간을 훼손한다. 감독지침이 사실상 회계기준의 역할을 할 가능성이 높아지기 때문이다.

따라서 감독기관은 회계처리의 불확실성 해소를 위하여 꼭 필요한 경우에 한하여 감독지침을 발행해야 한다. 또한 감독지침을 발표할 경우에도 감독지침이 회계기준 원칙에 부합하지 않는 회계처리를 유도할 가능성이 없는지 신중하게 검토해야 한다. 이를 위해 감독지침 발표 전에 다양한 회계전문가들의 의견을 충분히 수렴해야 한다. 또한 감독지침을 발표할 때는 회계기준이 아니라는 사실 또한 항상 명확하게 발표해야 한다.

교육목적의 질의회신

원칙중심 회계 도입 이후 감독기관에 대한 질의회신이 부쩍 증가하고 있다. 이는 회계처리에 대한 불확실성이라는 환경과 규제중심 환경에 익숙한 기업의 특성이 어우러진 결과로 보인다.

질의회신을 효율적으로 운영하면 여러 가지 긍정적 효과를 이끌어 낼 수 있다. 첫째, 질의회신은 회계처리의 불확실성을 해소한다. 둘째, 질의회신은 감독기관과 기업, 기업과 기업, 기업과 감사인, 나아가 대형 회계법인과 중소형 회계법인 간의 정보 불균형을 크게 줄여준다. 셋째, 질의회신 내용을 충분히 공시하면 훌륭한 교육자료로 활용할 수도 있다. 이를 위해서는 결과만 공시하는 것이 아니라 결과에 이르는 과정과 결론에 이르게 된 논리까지도 공시하는 것이 좋다. 그래야 원칙을 어떻게 적용할 것인가를 교육하는 효과가 커지기 때문이다.

반면 질의회신은 부작용도 갖고 있다. 질의회신의 증가는 원칙중심 회계를 훼손할 우려가 있고, 질의회신 내용이 국제회계기준과 충돌할 위험도 존재한다. 또한 사실관계를 명확하게 판단하지 못한 상태에서 질의회신이 이루어지면 특정 당사자에게 일방적으로 유리한 결과를 가져올 수도 있다. 질의회신을 공개하는 경우에는 사실관계가 일치하지 않는데도 이전의 질의회신을 억지로 이용하는 사례가 증가할 우려도 있다. 이렇게 되면 경제적 실질이 왜곡되는 역효과가 발생한다.

따라서 질의회신은 가급적 질의한 기업에 한정하여 교육목적에 집중하여 이루어지는 것이 바람직하다. 미국의 Emerging Issues Task Force와 IASB의 IFRS IC는 모두 회계기준에 대한 질의와 해석을 수행하는 기구들이다. 이 기관들은 논의되는 모든 안건에 대해 공개회의

과정을 거친다. 원하는 사람은 누구나 회의에 참석할 수 있으며 인터넷 실시간 참관도 가능하다. 사후에는 회의 관련 논의사항 및 요약 등을 홈페이지에 게시하여 해당 안건에 대한 논의 내용이 교육에 활용될 수 있도록 하고 있다.

최근부터 한국회계기준원도 질의회신 내용을 선별적으로 공개하기 위해 노력하고 있다. 앞으로 더 많은 질의회신을 적극적으로 공개하여 많은 기업과 감사인들이 이를 교육에 활용하는 모습을 소망한다.

사전 예방중심 감독을 위한 재무제표 심사제도 도입

규칙중심 회계의 감독은 피드백(feedback), 원칙중심 회계의 감독은 피드포워드(feedforward)이다. 즉, 원칙중심 회계에서는 사후 제재 중심의 회계감독보다는 사전 예방 중심의 감독이 더 적합하다.

사전 예방중심 감독의 중요한 수단이 바로 재무제표 심사(review)제도로, 우리나라는 2018년 외감법 시행령을 개정하여 재무제표 심사제도를 도입했다. 2018년 11월 1일 새로 도입된 재무제표 심사제도는 '감리집행기관이 회사의 공시된 재무제표 등에 회계처리기준 위반사항이 있는지를 검토하여 발견된 특이사항에 대한 회사의 소명을 들은 후에 회계처리기준 위반사항이 있다고 판단되는 경우에 재무제표의 수정을 권고하는 업무'를 말한다.[26]

재무제표 심사제도는 종전의 회계감리와 여러 면에서 다르다. 먼저 회계감리는 오류를 사후에 적발하여 징계하는 성격이 강하지만 재무제표 심사는 기업이 사전에 자발적으로 수정공시를 하도록 유도한다. 또한 회계감리는 사후 적발이므로 제재와 처벌에 중점을 두고 있지만 재무제표 심사는 투자자 보호에 초점을 맞춘다. 요컨대 재무제표 심사는 재무제표 오류를 적시에 수정하여 투자자에게 제공하는 것을 목적으로 한다. 따라서 재무제표 심사와 회계감리는 엄격히 분리되어야 한다. 회계감리는 재무제표 심사가 끝난 뒤 필요한 경우에 한하여 진행해야 한다.

재무제표 심사제도는 재무제표 오류를 기업이 자진 수정하도록 유도해 자본시장에 정확한 정보를 신속하게 제공하기 위한 제도이다. 재무제표 심사 결과 회계기준 위반이 경미한 경우에는 수정공시 권고로 종결된다. 그러나 심사 결과, 기준 위반이 고의적이거나 자본시장에 미치는 영향이 중대한 경우 혹은 반복적 위반인 경우에는 강도 높은 회계감리에 착수하게 된다. 우리나라와 달리 영국과 독일의 감독기관은 재무제표 심사 결과 적발된 회계처리 위반사항에 대해 재무제표 수정만을 요구하고, 이에 대한 추가적인 제재는 하지 않는 것을 원칙으로 하고 있다.

종전에는 재무제표 심사제도 대신 심사감리제도가 있었다. 심사감리제도와 재무제표 심사제도는 목표부터 뚜렷하게 차이가 난다. 종전의 심사감리제도가 정밀감리를 위한 표본대상을 선정하기 위한 사전 준비단계였다면, 재무제표 심사는 재무정보의 신속한 오류수정과 특이사항 발생 이유에 대한 감독기관과 기업의 소통을 목적으로 한다. 요컨대 재무제표 심사제도가 투자자 보호에 초점을 맞춘 사전 예방제도인 데 반해 심사감리는 사후 제재를 위한 감리이다.

그러나 새롭게 도입한 재무제표 심사제도에 대해서도 다양한 우려가 제기되고 있다. 먼저 재무제표 심사와 회계감리의 구분이 모호해질 수 있다는 점이다. 특히 감사인들은 재무제표 심사가 현실에서는 과거의 '심사감리'와 유사해질 가능성을 우려하고 있다. 또한 재무제표 심사를 담당하는 조직이 전문성을 충분하게 확보할 수 있을지에 대해서도 염려하고 있다.

무엇보다 재무제표 심사에서는 회계처리 위반사항이 적발되었을 때 수정권고 후 종결하는 결정과 정밀감리 이첩 중 어떤 것을 선택할 것인가에 대한 판단이 매우 민감하고 중요한 문제이다. 물론 재무제표 심사에서 지적된 사안이 경미하여 재무정보 이용자들의 의사결정에 큰 영향을 미치지 않는 경우에는 재무정보 수정요구 후 회사가 정정하는 것으로 절차가 종결되어야 한다. 그러나 회계처리 위반사항이 중요하거나 재무공시 규정이나 법령을 위반한 경우에는 정밀감리로 이첩하여 추가조사를 시행해야 한다.

그런데 현실적으로 이 구분이 쉽지 않은 경우가 매우 많다. 따라서 재무제표 심사로 종결할 것인지 아니면 정밀감리까지 이행할 것인지를 판단하는 명확하고 객관적인 기준과 절차가 확보되어야 한다. 그렇지 못하면 재무제표 심사제도는 유명무실한 제도가 될 가능성이 높기 때문이다.

재무제표 심사제도 정착 방안

재무제표 심사제도가 우리나라에서 정착되기 위한 방안은 크게 세 가지이다. 먼저 재무제표 심사제도에 대한 이해관계자들의 정확한 인식이 필요하고, 재무제표 심사를 담당하는 인력들의 전문성이 확보되어야 한다. 더불어 재무제표 심사에서 정밀감리로 이첩되는 과정을 공정하게 운영할 수 있는 운영 프로세스가 마련되어야 한다. 이 세 가지 방안에 대해 구체적으로 살펴보자.

첫째, 재무제표 심사제도의 정착을 위해서는 무엇보다 제도에 대한 이해관계자들의 올바른 인식이 선행되어야 한다. 기업, 외부감사인, 감독기관, 감사원 등의 행정기관, 국회의원, 언론 등 다양한 이해관계자들이 제도의 취지와 성격을 정확히 이해해야 한다. 기업의 경영자와 감사인은 물론 언론도 과거의 심사감리와 재무제표 심사제도의 차이를 명확히 구분하여 이해해야 한다. 이를 통해 재무제표 심사제도를 과거 심사감리 수준으로 기대하는 일을 삼가야 한다. 재무제표 심사는 부정적발이라든지 처벌이나 제재를 위한 정밀조사가 아니기 때문이다.

재무제표 심사의 최종 목적은 정보이용자 보호에 있다. 이를 위해서 과오가 있더라도 처벌이나 제재 없이 기업 스스로 빠르게 그 과오를 수정하여 올바른 정보를 시장에 공시하도록 하는 것이 목표이다. 따라서 재무제표 심사는 늦어지면 안 된다. 이 목적을 이룰 수 없기 때문이다. 이처럼 재무제표 심사는 빠른 속도가 생명이므로 모든 오류를 색출해 내겠다는 마음가짐으로 시행하면 안 된다. 그러면 속도가 느려지게 되고, 그래서 피해를 보는 것은 결국 시장의 정보이용자들이기 때문이다.

그런데 흥미로운 사실이 하나 있다. 재무제표 심사제도에 관해서는 감독기관도 고충이 크다는 것이다. 즉, 감독기관은 재무제표 심사의 빠른 진행을 위해 중요한 오류 중심으로 검토했다가 나중에 심사한 재무제표에서 사소한 오류가 발견되어 국회 국정감사나 감사원 감사에서 이를 지적받을 것을 우려하고 있다. 심지어 수정공시 권고로 판단한 감독기관의 결론 자체에 대해서도 국회나 감사원은 처벌하지 않았다는 사실만으로 지적할 수 있다.

이는 마치 새로 산 법서를 먼저 통독한 후 정독을 하겠다는 계획에 따라 한 번 통독한 학생에게 왜 책을 다 읽었는데도 세세한 내용을 모르고 있느냐 다그치는 셈인데, 학생 입장에서는 혼날 걱정을 할 만도 하다. 마찬가지로 이와 같은 감독기관의 걱정은 충분히 할 만한 걱정이다. 국회의원과 감사원이 재무제표 심사제도를 기존의 심사감리와 구분하지 못할 것에 대한 합리적인 우려라고 볼 수 있기 때문이다.

이처럼 감독과정은 단지 감독기관 혼자서 할 수 있는 일이 아니다. 따라서 회계라는 운동장에 서 있는 기업과 감사인과 감독기관은 물론 운동장 밖에서 경기를 관람하며 중요한 판정에 개입하는 국회와 감사원과 언론기관 등이 모두 재무제표 심사제도 본연의 취지, 제도의 한계, 심사감리와의 차이 등을 명확히 인식해야 한다. 이 시각이 변하지 않으면 재무제표 심사제도의 정착은 공염불에 불과할 것이 분명하다.

둘째, 재무제표 심사제도의 정착을 위해 재무제표 심사담당자의 전문성 확보가 필요하다. 재무제표 심사는 규정과 회계정보를 대조해 회계처리 위반사항을 찾아내는 수준으로 이루어지지 않는다. 재무제표 심사에서는 해당 산업이나 기업의 회계처리에 대한 높은 전문성이 있어야 한다. 재무제표 심사제도가 전문성이 부족한 인력들에 의해 이루어지면 본연의 목적을 달성할 수 없다. 따라서 재무제표 심사담당자는 먼저 스스로 전문성을 확보하기 위해 노력해야 하고, 감독기관 역시 심사담당자들이 해당 산업에 대한 이해를 할 수 있도록 경력개발을 도와야 한다.

담당자의 전문성과 더불어 재무제표 심사과정의 효율성 확보도 매우 중요하다. 재무제표 심사는 공시된 재무제표를 대상으로 하기 때문에 심사해야 할 기업 수가 상당히 많다. 따라서 심사자가 아무리 전문성이 뛰어나더라도 심사과정이 효율적이지 못하면 속도와 품질 모두 기대할 수 없다. 또한 현실적으로 시장 자체에 재무제표 심사 전문인력이 희귀한 데다가 감독기관이 산업 전문성이 높은 인력을 대규모로 확보하기도 힘들다.

이러한 현실을 객관적으로 고려할 때 머신러닝 기반의 심사 시스템 도입도 검토할 만한 가치가 충분하다. 과거 데이터를 기반으로 인공지능 머신이 효율적인 1차 작업을 담당하고, 이후 감독기관의 전문인력이 그 결과를 토대로 2차 작업을 통해 심사과정을 완료하면 전문성과 효율성을 동시에 확보할 수 있을 것이다.

패널 제도를 통한 재무제표 심사제도 정착

셋째, 패널(panel) 제도를 도입하여 재무제표 심사제도의 정착을 앞당길 수 있다. 적발한 위반사항에 대한 조치를 수정공시 권고와 정밀감리 이첩 중 선택하기 위해 재무제표 심사에 대하여 패널 제도를 도입하는 것이다(한종수 2018). 이 제도는 패널에게 재무제표 심사 실시 후 특정 사항 지적 여부의 결정, 재무제표 심사단계 종결 또는 정밀감리 이첩 중 하나를 판단하는 역할을 부여한다. 먼저 감독기관

외부의 기업, 감사인, 학계, 정보이용자 등으로 후보군(pool)을 충분히 구성한 뒤 필요할 때마다 이 후보군 중에서 해당 사안과 직접적인 이해관계가 없는 전문가를 위원으로 선정하여 패널을 구성한다. 이렇게 구성된 패널들이 재무제표 심사과정에 참여하여 주요한 의사결정을 하도록 하는 것이다. 패널 제도를 잘 활용하면 새로운 재무제표 심사제도가 기존의 심사감리와 다른 제도로서 뿌리 내리는 데 크게 기여할 수 있을 것이다.

금융위원회는 2019년 6월 발표한 회계감독선진화 방안을 통해 '회계심사협의회'라는 이름의 패널 제도 도입을 결정했다. 이 방안에는 심사결과 및 조치의 투명성 확보를 위한 장치로서 회계기준 위반 여부, 고의성 유무 등에 대한 판단이 어려운 경우 금융감독원 내 회계심사협의회를 통해 결정하도록 되어 있다. 단, 회계심사협의회가 패널 제도의 취지를 살려 외부의 전문가를 다양하게 포함하는 등 전문성과 독립성을 갖춰 효율적으로 운영되어야만 감리 여부와 조치 수준 판단의 적정성을 제고할 수 있을 것이다.

개정된 「외부감사 및 회계 등에 관한 규정」에 의하면 재무제표 심사결과, 고의나 중과실인 경우 등에 해당하거나 수정된 금액이 중요성 금액의 4배 이상 등에 해당하면 재무제표 감리를 실시할 수 있다고 규정하고 있다.[27] 또한 금융감독원장은 재무제표 심사를 수행한 결과 경고나 주의 등을 할 수 있도록 하고 있다.[28]

그런데 이때 고의 또는 중과실에 대한 동기 판단, 회계처리기준 위반에 대한 판단, 위반금액의 산정 등의 문제가 발생할 수 있다. 이 경우 패널이 이와 같은 이슈에 대해 1차적인 판단을 수행함으로써 재무제표 감리의 수행 여부, 금융감독원장의 조치 여부에 대한 판단도 할 수 있을 것이다.

거듭 이야기하지만 재무제표 심사과정이 길어져서는 안 된다. 특히 재무제표 심사 후 정밀감리로 이어질 경우에는 두 절차를 합친 기간이 지루할 정도로 늘어지는 문제가 발생할 수 있다. 감리기간이 장기화되면 감리담당자 변경, 새로운 담당자의 동일 자료 요청, 기업과 감사인의 반복 설명, 자료 대응시간 중복 소요 등의 악순환이 이어져 양자 간에 갈등이 빚어질 확률이 매우 높다.

이와 같은 부작용을 방지하기 위해서 우선은 재무제표 심사를 가급적 신속하게 진행해야 한다. 또한 재무제표 심사를 거친 경우, 감리요청이나 제보 등으로 착수하여 재무제표 심사를 거치지 않고 바로 감리로 진행된 경우보다 가급적 감리기간을 단축함으로써 이러한 우려를 불식시켜야 할 것이다.

필요한 경우에는 사전에 재무제표 심사와 감리기간의 한도를 정해 놓은 다음, 꼭 필요할 때만 제한적으로 연장하는 방식도 고려할 수 있다. 이때 기간 연장의 승인을 패널이 하도록 하는 것도 좋다. 이렇게 하면 재무제표 심사와 감리기간의 예측 가능성을 높이고 관련 당사자의 원활한 대응이 이루어질 수 있도록 할 수 있을 것이다. 회계감독선진화방안(2019.6)을 통해 재무제표 심사와 감리 담당조직을 분리하고 재무제표 심사를 3개월 이내 종료하는 것을 원칙으로 한다는 방안이 발표된 바 있는데, 실제 운영도 이 원칙에 따라 적절히 이루어져야 할 것이다.

패널 제도 운영에서 고려해야 할 또 다른 사항은 패널 제도도 원칙중심 회계의 틀 안에서 이루어져야 한다는 것이다. 원칙중심 회계에서는 기업의 회계처리가 명백한 오류라는 것이 명확하지 않은 경우가 많다. 따라서 패널이 의사결정을 할 때, 단순히 과반수보다는 2/3 이상 가결과 같은 압도적 다수(super majority) 방법을 고려할 필요가 있다. 예를 들어 기업의 회계처리에 대한 9명 패널의 투표 결과가 5 : 4라면, 이는 기업의 회계처리가 잘못되었다는 것을 명백하게 판단할 수 없다는 것을 의미할 것이다.

이런 경우에는 정밀감리로 이첩하는 것보다는 재무제표 심사단계 종결이 올바른 선택이 되어야 할 것이다. 실제로 영국의 감독기관인 FRC의 패널 제도는 5명의 위원 중 4명 이상이 표결에 참석해야 하며 이 중 3분의 2 이상의 찬성이 있어야 한다. 즉, 5명의 위원 중 적어도 4명이 찬성해야만 의결이 된다. 이는 위원 한 명이 한쪽 편에 섬으로써 의사결정이 이루어지는 것을 방지하는 장치이다.

내부공익신고 활성화를 위한 감독기관의 움직임

최근 감독기관은 새로운 외감법 시행에 따른 '외부감사 및 회계 등에 관한 규정 시행세칙' 개정안을 발표했다. 이 개정안은 회계기준 위반에 대한 감경 사유 중 하나로 내부공익신고자를 포함시켰다. 이는 내부고발을 통한 회계부정 적발을 활성화하고자 하는 감독기관의 의도가 반영된 것이다.[29]

또한 증권선물위원회는 삼성바이오로직스 분식회계 논쟁을 법정의 도마 위에 올려놓은 핵심 내부 제보자에 대해 역대 최고의 포상금 지급액 안을 내놓았다.[30] 물론 아직 판결이 진행 중에 있지만 이와 같은 움직임은 내부공익신고의 활성화를 위한 감독기관의 강력한 의지를 잘 나타내고 있다.

원칙중심 회계에서는 폭넓은 재량권을 사용한 기업의 회계처리의 옥석을 가리는 일이 매우 중요하다. 즉, 원칙의 허용범위 내에서 자율적 재량권이 늘어난 만큼 위법과 고의적 회계부정에 대해서 보다 엄격한 조치가 필요하다. 위법 행위 혹은 고의적 회계부정을 효과적으로 억제하지 못하면 원칙중심 회계에 대한 정보이용자의 불신은 더욱 커질 것이다. 그러나 이러한 회계부정을 감독기관 혼자서 모두 억제하는 것은 사실상 불가능하기 때문에 내부공익신고가 반드시 활성화되어야 한다.

그러나 현실은 감독기관의 방향과 아직 많이 다르다. 여전히 우리나라 거의 모든 조직들은 내부공익신고자를 매우 편협한 시각으로 바라보고 있다. 이에 따라 관리방식 역시 매우 시대에 역행하는 현실을 벗어나지 못하고 있다. 특히 명령 불복종, 위계질서 문란, 비밀 유출 등을 이유로 징계를 하거나 관련 업계에 악성 소문을 퍼트려 이직을 거의 불가능하게 만드는 등의 조치로 보호가 아니라 내부공익신고자에게 상처를 주는 경우가 비일비재하다. 내부공익신고자는 공익을 위해 생존권을 걸고 신고하지만 그에게 뒤따르는 경제적 압박과 심리적 부담은 매우 치명적인 것이 우리의 현주소이다.

그럼에도 불구하고 불변의 진리는 내부공익신고자가 회계부정사건이 공개되는 결정적인 역할을 한다는 점이다. 또한 기업 입장에서도 내부공익신고자를 잘 활용할 경우 끔찍한 부정이 일어나는 일을 철저하게 예방할 수 있다. 2002년 38억 달러의 회계부정을 고발한 월드컴 내부감사역 신시아 쿠퍼(Cynthia Cooper), 7억 달러의 회계부정을 폭로한 엔론의 부회장 셰런 왓킨스(Sherron Watkins) 등의 사례는 진실성이 명확한 내부고발이 윤리성 제고를 통해 조직과 사회에 크게 기여한다는 사실을 잘 보여준다.

내부공익신고자 보호

사실 우리나라와 같은 유교문화 국가에서는 내부공익신고자를 보는 시각이 대부분 매우 보수적이다. 충효예절, 멸사봉공(滅私奉公), 선공후사(先公後私) 등의 유교적 가치가 왜곡되고 확대되어 내부공익신고자에게 조직에 피해를 주는 사람이라는 낙인을 찍는 시각이 많기 때문이다. 그러나 이와 같은 접근은 조직과 사회는 물론 개인에게도 전혀 도움이 되지 않는 편협한 생각이다. 감독기관이 과감하게 내부공익신고자 보호를 위해 힘쓰는 이유 역시 내부공익신고자에 대한 그릇된 편견을 일소하려는 노력의 일환으로 보는 것이 마땅하다.

내부공익신고제의 활성화를 위해서는 제도적 측면에서 해외처럼 보다 포괄적이고 적극적인 법정 장치를 보완할 필요가 있다. 하지만 무엇보다 중요한 것은 경영진들이 기업 내에 내부공익신고자 보호를 자체적으로 강화하는 일이다. 내부공익신고자는 대상 부정행위의 진실성만 확보된다면, 즉 무고(誣告)가 아니라면 공익을 위해서든 사익을 위해서든 기업에게 큰 유익이 된다. 부정행위 자체를 조기에 적발하거나 방지하여 피해를 줄일 수 있고, 내부통제 시스템의 부족한 부분을 파악하여 체질을 개선할 수도 있다. 따라서 경영진은 관점을 전환하여 내부공익신고를 배신(背信)이 아닌 백신(vaccine)으로 봐야 한다. 단언컨대 내부공익신고자는 조직의 배신자가 아니라 부정을 알려 피해를 줄이는 백신의 역할을 담당한다.

의사표현의 통로 개방과 익명성 보장은 내부공익신고를 위한 필수 조건이다. 예를 들어 일부 국내 기업은 공익신고 사이트를 기업 내부가 아닌 외부에서 운영하고 있다. 또한 외부 변호사를 선임하여 공익신고를 전담하게 함으로써 기업이 신고인의 신분을 알 수 있는 방법을 구조적으로 원천 차단하고 있다. 만약 현실적으로 익명성 보장이 어렵다면 기업의 특성을 반영하여 나름대로 적절한 보호조치를 강구해야 한다. 이를 위해 내부고발 시스템을 통째로 외주에 맡기는 것도 좋은 방법이다. 또한 공익신고 보상금 또한 자체적으로 확대할 필요가 있다.[31]

우리나라는 법률적 측면에서 내부공익신고자를 적극 보호하고 있다. 공익신고자 보호법, 특정범죄신고자 등 보호법을 통해 신고자에 대한 부당대우 금지, 신변 보호, 보상금 지급 등을 제도화하고 있다. 내부공익신고의 활성화를 위한 노력은 지구촌 많은 국가들의 공통적인 추세이다. EU는 2018년 '룩스리크스'사건 이후 기업이나 정부기관이 계약위반을 이유로 내부공익신고자를 제소하는 행위 자체를 금지하고 있다.

또한 내부공익신고자에 대한 해고, 강등, 업무배제 등은 별도의 명확한 증거가 제시되기 전까지 내부고발에 대한 회사의 보복으로 간주하고 있다. 이는 내부공익신고자에 대한 매우 폭넓은 보호조치라 할 수 있다. 영국도 법원의 판결이 나올 때까지는 내부고발사건의 진실 여부에 관계없이 내부공익신고자에게 어떠한 불이익도 줄 수 없다고 규정하고 있다. 공익신고의 범위를 보다 포괄적으로 규정함으로써 신고자 보호에 만전을 기한다는 의미이다.

감사품질 제고를 위한 품질관리 감리 내실화

원칙중심 회계에서 감사인의 품질관리는 매우 중요하다. 원칙에서 벗어난 회계처리를 감사인이 적발한다면 이를 포함한 재무제표가 야기할 수 있는 문제점을 사전에 방지할 수 있기 때문이다. 기본적으로 감사인의 품질관리는 감사인 스스로 해야 한다. 그러나 감사인의 역량 강화는 다른 이해관계자들과 함께 할 때 더 효과가 나타난다. 특히 감독기관이 감사인의 역량을 강화하도록 유도하는 회계감독을 실행할 때 더 효과가 있다.

최근의 외감법 개정은 전반적으로 감사인의 품질관리감독을 강화하는 방향으로 이루어지고 있다. 중요한 내용은 감사업무의 품질관리 기준 근거 마련, 품질관리기준에 대한 감사인 대표자의 책임 명시, 증권선물위원회가 1년 이내의 기간을 정하여 품질관리 감리 결과에 따른 개선권고, 그리고 그 이행 여부 점검 및 미이행 사실을 외부에

[도표 18] 감리 분류 관련 외감법과 시행령 개정 내용(2018.11)

과 거	개정 내용
1. 감사보고서 감리	1. 감사보고서 감리 2. 재무제표 감리 3. 회계법인 품질관리 감리 및 평가
2. 그 밖에 시행령으로 정하는 업무 (시행령 : 회계법인 품질관리 감리 규정)	4. 그 밖에 시행령으로 정하는 업무 (내부회계 관리제도 감리)

공개할 수 있도록 하는 것 등이다.

외감법과 동시에 시행되고 있는 외감법 시행령 주요 개정사항 역시 품질관리 감리 내실화를 가속하고 있다. 이 시행령은 회계법인의 품질관리수준 평가 결과를 감사인 지정 등에 활용하도록 했다. 또한 기존에 감사보고서 감리와 품질관리 감리로 나뉘던 것을 감사보고서 감리, 재무제표 감리, 회계법인 품질관리 감리 및 평가, 내부회계 관리제도 감리 등으로 세분화하였다.

감독기관이 품질관리 감리를 내실화하기 위해 실행할 수 있는 방법들을 구체적으로 살펴보자.

먼저 감독기관이 감사인 스스로 품질관리를 강화할 수 있는 유인을 제공하는 방안이다. 감독기관은 회계법인들의 품질관리 감리 결과를 평가하여 우수한 회계법인에 대해서는 인센티브를 부여하고 열악한 회계법인에 대해서는 제재를 강화하여야 한다. 회계전문가들과의 인터뷰 결과 품질관리 감리 결과에 따라 감사인에게 주어지는 혜택과 불이익이 크게 차이가 나지 않는다는 지적이 제기되었다.[32] 당연히 잘하나 못하나 큰 차이가 나지 않는데, 굳이 품질관리에 목숨을 걸 감사인은 없을 것이다.

따라서 감독기관은 품질관리 감리 결과를 감사인 지정, 감리대상 선정, 감리결과 조치시 가중 또는 감경, 과징금 가중 또는 감경시 등에 적극적으로 활용하여 감사인이 품질관리를 위해 힘껏 노력할 수 있도록 유도하여야 한다. 원칙중심 회계에서는 회계시장 참가자들의 역량 제고가 중요하며, 그중에서도 감사인들은 가장 중요한 회계시장의 참가자이다.

감사인에게는 원칙중심 회계 도입에 따라 증가된 회계정보를 분석하고 적정한 회계기준에 따라 재무제표가 작성되었는지를 정확하게 판단할 수 있는 실력과 내부 관리 프로세스가 필요하다. 그리고 감독기관은 감사인의 역량강화를 위해 품질관리 감독 시스템을 갖추고 감사인들의 감사품질 강화를 지원해야 한다.

금융위원회의 회계감독선진화방안(2019.6)에는 품질관리기준에 대한 중요한 위반이 감독기관의 개선 권고 이후에도 반복되어 나타나는 경우, 감독기관이 이 회계법인에 대해 시정명령을 내리고 그래도 불이행하는 경우에는 제재를 부과하는 방안이 포함되었다. 이는 품질관리 감리의 결과에 따라 실질적 제재가 이루어지는 제도적 근거이다.

품질관리 감리 결과 공시 활성화도 품질관리 감리 내실화를 위해 감독기관이 실행할 수 있는 방법이다. 품질관리 감리 결과 공시를 활성화하면 감사인들은 품질관리에 신경을 쓰지 않을 수 없을 것이다.

외감법 시행령에 따르면 감독기관은 개선권고사항을 3년 이내의 기간 동안 외부에 공개할 수 있고, 개선권고를 받은 날부터 1년 이내에 정당한 이유 없이 해당 개선권고사항을 이행하지 아니하는 경우에는 3년 이내의 기간 동안 그 사실을 외부에 공개할 수 있다. 감독기관은 이 규정에 의거, 품질관리 감리 결과 공시를 활성화하여 감사인의 품질관리 노력을 독려해야 한다.

감독기관 역시 스스로 품질관리감독의 역량을 강화해야 한다. 이를 위해 금융감독원은 품질관리 감리 담당인력의 전문성을 높이고 필요하다면 감사 실무 경험이 풍부한 인력을 적극 충원해야 한다. 이와 더불어 전문인력의 체계적 양성에도 힘써야 한다. 또한 품질관리 감리 담당인력을 금융감독원 내 순환근무에서 배제하는 방법이나[33] 담당인력을 채용, 승진, 보상 등의 HR 체계에서 다른 부서와 구분하여 관리하는 방법을 통해 품질관리 감리 담당인력의 전문성을 제고해야 한다. 나아가 조직 내 위상 제고를 위해 품질관리 감리 부서를 현재의 '팀'에서 '국'으로 승격하는 방안도 검토할 수 있을 것이다(이재은 · 이영한 2018).

감독기관은 역량 강화와 함께 품질관리 감리의 효과성과 효율성을 제고하는 방안도 적극 모색하여야 한다. 먼저 중점감리항목(focus area)을 선정하여 품질관리 감리의 효과성과 효율성을 높이는 방안을 검토해 볼 수 있다. 단기간에 모든 범위를 대상으로 많은 자료를 요청해 감리를 진행하기 때문에 분량 개념인 지적건수 중심으로 이루어지는 형식적 감리를 지양하고, 중점감리항목을 선정하여 요청사항을 감리대상 감사인에게 사전 통보하여 해당 분야를 중점적으로 감리하는 품질 개념의 방식으로 전환하는 것을 고려해 볼 수 있다.

이와 같은 품질 개념의 방식은 감사인의 내부품질관리를 효율적으로 개선할 뿐만 아니라 감리 자체의 효과도 높일 것이다.

4 원칙중심 회계 정착을 위한 그 밖의 아이디어

합의가 쉽지 않은 원칙중심 회계

의사, 변호사, 상담사…. 이런 전문가의 도움이 언제 필요한지 생각해 보자. 쉽고 간단한 일을 할 때에는 이들 전문가가 필요하지 않다. 전문가는 어려운 일이나 힘든 결정을 할 때 절실히 필요하다. 회계도 마찬가지이다. 간단한 회계처리는 전문가 없이도 손쉽게 할 수 있다. 그러나 어떻게 하는 게 좋을지, 어떤 방법이 옳은지 결정하기 힘들 때는 회계전문가의 도움이 필요하다. 이처럼 회계처리에 있어 전문가 의견이 중요하다는 것은 해당 거래에 대한 회계처리가 쉽지 않다는 것을 의미한다.

그런데 조금 더 생각해 보자. 어떤 문제에 대해서는 전문가들의 해법이 일치하지만, 또 다른 문제에 대해서는 전문가들의 의견이 갈라진다. 고등학교 때 수학 시험을 본 경험을 기억해 보자. 시험이 끝난 후 모범답안이 없기 때문에 자신이 작성한 답이 정답인지 확신이 없어 서로 해답을 비교하면서 정답을 찾았던 적이 있을 것이다. 이때 진짜 어려운 문제는 해답을 구하기 어려운 복잡한 문제가 아니라 서로 해답이 달라 어떤 답이 진짜 답인지 모르는 경우였을 것이다. 회계 역시 정말 어려운 문제는 전문가들조차 의견이 분분해진다. 이와 같은 전문가의 의견 차이는 기업과 감사인, 전임 감사인과 당기 감사인, 기업과 감독기관, 감사인과 감독기관 등 여러 관계에서 다양하게 발생할 수 있다.

여기서 우리는 매우 중요한 사실을 받아들여야 한다. 만약 회계가 쉬운 분야라면 전문가 사이에 의견의 차이는 별로 없을 것이다. 반대로 회계가 어렵다는 것은 전문가 사이에 의견이 다른 경우가 많다는 것을 의미한다. 즉, 회계에 있어 전문가들의 의견 차이는 필연적인 현상이며, 특히 원칙중심 회계는 서로 다른 의견을 가진 여러 전문가와 다양한 이해관계자들이 충분한 논의를 통해 합의를 이루는 것을 기대한다는 점이다. 의견이 다른 것은 당연하다. 중요한 것은 합의를 이루는 것이다. 그리고 합의를 위해서는 토론이 필요하다.

그래도 합의를 해야 하는 원칙중심 회계

하지만 현실적으로 토론을 통해 전문가들의 의견 차이가 해소되는 것도 쉽지만은 않다. 해당 분야에 대한 경험과 지식이 많은 전문가들은 각자의 관점에서 해당 사안을 분석하여 결론을 내린다. 그리고 각자 자신의 결론이 가장 바람직하다고 판단한다. 일반적으로 전문가라고 불리는 사람들은 자신의 분야에 많은 지식을 가진 사람을 의미하는데, 이들은 보통 자신의 의견을 쉽게 철회하지 않는다. 특히 이해관계가 첨예하게 대립되는 회계에서는 더욱 그렇다.

더군다나 원칙중심 회계는 본질상 각자 서로 다른 주장을 할 가능성이 높다. 그럼에도 불구하고 특정 거래에 대한 다양한 회계처리의 가능성을 인정하고 전문가 의견을 통하여 해결할 것을 원칙으로 한다. 그렇다면 원칙중심 회계에서 합의에 이를 수 있는 묘안은 과연 무엇일까?

당사자 간에 회계처리에 대한 의견이 달라 조율이 쉽지 않은 상황에서 가장 간단한 방법은 제3자에 의해 해당 사안을 판단하는 것이다.

쉽게 말해 심판을 세우면 된다는 이야기이다. 한국회계학회 수행 2019 설문결과 기업의 회계담당자와 감사인들이 1순위로 꼽는 원칙중심 회계의 문제점 해결방안도 질의회신 기능의 확대로 나타났다. 즉, 당사자들 사이에 조율이 쉽지 않으니 제3자인 회계기준제정기구나 감독기관이 판단해 달라는 요청이다.

질의회신제도가 해결책이 될 수 있을까?

대표적인 제3자에게 의견을 구하는 제도로 한국회계기준원에서 운영하고 있는 질의회신연석회의가 있다. 그런데 과연 제3자에게 해답을 구하는 것은 원칙중심의 회계의 문제점의 해결책이 될 수 있을까?

제3자를 통한 문제 해결은 생각만큼 간단하지 않다. 먼저 제3자 판단에는 사실관계에 대한 이해라는 문제가 발생한다. 원칙중심 회계는 경제적 실질, 즉 사실관계를 가장 중요하게 여긴다. 그리고 이 사실관계를 가장 잘 아는 주체는 당사자인 기업과 감사인이라는 가정을 바탕으로 한다. 그런데 기업이나 감사인보다 사실관계와 멀리 떨어져 있는 제3자가 사실관계를 대신 판단해 주는 것이 옳은가 하는 근본적 의문이 생기게 된다.

단짝 친구 둘만 아는 사건을 한참 덜 친한 같은 반 친구가 아는 척하는 셈이란 뜻이다. 특히 사실관계에 관한 정보가 충분히 제공되지 않은 상황에서 제3자가 경제적 실질에 대해 판단하면 잘못된 결론에 이를 가능성이 높다.

제3자 판단에는 이보다 더 큰 문제점들이 있다. 제3자에게 특정 사실관계의 판단 권한이 있느냐 하는 물음, 판단 권한 보유 여부가 모호한 제3자의 결론을 당사자들이 수용하는 것이 합당한가 하는 의문이다.

현재 우리나라 질의회신연석회의는 외감법에 의해 회계기준에 대한 질의의 회신과 해석 업무를 위임받은 한국회계기준원의 내부규정에 따라 운영되고 있다. 하지만 국제회계기준은 IASB에게 제정과 개정의 권한이 있고, 회계기준 해석서 제정 권한은 IASB 산하 IFRS IC가 갖고 있다. 따라서 질의회신제도에서 제시된 결론이 회계기준에 대한 공식적 해석으로서의 법적 권한이 있는지 논란이 있을 수 있으며, 특히 질의회신제도의 결론에 불만이 있는 당사자는 이를 수용하지 않을 가능성이 존재한다.

또 다른 문제는 우리나라 질의회신제도의 결론과 IFRS IC의 결론이 다를 수 있다는 점이다. 실제로 지난 2018년 가상화폐가 사회문제로 떠올랐을 당시이다. 이때 한국회계기준원은 질의회신연석회의를 거쳐 가상화폐에 대한 기존 기준서가 없다고 판단한 후 기업이 회계정책을 개발할 것을 요구했다. 그러나 이후 IFRS IC는 같은 대상인 가상화폐에 대해 무형자산의 회계기준서를 적용할 것을 요구했다.

우리나라는 국제회계기준을 전면 도입하였기 때문에 이러한 상황이 발생하게 되면 IFRS IC의 해석을 수용해야 한다. 그러면 우리나라 질의회신 결론에 따라 회계처리한 기업들은 IFRS IC의 결론에 따라 과거의 재무제표까지 재작성해야 하는 문제가 발생한다. 다행히 가상화폐와 관련하여 이러한 문제까지는 발생하지 않았지만, 우리나라 자체의 질의회신제도가 가지는 한계점을 잘 보여주고 있다.

사례 로 가상화폐의 회계처리 논의

• 회계기준원, 비트코인 등 가상화폐 '유동자산' 분류

비트코인, 이더리움 등 가상화폐가 기업 재무제표에서 유동자산으로 분류된다. 가상화폐를 미래에 경제적 가치를 창출하는 자산으로 본 것이다. 21일 회계업계에 따르면 회계기준원은 19일 연석회의를 열어 일반기업회계기준에서 가상화폐를 유동자산으로 분류하기로 했다. 회계기준원의 이번 회의는 가상화폐 취급업소인 빗썸의 회계기준 질의의 답변을 듣기 위한 자리였다. 일반기업회계기준은 '주식회사의 외부감사에 관한 법률'을 적용받는 기업이 지켜야 할 원칙이다… (중략)… 회계기준원이 마련한 가상화폐 회계처리기준은 국제회계기준(IFRS)은 아니다. 이 기관은 23일 질의회신연석회의를 추가로 열어 IFRS에서 가상화폐를 어떻게 처리할지 논의한다. IFRS에 대한 초안 마련은 다음 달로 미루어질 수도 있다. 가상화폐에 대한 IFRS 결론을 내기 위해서는 국제회계기준위원회(IASB)와 논의해야 한다. (이투데이 기사 요약, 2018.2.21)

• "비트코인, 화폐 아냐"… 첫 국제회계기준 생겼다

국제회계기준위원회(IASB) 산하 국제회계기준(IFRS)해석위원회가 비트코인 등의 가상화폐(암호화폐)에 대한 회계기준을 제정했다. 암호화폐가 화폐 또는 금융자산으로 분류될 수 없다고 결론 내리고 '재고자산' 및 '무형자산'으로 취급하기로 했다…(중략)…

IFRS해석위는 기업이 통상적 영업과정에서 판매를 위해 암호화폐를 보유하거나 중개기업으로서 매매하는 경우는 재고자산, 그 외에는 무형자산에 해당한다고 봤다. 무형자산은 영업권 · 특허권 · 상표권 등 물리적 실체가 없지만 식별할 수 있는 비화폐성 자산을 가리킨다.

(한국경제신문 기사 요약, 2019.9.23)

질의회신은 신중하게

이처럼 기업의 회계처리에 대해 제3의 감독기관에서 다른 의견을 제시하고 기업이 이를 채택하면 기업에는 많은 문제점이 발생한다. 먼저 기존 회계처리를 오류라고 결정하면 기업은 재무제표를 재작성해야 한다. 그런데 기업이 재무제표를 재작성하면 감리 등 감독기관의 후속 조치를 받을 가능성이 높다. 투자자 역시 재무제표 재작성으로 인해 투자손실이 발생하면 소송 등 법적 대응을 할 수 있다. 따라서 기업은 자신의 회계처리를 번복하여 재무제표를 재작성하는 것을 꺼릴 수밖에 없고, 결국 기존의 회계처리가 오류가 아니라는 주장을 관철하기 위해 사법적 판단을 요구하는 등의 수단을 강구할 수 있다. 질의회신이 가져올 수 있는 후폭풍은 이만큼 거세다.

물론 제3자인 우리나라 회계기준제정기구나 감독기관이 기업의 회계처리에 대해 판단하는 것은 불확실성을 줄이는 장점도 있지만, 기업의 판단과 상이한 결정을 하는 경우에는 더욱 큰 문제점을 초래할 수 있다. 따라서 기업은 제3의 기관에게 회계처리에 대한 판단 요청에 대해 매우 신중하게 접근해야 한다. 마찬가지로 제3자 기관 역시 기업의 회계처리에 대한 판단을 하는 데 있어 신중에 신중을 거듭해야 한다.

신 기준서 적용 후에는 사후 검토가 필요하다

과거 수년간 국제회계기준의 많은 기준서가 개정되었다. 새로 개정된 기준서로 인하여 경영진은 더 많은 판단을 하거나 기존의 판단과정 또는 논리를 변경해야 하기 때문에 어려움이 가중되고 있다. 더 심각한 문제는 개정된 기준서로 인한 혼란은 수년이 지난 후에 나타난다는 것이다. 예를 들어, 2013년에 시행된 연결재무제표 기준서에 대해 기업과 감독기관은 견해 차이를 드러냈다. 그런데 이로 인한 혼란은 2013년에 바로 나타나지 않고 잠복기를 거쳐 3～4년이 지난 후에야 나타났으며 지금도 지속되고 있다. 마찬가지로 2018년 시행 수익기준서와 2019년 시행 리스기준서에 대해서도 비슷한 현상이 반복될 수 있음을 많은 전문가들이 우려하고 있다. 이러한 현상은 국제회계기준이 원칙중심 회계이므로 새로운 기준의 이해와 적용에 많은 시간과 시행착오가 필요하기 때문이다.

이에 따라 금융감독원과 한국회계기준원은 새로운 기준서에 대한 정착지원 태스크 포스(TF)를 운영하고 있다. 이 조직을 통해 해당 기준서의 본격 시행에 앞서 식별된 이슈들에 대하여 논의하고 공개하는 절차를 취하고 있다. 이러한 활동들은 현장 실무에 큰 도움이 되고 있다. 그러나 2013년 시행 연결재무제표 기준서에 대한 후속 혼란의 재발을 예방할 정도로 충분하지는 않은 것으로 보인다.

이와 같은 상황에서 필요한 것이 바로 사후 검토(post implementation review)이다. 즉, 기업들이 새로운 기준서를 실제 적용한 뒤 1～2년이 지난 시점에 경영진의 의미 있는 판단이 필요한 공통 이슈들에 대해 기업들이 어떻게 판단했는지 확인한 다음 그 판단이 얼마나 합리적인 검토를 거쳐 이루어졌는지 결과와 문제점을 공유하는 것이다. 문제점이 포함된 재무제표는 빠르게 재작성되도록 유도하는 것이다.

이처럼 새로운 기준서를 적용한 이후 사후 검토를 실행하면 개정된 기준서에 대한 잘못된 이해를 빠르게 바로잡을 수 있고 기준서를 조기에 정착시키는 데도 큰 도움이 될 것이다. 단, 사후 검토는 기업이 오류를 수정하여 올바른 정보를 신속하게 시장에 내보는 것을 목적으로 해야 한다. 즉, 사후 검토는 제재나 처벌이 목적이 아니라 개선을 목적으로 해야지 더욱 효과적이다. 제재나 처벌이 목적이 되는 사후 검토는 오히려 기업으로 하여금 문제점을 숨기도록 만드는 역효과가 있을 수 있다.

회계심판원 도입이 필요하다

핑계 없는 무덤 없다는 속담은 회계에도 고스란히 적용된다. 회계분쟁 역시 각 당사자들의 의견을 들으면 누구 주장이 옳은지 판단을 내리기 힘들기 때문이다. 원칙중심 회계에서는 기업과 감독기관이 서로 다른 견해를 가질 가능성이 더욱 높다. 이에 따라 기업과 감독기관 사이의 다툼은 갈수록 증가할 것으로 예상되며, 분쟁은 결국 판단 능력을 갖춘 전문가들로 구성된 집단이 내리는 결론에 의해 해결해야 한다.

현행 제도에서 감리에 따라 증권선물위원회가 제재조치를 부과하면 기업은 이의신청, 행정심판, 행정소송 등을 통해 이 제재조치에 대해 불복할 수 있다. 그런데 이 중에서 이의신청과 행정심판은 인용률, 즉 기업의 손이 올라갈 가능성이 매우 낮아 실효성 있는 구제수단으로 활용되지 못하고 있는 실정이다. 원처분을 한 처분청과 동일한 처분청에서 다시 심사하는 이의신청은 구조상 인용률이 낮을 수밖에 없음을 충분히 이해할 수 있다. 이에 더해 행정심판은 전문성 자체가 떨어지기 때문에 심도 있는 논의가 어렵다는 비판이 강하게 제기되고 있다.

행정심판은 행정심판위원회가 행정상 법률관계 분쟁에 대하여 심리, 판정하는 약식쟁송절차이다. 행정심판 절차에 관해 규정하고 있는 행정심판법은 일반법으로서, 행정소송과 달리 심판의 범위가 매우 넓다. 또한 행정심판은 청구가 인용될 경우 행정청이 불복할 수 없기 때문에 분쟁을 신속하게 해결할 수 있다는 장점이 있다.

그러나 이 장점은 거꾸로 행정심판의 문제점이기도 하다. 행정심판위원회는 모든 행정사건에 관한 심판을 취급한다. 따라서 위원회에는 회계에 관한 전문성이 있는 위원이 거의 없거나 비중이 극히 낮아 청구가 기각될 경우 기업 입장에서는 오히려 시간과 비용을 낭비하는 결과가 될 가능성이 크다. 이러한 문제점은 수준 높은 전문가적 판단이 필요한 원칙중심 회계에서는 계속해서 표출될 수밖에 없다.

이와 같은 문제점 해결을 위해 마련된 제도가 바로 특별행정심판절차이다. 즉, 조세관계, 특허관계, 토지행정 등 여러 행정분야에서 개별법을 통해 전문가로 구성된 특별행정심판절차를 규정하고 있다. 예컨대 조세관계 중 국세에 관한 특별행정심판절차를 관할하는 조세심판원은 2017년 인용률이 27.3%였다. 물론 인용률이 전부는 아니겠지만, 국세처분에 관한 한 전문성 있는 조세심판원이 현재 제 기능에 충실한 것으로 평가받고 있는 것은 사실이다.

회계분야에 있어서도 특별행정심판절차, 즉 회계심판원제도 도입을 검토해야 한다. 회계기준, 감사기준, 양정기준 등에 관한 전문가들로 회계심판원을 구성한 뒤 회계심판원이 회계사건을 전문적으로 처리하게 한다면, 모든 행정사건을 다루는 일률적인 현재의 행정심판보다 기업 등 피조치자의 방어권 보장을 크게 강화할 수 있을 것이다. 회계심판원이라고 해서 문제가 없는 것은 아니다. 원칙중심 회계에서 제3자인 회계심판원이 거래의 성격이나 경제적 환경 등 경제적 실질을 충분히 이해하지 못한다면 적절하지 못한 결정을 할 위험도 상존한다. 그럼에도 충분한 전문성을 보장할 수 있다는 점에서 회계심판원의 정당성이 보장된다 할 것이다.

구약성서에 나오는 솔로몬의 판결은 아직도 명판결의 대명사로 인용되고 있다. 증거가 불충분함에도 불구하고 엄마의 마음을 정확히 읽어낸 훌륭한 판결이기 때문이다. 원칙중심 회계에서 일어나는 분쟁에 있어서도 솔로몬과 같은 판결이 이루어질 수 있는 제도 마련을 위한 노력이 지속되어야 할 것이다.

위법행위와 고의 여부의 판단 문제

원칙중심 회계는 기본적인 원칙이 주어지는 시스템이다. 기존의 규칙중심 회계에서는 상대적으로 회계기준 위반 사실을 확인하는 일이 쉬웠고, 이에 대한 처벌 수위도 객관적 기준에 따라 결정할 수 있었다. 그러나 경영진의 판단이 크게 요구되는 원칙중심 회계에서는 위법행위의 판단은 물론 이에 대한 양정(量定), 즉 처벌 수위 결정이 쉽지 않다.

먼저 위법행위의 판단이란 문제를 살펴보자. 국제회계기준 도입 이후 현재까지 일어난 회계처리기준 위반 사례를 보면 죄형법정주의 원칙이 충실하게 지켜지지 않는 게 현실이다. 주지하다시피 죄형법정주의란 법률의 처벌하는 행위가 구체적으로 무엇인지 알 수 있도록 법률에서 정해야 한다는 원칙인데, 국제회계기준에서 구체적으로 규정하지 않고 있음에도 불구하고 회계처리기준을 위반했다고 판단한 사례가 많다.

외부감사 및 회계 등에 관한 규정에서는 증권선물위원회가 고의적인 위법행위로 판단하는 기준을 제시하고 있다. 즉, 회계정보를 의도적으로 은폐 · 조작 또는 누락하여 재무제표를 작성하는 경우, 감사인 요구 자료를 위 · 변조하는 경우 등 명백히 고의적인 위법행위뿐 아니라 그 밖에 위법사실 또는 그 가능성을 인식하고 법을 위반한 경우라고 기재되어 있다. 이는 원칙중심 회계 특성상 모든 위법적 사항을 구체적으로 규정하는 것이 어렵기 때문에 기술적으로 포괄적 법 조항을 둔 것으로 보인다.

그런데 문제는 이에 근거한 처벌행위는 죄형법정주의와 충돌이 발생한다는 것이다. 왜냐하면 위임입법의 논리에 따라 국제회계기준이 위반을 규정하는 법률이 되는데, 국제회계기준이 원칙중심이기 때문에 처벌되는 행위에 대한 구체적 규정 없이 일반적 원칙만 주어지므로 죄형법정주의를 지키지 못하는 것이다.

어렵사리 위법행위에 대한 판단이 이루어졌다고 하더라도 넘어야 할 산이 또 있다. 바로 위법행위가 고의인지 과실인지 하는 판단의 문제이다. 이에 대해서는 위법행위에 대한 판단보다 더욱 신중한 접근이 필요하다. 형법에서는 고의만 처벌하고 과실은 예외적으로 법률에서 규정하는 경우에 한하여 처벌하는 것이 원칙이다. 그런데 원칙중심 회계에서는 경영진의 재량을 폭넓게 허용하기 때문에 위법행위를 일부러 했는지(고의), 모르고 했는지(과실) 판단하기가 쉽지 않다. 또한 고의는 다시 확실한 의도를 갖고 행한 확정적 고의와 확정적 고의라고 판단할 수 없는 가장 약한 고의로서의 미필적 고의로 나뉘는데, 이 구분 역시 녹록치 않다.

위법행위를 고의 또는 과실 중 무엇으로 보는지, 고의 중에서도 확정적 고의인지 미필적 고의인지에 따라 양정은 크게 달라진다. 특히 미필적 고의와 과실의 구별은 양정기준 결정에 있어서 매우 중요하다. 문제가 생길 것을 알았으나 일부러 하지 않은 미필적 고의와 위법 가능성을 인식하였지만 회피하지 못한 과실을 구별하기 힘든 반면 둘 중 무엇으로 판단하느냐에 따라 양정은 크게 달라지기 때문이다. 예를 들어 가정폭력을 행사하는 아버지를 아들이 밀쳤을 때 죽어도 상관없다고 생각하고 밀어서 죽었다면 미필적 고의에 의한 상해치사죄가 되는 반면, 죽을 것을 바라지 않았는데 사망하였으면 과실치사가 된다. 회계에서도 비슷한 문제가 충분히 생길 수 있다. 만약 회계처리 과정에서 발생한 문제 행위에 대해 다양한 해석이 가능할 때에는 신중에 신중을 거듭해야 하며, 특히 미필적 고의를 인정함에 있어서는 더욱더 신중을 기하여야 한다.

네 죄를 네가 알렷다!

"네 죄를 네가 알렷다!" 사극에서 자주 듣게 되는 대사 중 하나이다. 고을의 수령이 피의자를 심문할 때 자주 사용하는 이 멘트는 의혹만으로 죄를 물었던 비논리적 재판과정을 잘 보여준다.

그런데 원칙중심 회계가 가진 위법행위에 대한 포괄적 판단과 양형의 문제점은 '네 죄를 네가 알렷다'고 다그치는 이 모습과 크게 다르지 않다. 결론적으로 원칙중심 회계에서는 회계기준 위반에 대한 판단과 양정 결정에 대한 매우 신중한 접근이 반드시 필요하다. 고의는 행위자의 의사이다. 따라서 자백하지 않는 한 행위 당시의 객관적 상황을 종합적으로 고려하여 판단하는 것이 마땅하다. 그러나 객관적 구성요건인 회계처리기준 위반 여부에 대해 쟁점이 있는 경우에는 먼저 위반인지 아닌지를 명확히 규명해야 한다. 다시 말해, 양형을 위해서는 위법사항에 대한 명확한 판단이 반드시 선행되어야 한다.

위법성이 확인되면 그 다음에 동기 등 위법성의 인식이 있었는지 여부를 검토하여 고의인지 과실인지를 판단하고 그에 따라 양형을 해야 한다. 만약 고의가 있었다는 판단을 한 후에 위법사항이 있는 것으로 간주하게 되면 앞뒤가 뒤바뀐 판단이 된다. 원칙중심의 회계에서는 선행되어야 하는 위법행위에 대한 규명이 쉽지 않기 때문에 이렇게 선후가 뒤바뀐 판단을 하기 쉽다. 법적인 측면에서 보면 원칙을 어긴 것이 명확하게 드러나지 않는 한 처벌에 있어서 매우 신중해야 한다.

대심제의 보완이 필요하다

금융위원회는 2018년부터 대심제를 부분적으로 도입하여 적용하기 시작했다. 대심제는 회계분쟁 당사자들 간의 논쟁을 통하여 심리를 진행하는 방식으로 실체적 진실에 쉽게 접근할 수 있는 제도이다. 이 대심제는 원칙중심 회계와 관련성이 매우 높다. 우선 대심제에서는 분쟁 당사자의 관계가 대등해야 한다. 감독기관이 기업이나 감사인보다 우위에 서지 못한다. 대심제는 판단기관을 심사기관으로부터 분리하여 심의의 독립성과 공정성을 유지하도록 해야 한다. 또한 당사자에게 반론의 기회를 충분히 제공하여 공평하게 상대방의 주장에 대해 논리적으로 대응할 수 있도록 도와야 한다.

그러나 우리나라의 대심제는 이와 같은 취지를 잘 살리지 못하고 있다. 현재 금융위원회에서 시행하는 대심제를 구체적으로 살펴보자. 현 대심제는 행정절차법과 외감법에 따라 ① 처분사실 사전 통지, ② 의견 제출 기회 제공, ③ 감리위원회(약칭 감리위)와 증권선물위원회(약칭 증선위) 출석 및 의견 진술권 부여 등을 통해 제재의 대상이 되는 기업에 대한 방어권을 보장하고 있다.

그러나 문제는 직권주의에 있다. 즉, 결정기관인 행정청이 주도권을 가지고 심리를 진행하는 직권주의 심리구조로 일반적인 대심적 심리구조와 차이가 크다. 대심적 심리구조는 대립되는 분쟁 당사자들이 대등하게 상호 공격과 방어를 통해 심리를 진행하는 반면 직권주의 심리구조는 주도적 지위를 행정청이 가지기 때문에 행정청이 직권으로 증거를 수집, 조사하고 사건의 심리도 직권으로 진행한다. 이에 따라 현행 대심제에 대해 기업의 권익과 방어권을 침해하고 있다는 우려가 제기되고 있는 실정이다.

사실 현행 대심제는 기업의 검찰이라고 부르는 공정거래위원회(약칭 공정위) 대심제보다도 취약하다. 공정거래위원회에서 운영하는 대심제가 금융위원회 산하 증권선물위원회의 대심제와 구별되는 가장 큰 특징은 심사국과 심판국을 직제상 엄격히 분리하여 운영하고 있다는 점이다. 이는 대심제의 취지와 효과를 실현하기 위해 매우 중요한 요소이다.

공정거래위원회 대심제의 또 다른 특징은 피심인의 열람복사청구권을 인정한다는 점이다. 즉, 심사국의 심사가 종료된 후 피심인은 심사보고서의 내용과 심사보고서 첨부문서를 열람하거나 복사할 수 있다. 물론 증권선물위원회에서도 공정거래위원회의 심사보고서에 해당하는 조치사전통지서가 피심인에게 송부된다. 그러나 공정거래위원회의 심사보고서가 매우 자세하게 구성되어 있는 데 반해 증권선물위원회의 조치사전통지서에는 조치의 원인이 되는 사실관계, 조치의 근거법령, 조치의 내용 및 적용기준, 증거목록 등이 보통 2~3쪽 분량으로 매우 간략하게 요약 기재되어 있다.

국제회계기준 도입 직후에는 열람복사청구권을 허용하지 않던 증권선물위원회도 외감 규정 개정으로 2018년부터 자료열람권을 부여하고 있다(복사는 허용되지 않음). 그러나 그 대상을 본인이 작성한 문답서와 본인이 제출한 자료로 한정하고 있기 때문에 매우 제한적인 자료 접근만 가능한 실정으로 이 역시 공정거래위원회보다 취약하다고 할 수 있다.

심의절차에도 차이가 있다. 공정거래위원회는 대심제의 취지에 따라 피심인의 출석 없이는 개최가 불가능하고, 심리 내용과 의결사항을 공개하고 있다. 또한 심사관과 피심인은 상대방 진술의 취지가 명백하지 않다고 판단하는 경우 심의위원회에서 상대방에게 직접 질의할 수 있으며, 참고인 심문 등을 할 수 있는 증거조사신청권이 피심인에게도 인정된다. 반면 증권선물위원회의 대심제에서는 제재대상자가 의견진술을 마친 뒤 퇴장한 이후가 되어야 위원들이 해당 제재를 부과하는 담당부서에 대해 질의응답을 실시할 수 있고, 담당부서와 제재대상자 간 상호 공방이 이루어지지 않기 때문에 결국 제재대상자는 감독기관이 제시하는 논리에 대한 반론의 기회를 갖지 못한다.

기울어진 운동장 대심제를 평평하게

요컨대 금융위원회에서 부분적으로 도입한 대심제는 아직까지 대심주의의 원칙과 취지를 충실하게 구현하고 있지 못하는 것으로 보인다. 물론 금융위원회와 공정거래위원회는 성격이 다른 점이 있다. 공정거래위원회의 심의절차가 대심제를 충실히 따를 수 있는 가장 큰 이유는 공정거래위원회가 행정 처분청임에도 불구하고 공정거래법 위반사건에 대한 심판결과가 제1심 판결의 성격을 띠고 있는 특수성 때문일 것이다. 반면 금융위원회의 대심제는 제1심 판결의 성격이 없기 때문에 이 두 가지를 동일선상에 놓고 비교하는 것은 무리가 있다.

그럼에도 불구하고 금융위원회의 현행 대심제가 기울어진 운동장임은 분명해 보인다. 먼저 대심제가 충실하게 운영되기 위해서는 제재대상이 되는 당사자가 조치의 내용이나 근거에 대한 자세한 사항을 사전에 제공받아 검토할 수 있어야 한다. 그래야만 제재대상자가 감독기관이 어떤 근거로 제재를 했는지, 그 근거가 합당한 것인지를 판단할 수 있다.

또한 증권선물위원회 또는 감리위원회의 회의에는 제재대상자와 감독기관이 같이 참석하여 서로의 주장을 들을 수 있어야 하며, 필요한 경우 반박할 기회도 제공되어야 한다. 이런 방식으로 양측의 주장을 들은 뒤 위원회의 위원들은 감독기관과 제재대상자가 주장하는 내용이 불분명하거나 상호 모순되는 경우 이에 대해 질문하고, 필요한 경우에는 추가적인 증거 수집을 요구해야 할 것이다.

대심제는 도입된 지 이제 3년도 채 되지 않은 제도이다. 앞으로 충실한 논의를 통해 피심인에게 보다 대등한 지위를 보장함으로써 감독기관 쪽으로 기울어져 있는 대심제라는 운동장을 평평하게 만드는 방안을 중장기적인 관점에서 다 같이 고민해야 할 것이다.

전문가적 판단을 위한 토론문화

전문가적 판단(professional judgement). 많은 사람들은 원칙중심 회계 도입이 가져온 가장 큰 변화로 전문가적 판단이란 키워드를 이야기한다. 음식이 입 속으로 들어가려면 수많은 노력이 필요하듯, 경제적 실질을 잘 표현하는 전문가적 판단을 위해서도 갖가지 노력이 필요하다. 여러 정보들을 수집하는 일, 수집한 정보들을 검토하는 일, 어떤 회계처리방법이 좋을지 토의하는 일, 다양한 회계처리방법 중 하나를 선택하는 일, 최종 선택에 대한 구체적인 근거를 정리하는 일, 일련의 모든 작업들을 문서화하는 일 등 전문가적 판단이 정당성을 확보하려면 엄청난 시간과 에너지가 필요하다.

그런데 안타깝게도 기업에서 회계처리가 이루어지는 현실의 모습은 이와 차이가 많이 난다. 특히 가장 좋은 회계처리방법에 대한 체계적 토의나 문서화가 제대로 이루어지는 기업은 많지 않다. 우리나라는 지난 수년 동안 경영진의 책임을 강화하는 방향으로 회계 관련 법률과 제도를 개정해오고 있다. 경영진 스스로 회계에 대한 책임의식을 자각하여 전문가적 판단을 위한 토론을 주도하고 회계정책 선택 과정의 문서화를 챙기도록 유도하는 것이다. 나아가 이렇게 해야 원칙중심 회계가 정착될 수 있기 때문이다.

그러나 여전히 우리 기업들은 회계과정에서 충분한 토의를 거치지도 않고 문서화도 힘들어한다. 그 이유는 여러 가지이겠지만 그중에서도 가장 근본적인 이유는 토론문화의 부재로 보인다.

No 토론, No 원칙중심 회계

전문가적 판단이 이루어지려면 건전한 토론이 반드시 필요하다. 따라서 기업은 다양한 방법을 통해 토론문화의 정착을 위해 노력해야 한다. 제도를 만드는 일이든, 문화를 바꾸는 일이든 크고 작은 일 가릴 것 없이 구성원 간의 토론이 활성화될 수 있는 방법을 강구하여 지속적으로 실천해야 한다.

주지하다시피 토론은 자신의 의견이나 생각을 상대방에게 논리적으로 말하여 상대방을 내 의견에 동조하거나 지지하게 하는 행위를 말한다. 이와 같은 토론을 통해 여러 사람의 의견을 들으면서 종합적으로 의사결정하면 다양한 문제점을 사전에 파악할 수 있을 뿐만 아니라 향후 비슷한 상황에서 보다 효율적으로 판단할 수 있다. 특히 기업 내부에서 회계적 판단이 필요한 경우 토론의 필요성은 더욱 높아진다. 이처럼 치열한 토론을 통해 올바른 판단을 내리고 판단의 구체적 근거를 마련하는 일은 원칙중심 회계의 핵심이다.

기업 입장에서 토론은 감사인과의 의사소통과정에서도 매우 중요하다. 구체적 논리가 담긴 서류를 근거로 기업과 감사인은 충실한 토론을 꾸준하게 실행해야 한다. 그래야 서로의 갈등을 예방할 수 있고, 나아가 향후 법적인 책임 문제가 발생하는 경우에도 책임소재를 보다 분명하고 용이하게 파악할 수 있다. 또한 이러한 일련의 토론과정을 통해 기업은 내부회계 시스템의 논리를 강화하는 부수적인 효과도 얻을 수 있다.

과정(process)중심 판단체계 구축

물론 기업과 감사인이 아무리 토론을 많이 하고 소통을 잘한다고 해도 회계오류 같은 문제들을 완벽하게 예방할 수는 없다. 원칙중심 회계 시스템에 맞추어 회계정보를 생성하는 기업과 생성된 회계정보를 감사하는 감사인이 논리적 의사소통을 충분히 한다고 해도, 최선의 회계처리방법을 선택하지 못할 가능성은 필연적이란 의미이다.

따라서 원칙중심 회계의 정확한 구현을 위해 기업은 회계처리에 있어서 과정을 중시하는 방향으로 변화해야 한다. 마찬가지로 감독기관 역시 결과에 따라 모든 판단이 정해지는 결과론적 감독이 아니라 과정중심의 감독으로 변해야 한다. 즉, 기업에서 전문가적 판단이 이루어진 과정과 판단이 초래한 결과 등 모든 과정을 고려한 과정중심으로 감독해야 한다. 요컨대 기업과 감독기관 모두 활발한 토론을 바탕으로 과정중심의 판단체계를 구축해야 한다.

지금까지 원칙중심 회계를 더 잘 적용하기 위하여 고민해야 할 이슈 중에서 기업, 감사인, 감독기관 중 어느 한 회계주체에 국한되지 않는 범위에 있는 내용들을 살펴보았다. 이 중에서도 특히 과정중심의 판단과 감독, 사후 검토에 따른 재무제표의 자발적 수정, 회계심판원의 설립, 토론문화의 정착 등은 우리가 계속해서 곱씹어야 할 과제일 것이다.

원칙중심 회계의 정착을 위해서는 모두의 노력이 필요하다. 기업은 기업대로, 감사인은 감사인으로서, 감독기관 역시 감독기관에게 요구되는 노력을 지속해야 한다. 사실 지금까지 논의한 원칙중심 회계에 대한 고민들은 너무 많다. 원칙중심 회계의 문제점을 풀기 위해 제시한 해법들도 상당하다. 그러나 그냥 넘어갈 수 있는 고민이 없고, 해법 하나하나가 모두 중요하기 때문에 어느 것 하나 소홀히 할 수 없다.

그럼에도 불구하고 가장 중요한 것 하나를 남기라면 우리 모두가 원칙중심 회계가 규칙중심 회계와 무엇이 다른지 정확히 인식하는 일이다. 두 회계의 차이가 단순히 규정만 다른 것이 아니라는 것만 정확히 깨닫고 실감한다면 다른 모든 해법들의 중대함을 알 수 있을뿐더러 실행을 위한 노력을 지속할 수 있을 것이다.

에필로그

원칙중심 회계의 성공을 위하여

우리나라가 국제회계기준을 도입한 지 벌써 10년이 지났다. 이 시간 동안 우리의 회계는 어떻게 변했을까? 국제회계기준을 도입한 가장 중요한 이유는 회계투명성 제고였다. 그렇지만 장비를 새로 샀다고 운동 실력이 곧바로 향상되는 것이 아닌 것처럼 국제회계기준을 도입했다고 해서 회계투명성이 저절로 올라가는 것은 아니다.

'원칙중심의 국제회계기준하에서 어떻게 하면 우리나라의 회계투명성을 높일 수 있을 것인가?'

이것은 우리 회계전문가 모두에게 던져진 과제이다.

우리는 원칙중심 회계를 제대로 이해하고 있는가?

분식회계 논란은 일부 기업에서 아직도 계속되고 있고 우리나라의 회계투명성 지수는 여전히 최하위권에 머물고 있다. 실제로 지난 2018년 IMD 발표자료에 따르면 우리나라의 회계투명성 순위는 63개국 중 62위를 기록했다. 최하위(63위)였던 2017년보다 겨우 한 계단 올라선 수준이다.

강산도 변한다는 10년이라는 짧지 않은 시간이 지났지만 원칙중심 회계의 효과는 아직도 불분명하고 불안감은 줄어들지 않고 있다. 심지어 원칙중심 회계를 포기하고 과거로 돌아가자는 주장까지 나타나고 있다. 이처럼 원칙중심 회계가 여전히 꿔다놓은 보릿자루처럼 어색한 이유, 시간이 지날수록 적응이 되기는커녕 도리어 어려움이 더 커지는 이유는 무엇일까?

원칙중심 회계에 대한 심도 있는 이해를 위해 지난 2019년 2월 이 책의 집필진은 영국, 독일, 미국 세 국가의 감독기관을 차례차례

방문하였다.

"당신들이 보내 준 질문서에 enforcement라는 단어가 자주 나오던데 이것이 무엇을 의미하는가?"

영국의 감독기관인 재무보고위원회(FRC, Financial Reporting Council)를 방문했을 때 기업지배구조와 보고를 책임지고 있는 부원장 Paul George가 첫인사를 주고받은 직후 우리에게 불쑥 던진 질문이었다. 질문을 받은 우리는 '이 분이 설마 enforcement를 모를까?' 싶어 어리둥절했지만 일행 중 한 명이 '주로 기업에 대한 제재를 의미한다'고 간단히 말했다.

그러자 FRC 부원장이 응답했다. "FRC는 기업들을 처벌하기 위하여 존재하지 않는다. 기업, 감사인, 감독기관은 모두 기업 재무보고의 품질을 향상시키기 위하여 함께 노력하는 상호신뢰의 협력관계(cooperative relationship)이다."

상호신뢰의 협력관계. 첫인사 때 들은 이 말은 서울에서 멀리 런던까지 날아간 집필진이 얻은 그날의 확실한 결론이었다.

상호신뢰하는 협력관계

영국의 FRC는 기업의 재무보고서에서 동의하지 않는 점을 발견하면 2단계로 구분되는 다양한 심사과정을 통해 기업과 토론을 벌임으로써 합의를 이끌어내고자 노력한다. 그러나 기업과의 합의가 끝내 이루어지지 않고, FRC도 동의하지 않는 경우에는 마지막 수단으로 법원에 고소하도록 하는 제도를 마련해두고 있다.

그런데 놀라운 사실이 있었다. 영국이 2005년 IFRS를 도입한 이후 지금까지 FRC가 법원에 고소한 기업이 단 한 개도 없다는 점이다. 긴 시간 동안 FRC와 기업들은 모든 회계처리에 대해 원만한 합의를 이루어온 것이다. 이와 같은 사실은 바로 FRC에서 말하는 '기업과 감독기관의 서로 신뢰하는 협력관계'의 명백한 증거였다.

원칙중심 회계에서는 감독기관도 기준 해석 차이가 발생할 수밖에 없다는 사실을 인정하여 전문가의 의견을 존중해야 한다는 것이 FRC의 기본 입장이다. 그렇기 때문에 FRC가 생각하는 회계감독의 목표는 처벌이나 비난이 아니라, 적절한 기업보고와 공시를 통해 기업이 제공하는 재무보고의 품질을 향상시키는 것이다. 또한 같은 맥락에서 소송 역시 설득을 위한 수단이지 실제로 처벌을 하는 것을 목적으로 하는 것은 아니라고 여긴다.

이와 같은 FRC의 정책방향은 '기업은 누구보다 자신을 가장 잘 알고 있고 전문지식을 충분히 지니고 있기 때문에, 기업 스스로 구체적인 회계처리를 선택하도록 해야 경제적 실질에 가장 부합하는 재무정보를 산출할 수 있다'는 원칙중심 회계의 가장 기본적인 가정과 궤적을 같이한다.

서로 신뢰하는 협력관계! 10년 동안 원칙중심 회계를 사용하고 있는 우리나라도 어떻게 하면 서로 신뢰하는 협력관계를 만들 수 있을까? 지금까지 이 책에서는 이 질문에 대한 다양한 해법들을 논의했다. 이를 요약하여 크게 세 가지로 정리할 수 있다.

원칙중심 회계에서 서로 신뢰하는 협력관계를 만들기 위해서는 첫째 회계주체의 전문성, 둘째 과정의 중시, 셋째 회계에 대한 인식 변화 이 세 가지 요소가 반드시 필요하다.

회계주체의 전문성

주지하다시피 거래유형마다 세부지침이 주어지는 규칙중심 회계와 달리 원칙중심 회계는 상세한 지침이 주어지지 않는다. 이에 따라 기업은 거래의 성격을 파악하여 회계처리방법을 스스로 선택해야 하고, 어떤 경우에는 새로운 회계처리방법을 직접 고안해야 한다. 그리고 이때는 전반적 개념체계와 각 회계기준의 목적을 고려하여 경제활동의 실질이 가장 잘 반영될 수 있는 방법을 찾아야 한다. 그러므로 기업이 높은 수준의 회계전문성을 보유하는 일은 원칙중심 회계의 출발점이 된다.

나아가 기업 회계부서는 회계만이 아니라 기업이 영위하는 비즈니스의 전반을 꿰뚫어 볼 수 있는 능력을 갖춰야 한다. 그래야 최적의 회계처리방법을 찾아낼 수 있기 때문이다.

회계와 비즈니스에 대한 높은 전문성은 감사인이나 감독기관에게도 긴요하다. 더 이상 기준서 문구에만 얽매여 감사나 감독을 실행해서는 안 된다. 개념체계에 부합하는지, 회계기준의 목표를 달성하는 방향으로 이루어졌는지를 중심으로 기업의 회계처리가 경제적 실질을 잘 반영했는지 전문성 있게 판단해야 한다.

그런데 말은 쉽지만 실제로 이 일은 결코 쉽지 않다. 이를 위해서는 회계기준의 목적과 내용에 대한 전문적인 지식과 깊은 이해가 필요하다. 기업의 비즈니스는 물론 업계와 경제 전반에 대한 충분한 이해도 필요하다. 여기에 각 거래에 대한 포괄적이면서도 구체적 지식도 있어야 한다. 예컨대 감독기관에서 공정가치 평가에 대한 검토를 할 때는 가치평가방법론이나 측정방법론에 대한 전문적인 지식이 있어야 하고 이를 근거로 전문적인 판단을 해야 한다. 그렇기 때문에 원칙중심 회계에서는 감사와 감독 과정에서도 진짜 전문가가 필요하다.

사실 기업은 비즈니스에 대한 전문성이 없을 수 없다. 자신들이 365일 하는 일이 해당 분야의 비즈니스이기 때문이다. 감사인, 즉 회계법인 역시 어느 정도 산업별 전문가를 보유하고 있다. 그러나 감독기관은 다양한 분야의 전문성을 골고루 갖추는 일이 녹록치 않다. 영국과 독일 등의 감독기관이 외부전문가들을 패널로 활용하는 이유가 바로 여기에 있다. 미리 구성된 전문가 패널에서 각 사안에 따라 필요한 전문가들을 감독과정에 참여시켜 감독기관의 전문성을 보완하고 더 적합한 판단을 모색하고 있는 것이다.

과정의 중시

살펴본 바와 같이 원칙중심 회계에서는 결과 자체보다 그 결과를 도출한 과정을 중요시한다. 따라서 원칙중심 회계를 올바로 적용하려면 결과 도출과정에 대한 시스템, 즉 정당한 절차(due process)가 필요하다. 이를 위해 기업은 특정 거래에 대한 최선의 회계처리방법을 찾는 내부통제 절차를 마련하여 회계처리에 대한 정당한 절차를 확보해야 한다. 또한 이 정당한 절차에 따라 최선의 회계처리방법이 정해지는 과정이 지속적으로 이루어지는지 모니터링해야 한다. 그리고 이 과정과 결과를 문서화하여 보고해야 한다. 이 문서화와 보고는 정당한 절차 중에서 매우 중요한 과정이다.

감사인이나 감독기구 역시 회계처리 결과만으로 회계기준 적용의 적정성을 판단해서는 안 된다. 결과만이 아니라 회계처리가 선택될 때까지 정당한 절차가 이루어졌는지, 그 절차가 공정하게 이루어졌는지, 그 결과인 회계처리가 개념체계에 부합하고 회계기준의 목적을 달성했는지를 고려하여 판단해야 한다. 따라서 감사인과 감독기관에게는 이런 판단을 할 수 있는 능력이 반드시 필요하다.

나아가 감사인과 감독기관은 정당한 절차에 따라 이루어진 회계처리를 존중하는 자세를 견지해야 한다. 과정이 정당했다면 결과에 의구심이 있더라도 처벌을 면제하거나 최소한으로 제재해야 한다. 또한 감사인과 감독기관은 기업이 더 좋은 회계처리를 할 수 있도록 기업과 함께 머리를 맞대고 고민하며 치열하게 논의해야 한다. 이것이 바로 서로 신뢰하는 협력관계가 되는 지름길이다.

회계에 대한 인식 변화

원칙중심 회계를 제대로 구현하기 위해서는 각 회계주체들의 전문성도 필요하고 과정을 중요시하는 시각도 필요하다. 그런데 이보다 더 중요한 성공요소가 있다. 바로 회계에 대한 인식을 새롭게 바꾸는 일이다. 인식을 바꿔야 결과가 아닌 과정을 중시할 수 있고, 인식을 바꿔야 전문성 강화를 위한 실천을 시작할 수 있다.

먼저 기업이 회계에 대한 인식을 새롭게 해야 한다. 기업은 재무정보를 생산하는 1차 주체이다. 수돗물로 치면 상수원인 셈이다. 따라서 가장 상류에 있는 기업이 올바른 재무정보를 생산하기 위해 최선을 다하지 않는다면, 재무정보를 공급하는 수도관과 하류 어귀에 있는 감사인과 감독기구의 노력만으로 양질의 재무보고를 이루어낼 수 없다. 또한 기업이 계속 재무정보를 부실하게 생산하면 양치기 소년처럼 신뢰를 잃어버리게 된다. 기업이 먼저 신뢰성 높은 재무정보를 만들어야 감사인이나 감독기관들이 기업을 믿을 수 있게 되고, 나아가 도움을 요청하면 신속히 화답하는 협력관계로 발전할 수 있다.

기업이 회계에 대한 인식을 바꾸는 가장 빠른 방법은 CEO가 인식을 바꾸는 것이다. 종전까지 기업은 재무제표 작성이나 감사를 받는 일을 매우 귀찮고 의미 없는 규제로만 받아들이는 경향을 보여왔다. 그러나 단언컨대 회계의 산출물인 재무제표는 단순히 형식적인 보고서가 아니다. 재무제표는 기업의 성적표이고, 경영의 결과이며, 주주와 채권자에게 경영진이 얼마나 성실하게 책임을 다하는지 표현하는 중요한 정보전달의 통로이다.

양질의 재무정보는 기업의 가치를 높임은 물론, 경영권을 위임받아 경영을 책임지는 CEO의 탁월한 역량을 입증한다. 따라서 재무제표는 기업의 성과와 재무상태에 대해 정보이용자와 의사소통하는 유용한 수단이 된다.

CEO는 경영활동의 실질을 보여주는 최상의 재무제표를 생산해야 하는 1차적 책임자이다. 뿐만 아니라 CEO는 재무제표를 통하여 기업의 숨어 있는 가치를 드러내고 자신의 성과를 알려야 한다. 이를 위해서는 무엇보다 CEO 스스로 회계에 대한 인식을 혁신적으로 전환해야 한다. 그래야 회계가 갖고 있는 긍정적인 기능을 깨달아 회계가 가져다주는 실익을 맛볼 수 있다.

회계부서의 역량을 강화하고 위상을 높이는 것이 회계에 대한 인식 변화의 첫걸음이다. CEO는 회계부서가 독자적으로 회계기준을 해석하고 판단을 할 수 있을 정도까지 회계인력의 역량을 강화하고 그 위상을 높여야 한다. 머지않아 회계부서에 변화가 없는 기업은 회계정보를 제대로 제공하지 못하는 기업이라고 낙인 찍혀 자연스럽게 도태되는 날이 올 것이다. 거꾸로 회계부서에 긍정적 변화가 있는 기업은 자본시장에서도 긍정적 반응을 얻어 기업가치를 높일 수 있을 것이다. 그렇기 때문에 회계역량을 강화하는 일은 헛된 비용이 아니라 기업가치를 높이는 고효율 투자이다.

회계에 대한 인식 변화는 감사인과 감독기관에게도 중요하다. 재차 강조하는바, 감사인과 감독기관은 인식을 바꿔 감사와 감독의 우선 목적을 처벌과 제재가 아니라 정보의 질(quality of information)을 높여 기업의 가치를 높이는 데에 두어야 한다. 그래야 기업과 감사인과 감독기관이 상호신뢰의 협력관계로 나아갈 수 있다.

나라마다 다르게 적용되는 원칙중심 회계

우리나라에 적합한 원칙중심 회계 적용방안을 연구하는 과정에서 집필진은 영국, 독일, 미국은 물론 다른 여러 나라의 석학들과 고위 관료들을 만났다. 흥미로운 첫 번째 만남은 국제회계기준보다도 더 원칙중심적인 회계기준을 사용하던 스페인에서 이루어졌다. 이때 만났던 스페인 감독기관의 고위 관료는 국제회계기준을 자국이 사용해왔던 종전의 회계기준보다 더 규칙중심이라고 평가했다. 스페인의 과거 회계기준에는 최소한의 기준만 포함되어 있었는데, 국제회계기준에는 너무 많은 내용이 세세하게 규정되어 있다는 의견을 피력했다.

연구과정에서 알게 된 흥미로운 정보가 또 있다. 회계위반만으로는 형사처벌을 받지 않는 국가들이 여럿 있다는 사실이다. 집필진이 만난 독일 교수 한 명은 우리나라에서 회계위반을 하면 교도소에 갈 수도 있다는 이야기를 듣자 눈이 휘둥그레지며 사실 여부를 몇 차례씩이나 확인하기도 하였다. 국제학회에 함께 참석했던 다른 여러 나라의 회계학자들은 한층 강화된 우리나라의 외감법 개정 내용에 대한 설명을 들으면서 '회계위반에 대하여 그렇게 강하게 처벌하면 자국의 회계사들은 모두 사직할 것'이라며 의아해하기도 했다.

지구상의 모든 국가들은 지배구조, 경영환경, 법적 체계, 도덕적 수준이 서로 다르다. 그래서 스페인은 원칙중심 회계가 너무 구체적이라고 생각하고, 독일은 회계위반 때문에 형사처벌이 이루어지는 대한민국을 놀랍게 여긴다. 이러한 차이에도 불구하고 원칙중심 회계는 동일한 회계기준으로 전 세계 거의 모든 국가에 적용되고 있다. 그렇기 때문에 원칙중심 회계의 적용방식은 국가마다 차이가 있을 수 있다.

우리도 원칙중심 회계가 우리나라 현실에 제대로 적용될 수 있는 구현 방안을 찾아야 한다. 지금 우리가 겪고 있는 어려움의 원인이 국가 간의 환경 차이일 수도 있지만 좀 더 근본적으로 원칙중심 회계의 기본 철학을 이해하지 못한 부작용일 수도 있다. 특히 원칙중심 회계가 제대로 구현되려면 감독과정에서의 합리성이 매우 중요하다. 기업과 감사인들은 감독기관의 정책에 따라 행동하기 때문이다. 따라서 원칙중심 회계하에서 감독과정의 적절성을 다시 한 번 살펴보는 것이 의미가 있다.

규칙중심 법규체계에서 원칙중심 회계의 적용

우리나라는 전통적으로 규칙중심의 성문법체계에서 살아왔다. 명문화된 규칙에 익숙한 우리들이 원칙중심 회계를 불편해하는 것은 어찌 보면 당연한 일이다. 마치 오랫동안 채식 위주로 식사하던 우리가 버터와 치즈를 먹기 시작했을 때에도 배앓이가 심하지 않았을까? 그러나 원칙중심 회계는 전 세계적인 추세이며, 우리도 이미 10년 전부터 실행해오고 있다. 따라서 이러한 규칙중심 법규체계에서 원칙중심 회계를 성공적으로 적용할 수 있는 방법이 지속적으로 강구되어야 한다.

솔직히 규정대로 해석하는 규칙중심의 사회적 법규체계에서 유연성이 높은 원칙중심 회계를 제대로 적용하는 일은 결코 쉽지 않다. 성문법체계의 가장 큰 특징은 법에서 구체적 사항을 정하고 이 규정에 위반되면 처벌을 한다는 점이다. 물론 회계기준이 법규냐 아니냐에 대한 다툼이 있긴 하지만, 다수설은 회계기준을 법의 일부로 보고 있다. 따라서 회계기준 위반이 발견되면 우리나라에서는 이를 곧 법의 위반으로 보아 처벌한다.

이 책의 집필진 역시 회계기준을 위반하면 처벌을 받아야 한다는 논리에 동의한다. 만약 회계기준을 명확하게 위반하여 투자자와 채권자 등 이해관계자들에게 피해를 입혔다면 그 기업은 처벌받는 것이 마땅하다. 또한 강력하고 엄중한 법이 있어야 기업과 감사인이 회계부정으로부터 멀어진다는 주장도 합리적이다.

그런데 여기서 중요한 것이 바로 무엇을 회계기준의 위반으로 보느냐 하는 문제이다. 회계기준을 규칙이라고 본다면 회계기준의 해석이 매우 좁아지므로 회계기준의 문구가 매우 중요해진다. 즉, 회계기준의 문구와 조금이라도 다른 회계처리는 회계기준 위반으로 판정되어 처벌을 받는다.

반면에 원칙중심 회계에서는 회계기준의 문구를 철저히 따랐느냐 하는 것은 상대적으로 중요하지 않다. 물론 회계처리방법이 회계기준에 명확히 규정되어 있다면 이를 따라야 한다. 하지만 회계기준에 명확한 회계처리방법이 없다면, 체계적이고 일관되게 적용되는 개념체계를 바탕으로 회계기준의 목적에 따라 경제적 활동의 실질을 올바르게 보여주는 회계처리를 했느냐에 따라 회계기준 위반의 여부를 판단해야 한다. 그리고 만일 기업이 선택한 회계처리가 개념체계에 부합하고 회계기준의 목표를 달성하는 방향으로 이루어졌다면, 이러한 회계처리는 기꺼이 존중되어야 한다. 이러한 회계처리는 투자자와 채권자 등 이해관계자들에게 피해를 입히기보다는 오히려 도움을 줄 것이기 때문이다.

그럼에도 불구하고 우리나라에서 성문법체계를 사용하고 있는 규제기관인 감독기관, 입법부, 사법부는 모두 원칙중심 회계의 특성을 이해하고 존중하기보다는 회계기준의 문구를 법률적 판단의 근거로 삼아 문자 그대로 해석하고 있다. 또한 원칙중심 회계의 정신과 상반되게 애매하고 포괄적인 문구를 없애는 방향으로 규정을 만들거나 개정하는 시도를 해왔다. 불편한 진실은 이러한 시도들이 원칙중심 회계를 도입했음에도 불구하고 원칙에 의한 규제보다 규칙에 의한 규제를 더 많이 발생시켜온 원인으로 작용해왔다는 점이다.

규제기관들이 이러한 경향을 보이는 것은 무엇보다 이제까지 적용해온 규칙중심 법규체계의 관행에서 비롯된다. 그러나 원칙중심 회계에서는 원칙의 의미를 최대한 구현할 수 있는 새로운 개념의 규제가 필요하다. 그것은 바로 기준의 문구보다 경제적 실질을 제대로 구현하였는가를 전문적으로 판단하는 것이다.

Back to the basic

이처럼 원칙중심 회계의 성공적 적용을 위해 가장 중요한 것은 규제의 시각을 바꾸는 일이다. 규제의 시각에 따라 맞춰지는 규제의 방향이 기업의 회계처리 정책과 감사인의 감사 방향을 결정하기 때문이다. 따라서 규제기관들은 먼저 회계기준의 위반을 바라보는 시각을 바꾸어야 한다. 구체적으로 이는 회계감독, 회계규제, 사법판단의 변화를 의미한다. 회계기준의 문구가 아니라 회계기준의 문구가 달성하고자 하는 목적을 달성하는 회계처리가 이루어졌는지를 더 중요하게 생각해야 한다. 달을 가리키는 손가락이 아니라 달을 바라보는 방향에 대한 규제가 필요하다는 의미이다.

규제의 시각을 전환하는 일은 피규제자인 기업과 감사인에게도 필요하다. 기업과 감사인도 회계처리와 감사의 방향을 원칙중심 회계의 개념을 제대로 구현하는 방향으로 바꾸어야 한다. 경영활동의 실질을 올바르게 보여주는 재무제표 작성은 기업의 책임이자 의무라는 점을 인식해 회계 인프라를 강화하고, 감사인과 투자자와 감독기구 등 이해관계자들과 끊임없이 소통해야 한다. 이와 같은 소통을 통해 가장 바람직한 회계 대안을 찾아가야 한다. 또한 감사인은 독립적이고 객관적인 관점에서 기업의 재무보고가 향상되도록 지원해야 한다. 이것이 원칙중심 회계의 성공적 적용을 위해 실천해야 할 회계주체 모두의 기본이다.

국제회계기준 도입 이후 지금까지 우리들은 이런 기본을 지키고 이루기 위해 얼마나 노력했는지 다함께 성찰해 보자. 메가톤 급의 변화를 작은 소용돌이 정도로 오해해 단지 회계기준 조항만 살짝 바뀐 것으로 인식해오지는 않았는지 회계주체 모두가 스스로 돌아봐야 할 것이다. 또한 단기적 관점에서 눈앞에 닥친 문제점만을 무마하는 일에만 급급했던 것은 아닌지, 규칙중심의 규제에 익숙한 까닭에 원칙중심 회계를 규칙중심의 체계에 억지로 끼워 맞추려 했던 것은 아닌지 다시 한 번 곰곰이 생각해야 할 시점이다.

이제부터는 기본으로 돌아가야 한다. 장기적 관점에서 원칙중심 회계의 성공적 정착을 위하여 근본부터 변화하기 위해 다함께 노력하여야 한다. 시각을 바꿔 생각을 바꾸고, 생각을 바꿔 행동을 바꿀 때 원칙중심 회계가 회계의 투명성을 높이고 경제와 사회와 국가의 발전을 견인할 수 있을 것이다.

원칙중심 회계의 성공적 정착을 위한 한국회계학회의 제언

책을 마무리하면서 2019년 5월 한국회계학회에서 발표한 '원칙중심 회계의 성공적 정착을 위한 제언'을 소개하고자 한다. 이 제언들은 앞에서 집필진이 주장한 내용들을 함축하고 있으며, 다 같이 변화해야 하는 우리 모두에게 많은 시사점을 줄 것이라 확신한다.

원칙중심 회계하에서의 기본원칙

- 원칙중심 회계기준에 대한 해석에 있어 차이가 발생할 수 있음을 인정하고, 그 해석에 있어 전문가의 의견이 존중되는 문화가 형성되어야 합니다.
- 규제나 처벌 또는 비난이 목표가 아닌, 적절한 기업보고와 공시를 통하여 기업이 제공하는 재무보고의 품질을 향상시키는 데에 기본목표를 두어야 합니다.
- 이를 위하여 기업, 감사인, 감독당국이 서로를 신뢰하는 협동의 관계(cooperative relationship)로 변화해야 합니다.

원칙중심 회계하에서의 실천사항 – 기업분야

- 기업의 CEO는 재무제표 작성 책임은 기업에 있으며 재무제표는 정보이용자와의 의사소통을 위한 것임을 분명하게 인식하여야 합니다.
- 기업 내 회계부서의 위상을 높이고 독자적으로 회계기준 해석 및 판단을 할 수 있을 정도로 역량을 강화하여 재무제표의 품질을 높여야 합니다.
- 기업은 재무제표 작성시 유의적 판단과 관련된 정당한 절차(due process)를 정립하고 정당성을 입증할 수 있는 문서를 보다 구체화해야 합니다.

원칙중심 회계하에서의 실천사항 – 감사분야

- 감사인은 높은 전문성과 독립성을 유지하기 위한 모든 노력을

기울여야 합니다. (감사인의 교육, 품질감리부서의 강화)

- 감사인들은 전문가적 판단의 근거를 최대한 상세하게 문서화해서 감사과정에서 절차적 정당성을 확보해야 합니다.
- 감사인은 타 감사인의 의견을 존중해야 합니다.

원칙중심 회계하에서의 실천사항 – 감독분야

- 공시 활성화를 유도하여 이를 통해 정보 부족으로 인한 불확실성을 방지하는 사전 예방적 회계감독체계로 전환해야 합니다. (올바른 사전적 심사제도의 정착)
- 결과만으로 처벌이 이루어지는 것이 아니라 좋은 회계정보의 생산을 유도하도록 과정과 절차를 감독해야 합니다.
- 충분한 심사와 감독이 이루어질 수 있는 감독기구의 인프라가 확대 구축되어야 합니다. (감독조직의 강화, 전문가 패널의 구축, 중견 감독인원의 충원 필요)

원칙중심 회계하에서의 실천사항 – 법률분야

- 회계기준의 해석과 판정에 있어 기업의 방어권을 충분히 보장하여 증권선물위원회 조치의 신뢰도를 제고해야 합니다. (심사보고서 열람복사청구권 보장, 전면적 대심제 실시, 결정문 내용의 구체화 등)
- 고의적 위법행위 판단에 있어서 명확성의 원칙을 고려하여 엄격한 판단체계를 적용해야 합니다.
- 장기적으로 회계처리기준과 양정기준에 정통한 전문가들로 회계사건을 전문적으로 처리해야 합니다. (회계심판원의 설립 추진)

부록

회계강국의 감독제도 엿보기

1. 영국의 재무보고위원회(FRC)
2. 독일의 재무보고감리위원회(DPR)와 금융감독청(BaFin)
3. 미국의 증권거래위원회(SEC)

원칙중심 회계는 우리 모두에게 낯선 개념이다. 왜냐하면 우리는 전통적으로 규칙중심 법규인 대륙법 체계에서 살아왔기 때문이다. 반면 영국이나 미국 같은 나라는 일찍이 영미법 체계인 원칙중심 법규를 시행하고 있다. 따라서 이 나라들의 경험을 통해 정책적 시사점을 찾아낼 의미는 충분하다. 이에 따라 영국, 미국과 함께 독일의 회계제도가 어떻게 시행되고 있는지 살펴보고자 한다.

경제강국인 이들 세 나라는 회계제도적인 측면에서도 선진국으로서 회계투명성이 높은 것으로 평가받고 있다. 그러면서도 세 나라의 회계제도는 각각 조금씩 차이를 보이고 있다. 먼저 영국은 원칙중심 회계를 따르면서 법규 역시 원칙중심으로 규정하고 있다. 그러나 독일의 경우 회계기준은 영국과 마찬가지로 원칙중심이지만 법규는 규칙중심이라고 볼 수 있다. 한편 미국은 독일과 정반대로 회계기준은 규칙중심으로, 법규는 원칙중심으로 규정하고 있다.

다음의 도표는 세 나라의 이러한 특성을 비교하고 있다. 우리나라는 외견상으로는 세 나라 중 독일과 비슷하다. 원칙중심 회계를 새로 도입하여 적용하고 있지만, 전통적으로 규칙중심 법규체계를 실행하고 있기 때문이다.

[부록도표 1] 국가별 회계기준과 법규 비교

국 가	회계기준	법 규
영국	원칙중심	원칙중심
독일	원칙중심	규칙중심
미국	규칙중심	원칙중심

각 나라의 역사와 문화, 정치와 경제, 사회적 정서는 모두 다르다. 따라서 환경과 상황이 다른 나라의 제도를 직접적으로 적용하는 일은 어려울 뿐만 아니라 바람직하지도 않다. 그러나 각기 다른 특성을 가진 나라들의 회계제도를 살펴보는 것은 매우 의미 있는 일이다. 이를 통해 우리나라에 적용할 수 있는 아이디어를 얻고, 나아가 다른 나라보다 더 수준 높은 회계제도를 만들어내는 초석을 다질 수 있기 때문이다.

1 영국의 재무보고위원회(FRC)

영국 재무보고위원회(FRC)의 사명

영국의 재무보고위원회(FRC, Financial Reporting Council)의 사명(使命)은 다음과 같이 기술되어 있다.[34]

> FRC의 사명은 비즈니스에서 투명성과 무결성을 증진하는 것이다. 이러한 활동은 대중의 신뢰를 증진하고, 투자자에게 지속 가능하고 성공적인 기업에 대한 투자를 촉진하는 초석이 된다. 이러한 기업들이 일자리를 창출하고, 경제적 번영을 창조하며 경제성장을 도모하게 될 것이다.
>
> 우리는 회계담당자, 감사인 및 보험계리사를 규제하고 영국의 기업지배시스템을 운영함으로써 이러한 사명을 수행한다. 기업들이 최고 수준의 표준을 준수하고, 정확성과 개방

성의 측면에서 신뢰받는 보고서를 발간한다면, 기업과 모든 이해관계자들이 장기적인 관심사에 대한 올바른 의사결정을 하게 됨으로써 사회에 긍정적인 기여를 하게 된다.

이와 같은 사명을 달성하기 위해 FRC는 감사인, 회계사, 보험계리사 등에 대한 규제와 영국의 기업지배구조 및 스튜어드십 코드(stewardship code) 제정을 담당하고 있다. 또한 FRC는 사업의 투명성과 무결성을 높이기 위하여 노력한다. 또한 기업보고서, 감사 및 고품질 위험관리에 의존하는 투자자 및 기타 사람들을 위하여 일하고 있다.

FRC의 조직 구성

FRC는 최고의사결정기구인 FRC Board와 산하 ① Conduct Committee, ② Codes & Standards Committee, ③ Executive로 구성되어 있다. Conduct Committee와 Codes & Standards Committee를 합쳐 business committee라고 부른다. FRC Board는 위원장, 부위원장, Codes & Standard Committee의 위원장, Conduct Committee의 위원장, Chief Executive, 그리고 비상근 이사로 구성된다. 이 중 Conduct Committee는 ① Corporate Reporting Review(CRR) Committee, ② Audit Quality Review Committee, ③ Case Management Committee로 구성된다.

Financial Reporting Review Panel(FRRP)과 Tribunal Panel은 Conduct Committee가 감독기능을 수행함에 있어 필요한 경우 사용한

[부록도표 2] FRC의 조직도(의사결정기구)

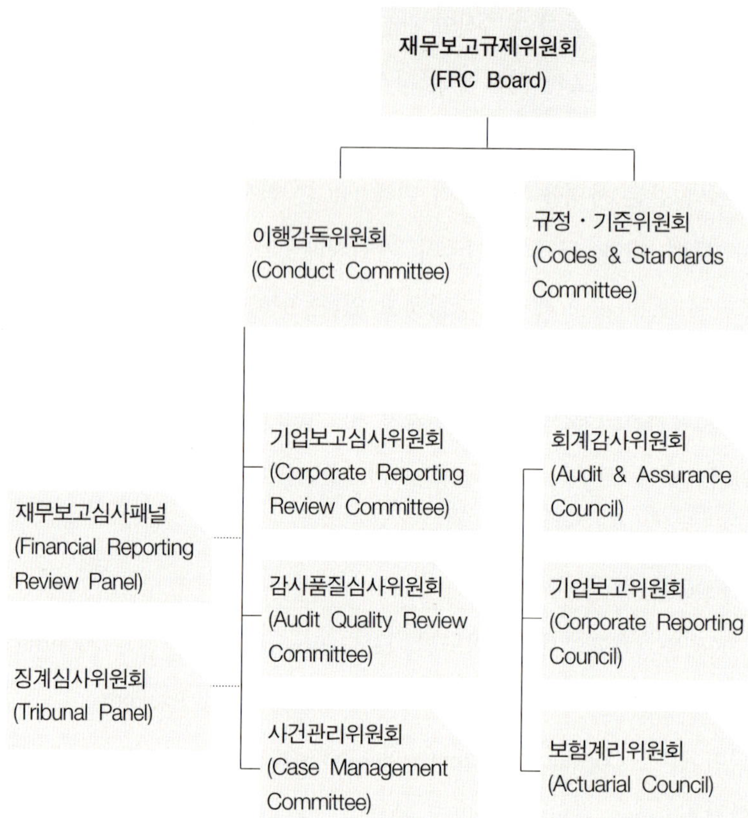

다. 그 외에 보조기구로 세 개의 governance committee(Audit Committee, Nominations Committee, Remuneration Committee)와 세 개의 advisory council(Corporate Reporting Council, Audit & Assurance Council, Actuarial Council)이 있다.

FRC의 집행기구인 Executive는 FRC의 일상업무를 감독하며 연간 사업계획을 시행하고 예산에 대한 자문을 수행하는 실행기관이다.

Executive는 다음과 같은 부서들로 구성되어 있다.

- CEO, Chief Executive
- Executive director, Corporate Governance & Reporting
- Executive director, Audit & Actuarial Regulation
- Executive Counsel and Director of Enforcement
- Executive director, Strategy & Resources
- Company Secretary & General Counsel

기업보고 심사제도

FRC에서 기업보고(Corporate Reporting)의 감독을 주관하는 부서는 앞에서 소개한 FRC의 조직도 중 Conduct Committee 산하의 Corporate Reporting Review(CRR) Committee와 Executive 산하의 Corporate Governance and Reporting 부서(이 중에서도 특히 Corporate Reporting Review 부서)이다.

CRR Committee는 FRRP 의장과 부위원장들로 구성되는데, Conduct Committee의 규정에 따라 다음과 같은 감독을 수행한다.

- 질의의 시작
- Review Group의 임명
- 필요한 경우 소송을 시작하도록 Conduct Committee에 제안

FRC의 심사제도(Review process)는 다음과 같이 두 단계로 구성된다.[35]

- 심사제도 1단계 : FRC 스태프에 의해서 이루어지는 심사(Review

[부록도표 3] FRC의 조직도(의사결정기구 및 집행기구)

- 원장 CEO Chief Executive
  - 기업 지배구조 및 보고 (부원장) Corporate Governance & Reporting
    - 기업지배구조 (국장) Corporate Governance
    - 회계 · 보고정책 (국장) Accounting & Reporting Policy
    - 기업보고심사 (국장) Corporate Reporting Review
    - 재무보고연구실 (국장) Financial Reporting Lab
  - 회계감사 및 보험계리 규제 (부원장) Audit and Actuarial Regulation
    - 회계감사 (국장) Audit
    - 회계감사기준 (국장) Audit and Assurance Policy
    - 회계감사품질심사 (국장) Audit Quality Review
    - 전문가감독 (국장) Professional Oversight
    - 보험계리정책 (국장) Actuarial Policy
  - 집행 (부원장) Executive Counsel And Director of Enforcement
    - 사건조사 및 질의 (국장) Case Examination and Enquiries
  - 전략 및 자원 (부원장) Strategy & Resources
  - 법무 및 총무 (부원장) Governance & Legal General Counsel & Company Secretary

by FRC Staff)

• 심사제도 2단계 : Review Group이 구성되어 Review Group에 의하여 이루어지는 심사(Review Group Enquiry)

1단계에서는 FRC 스태프에 의해서 심사가 시행된다. 이 과정에서 FRC 스태프의 질문에 대하여 기업의 설명이 타당하거나 기업의 제안이 적절하면 합의하여 심사를 종료한다. FRC 스태프가 회계기준이나 보고기준의 위반이 있는 것으로 판단하였는데 기업이 이에 동의하지 않으면 2단계가 시작된다. 2단계는 Review Group이라는 것이 구성되어 Review Group의 지휘 아래 심사가 이루어진다. 2단계에서 기업과 Review Group이 제기된 회계이슈에 대하여 동의가 이루어지면 종료된다. 그러나 만일 기업이 이슈에 대하여 충분한 설명을 제공하지 못하였거나 적절한 재무제표의 수정을 하지 않았으면 3단계 소송으로 넘어갈 수 있다.

[부록도표 4] 시장별 심사 건수

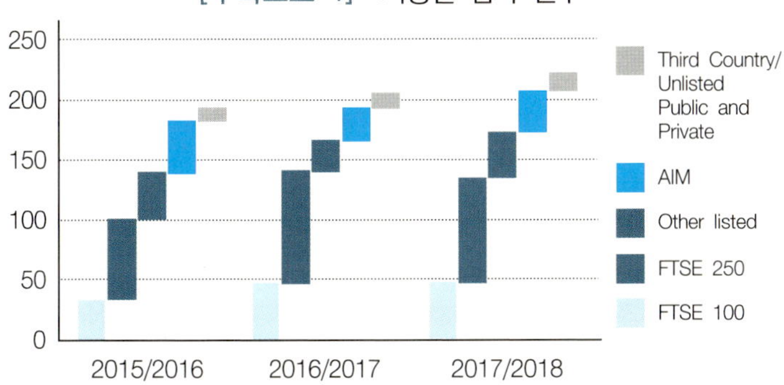

출처 : FRC, Annual Review of Corporate Governance and Reporting 2017/18, OCTOBER 2018

[부록도표 4]에서 보는 바와 같이 FRC에서는 1년에 200개 정도의 기업을 심사하는데, 심사대상에는 상장기업뿐만 아니라 비상장기업도 포함된다. 그러나 시가총액이 큰 기업에 더 많은 중점을 두고 있다. 예를 들어 FTSE(Financial Times Stock Exchange) 350 기업은 최소한 5년 주기 심사를 목표로 하고 있는데, 실제로는 보통 3년 주기로 심사가 이루어진다. 규모가 더 큰 FTSE 100 기업은 2년 주기로 심사가 이루어진다.

심사제도 1단계(Review by FRC Staff)

심사제도 1단계는 FRC 스태프가 관련 회계기준이나 보고기준의 위반이 있는지 심사하는 과정이다. 이 단계에서는 기업의 보고서만 심사한다. 즉, 기업의 사업에 대한 구체적 지식이나 구체적 거래에 대한 이해에 기초하여 심사하지 않는다. 단, 기업보고서를 첫 장부터 마지막 장까지 철저하게 심사한다.

이 단계에 참가하는 FRC 스태프는 회계보고나 회계감사에 10~15년 정도의 경험이 있어 회계와 보고 요건에 대해 전문가로서의 지식을 지니고 있다. 심사는 매우 신중한 과정이어서, 'four eye' review를 한다. 즉 최소한 2명의 FRC 스태프가 하나의 기업을 심사한다. 경우에 따라 안건이 어렵거나 중요한 경우 변호사나 회계사로 구성된 패널을 구성하여 자문을 구한다.

심사제도는 질의서 기반(letter-based)의 공개과정이다. 심사과정 중 구체적 질의가 생긴 경우, Executive 산하의 CRR(Corporate Reporting Review) director가 기업에 공식적인 질의서를 보낸다. 이 공식 질의서는 기업의 CEO, Finance director, Audit Committee로 발송한다. 공식 질의서에는 다음 사항이 포함된다.

- 구체적인 질의사항(the matters of concern)
- CEO나 대리인 응답 요청
- 응답일(응답기간은 일반적으로 질의서 수령 후 28일 이내)

일반적으로 28일의 응답기간을 주지만 경우에 따라서는 기업의 요청에 따라 연장되기도 한다. 2017/2018 회계연도의 평균응답기간은 31일이었다. 응답기간 동안에도 FRC 스태프와 기업은 이메일이나 전화 등으로 소통하면서 질의사항에 대하여 상의를 지속한다. 기업의 대표 또는 자문위원과 FRC 스태프 간에 회의가 이루어지기도 한다. 대부분의 경우 심사는 한 번의 공식 질의서로 마무리되는 것이 아니라 여러 번의 공식 질의서가 발송된다. 이에 따라 심사에 상당한 시간이 소요되기도 한다.

심사과정 중 회계처리에 대한 기업의 설명이 적절한 경우에는 심사를 종결한다. 기업의 수정 제안이 적절해도 심사를 종료한다. 필요한 경우에는 기업과 FRC의 합의에 따라 재무제표를 수정하여 공시한다. 일반적으로 명백한 잘못이 아니라면 필요 없는 공시(disclosure)를 삭제하거나 새로운 공시를 추가한다.

심사제도 1단계의 목적은 기업의 처벌이 아니다. 적절한 기업보고(corporate reporting)와 공시를 통하여 기업이 제공하는 정보의 질(quality of information)을 높이는 것이 목적이다. 따라서 대부분의 심사는 1단계에서 종료된다. 1년에 약 200개(2006년 1년간 총 203개) 기업보고를 1단계에서 심사하는데, 이 중 한두 건만 2단계로 진행되고 절대 다수는 1단계에서 끝난다.

그런데 질의서(letter)에는 중요한 이슈(substantive issues)에 대한 질의서와 덜 중요한 이슈(less significant issues)에 대한 질의서의 두 종류가 있다. 첫 번째로 재무제표나 특정한 계정과 관련하여 기업의 응답이 필요한 경우에 중요한 이슈에 대한 질의서를 발송한다. 2017/2018년 기간에는 총 101개 기업에게 중요한 이슈에 대한 질의서를 발송했다. 전체 심사 기업의 46%에게 중요한 이슈에 대한 질의서가 발송된 셈이다.

두 번째로 기업의 응답이 필요하지 않은 경우 덜 중요한 이슈에 대한 질의서를 발송한다. 여기서 기업의 응답이 필요하지 않은 경우라 함은 법률이나 회계기준에 문제의 소지가 있는 것으로 보인다고 하여

[부록도표 5] 질의서의 종류별 건수

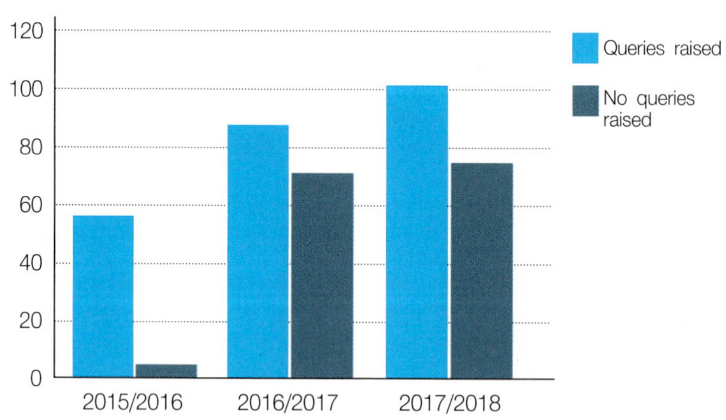

출처 : FRC, Annual Review of Corporate Governance and Reporting 2017/18, OCTOBER 2018

도, 중요하지 않거나 기업 스스로 재무보고를 향상할 수 있을 것이라고 기대할 수 있는 경우를 말한다. FRC는 두 번째 질의서를 발송함으로써 기업이 미리 문제점을 깨달아 스스로 문제점을 개선할 수 있는 기회를 준다.

회계기준이나 보고기준 위반으로 FRC 스태프가 판단했는데도 기업이 재무보고에 대해 적정한 수정을 하지 않는 경우에는 CRR Committee에게 Review Group을 구성하여 2단계 조사를 착수할 것을 요청한다.

심사제도 2단계(Review by Review Group)

심사가 심사제도 1단계에서 종료되지 않으면 재무보고 심사패널(FRRP, Financial Reporting Review Panel)에서 Review Group을 형성하여 심사제도 2단계를 주관하도록 한다. 따라서 FRRP와 Review Group의 구성이 매우 중요하다. 먼저, Review Group은 다음과 같이 구성된다.

- FRC의 내부위원 및 외부위원으로 구성
- 내부위원은 CRR Committee 의장 및 부의장(일반적으로 technical chair) 총 2명
- 외부위원은 FRRP에서 선발된 위원 3명 이상
- 내부위원인 CRR Committee의 의장과 부의장이 Review Group의 과반수를 차지할 수 없음. 이에 따라 합산 위원의 수는 최소 5명 이상이 됨
- 외부위원인 FRRP에서는 일반적으로 변호사, 회계사, 산업전문가가 포함됨

Review Group의 기반이 되는 FRRP의 구성과 특징은 다음과 같다.

- senior level의 사업가, 회계사, 변호사, 재무제표 작성자, 정보이용자 중에서 선발
- FRRP를 폭넓고 균형 있게 구성하는 것을 목적으로 함
- FRRP 위원은 무보수 봉사직
- 총 25명의 위원으로 구성

심사제도 2단계는 Review by Review Group 외에 Review Group Enquiry라고도 부르는데, 2단계 심사의 목적 역시 1단계와 마찬가지로 기업을 처벌하거나 제재하고자 하는 것이 아니다. 2단계 심사의 목적은 기업을 설득하여 기업의 경영자와 Review Group이 합의를 이루는 데 있다.

이에 따라 2단계 심사는 몇 가지 특징을 갖는다.

첫째, 2단계 심사의 과정은 공개된 과정(open process)이다. Review Group이 결성되면, 기업에게 다음 사항을 투명하고 명확하게 알려준다.

- 이슈가 되는 보고서의 문제점과 질의사항
- CEO나 대리인의 대답에 대한 요청
- 응답일자

둘째, Review Group 위원들은 가능한 모든 정보를 투명한 과정을 거쳐 확보한다. 먼저 Review Group 위원들에 대한 자세한 인적 사항을 기업에게 제공한다. Review Group 위원들은 언제든지 기업과 소

통할 수 있으며, 언제든지 만날 수 있다. 이 경우 기업에게는 감사인을 동반할 것을 권한다. 따라서 Review Group 위원들은 기업의 대리인이나 제3자를 만날 수 있다. 이와 같은 특징은 양자 간의 유착을 염려하여 감리위원회나 증권선물위원회의 위원이 기업이나 기업의 대리인과 의견을 교환하는 것 자체를 금지하는 우리나라의 경우와 매우 대비된다.

Review Group 위원들은 FRC 스태프로부터 도움을 받거나 정보를 얻을 뿐 아니라, 필요한 경우 전문가의 조언을 받을 수도 있다. 이 조언은 심사 2단계의 범위나 심사 1단계에서 확인된 이슈에만 국한되지 않는다. 심사 2단계 과정 중 새로운 이슈가 발견된다든지 새로운 질의가 생기는 경우에는 조사의 범위를 확장하거나 수정할 수 있다.

셋째, 2단계 심사의 흥미로운 의사결정과정도 주목할 만한 특징 가운데 하나이다. Review Group의 최소한의 의사결정 정족수는 과반수 참석이다. 그러나 기업에 의견을 보내거나 Conduct Committee에 안건을 보고하기 위해서는 이보다 더 어려운 요건을 충족해야 하는데, 이때의 의사결정 요건은 4명 이상 참석에 3분의 2 이상의 찬성이다. 즉, 의사결정을 위해서는 Review Group이 5명이라면 4명의 찬성을 의미한다. 이 요건은 위원 한 명이 한쪽 편에 섬으로써 의사결정이 이루어지는 것을 방지하는 장치이다. 과반수 의결의 경우에는 위원 한 명에 의해 의사결정이 달라질 수 있기 때문에 이를 예방함과 동시에 다수 의견이 합의된 경우에만 결정이 이루어지도록 하겠다는 의도이다.

또한 외부전문가가 반 이상 참여하고 있는 Review Group의 의사결정을 위해 3분의 2의 찬성을 필요로 하게 함으로써 외부전문가들이 의사결정을 주도할 수 있는 장치를 만들어 놓은 것이다. 여기에는 원칙중심 회계의 실현을 위해 전문가의 의견을 존중하는 전통을 구현하기 위한 장치라는 의미도 있다.

2단계 심사의 종료는 다음과 같이 이루어진다. 먼저 2단계 심사는 기업의 설명이 적정하거나, 재무제표 수정 등 기업의 제안이 적정하면 CRR Committee에 보고함으로써 종료된다.

그러나 여러 번의 편지를 통한 소통이 있은 후에도 ① 기업이 만족할 만한 설명을 제공하지 못했거나, ② 관련 회계기준과 보고기준에 상응하는 수정을 재무제표에 반영하지 못한 경우에는 Final letter를 기업에게 발송한다. Final letter는 문제가 되는 이슈와 관련하여 법정절차를 시작할 것인지 고려하라는 내용을 Conduct Committee에 보내겠다는 고지가 주요 내용이다. Final letter에 포함되는 내용은 다음과 같다.

- Review Group이 생각하는 시각의 근거
- Conduct Committee에 사건을 이관하고자 한다는 의도
- 응답기간(기업이 왜 본 사안이 위반이 아닌지를 설명하기 위하여 Review Group을 만날 수 있는 기간은 14일)

Review Group은 Final letter 발송과 동시에 Conduct Committee에 이 사실을 보고한다. 이 보고에는 ① 기업이 이슈에 대하여 충분한 설명을 제공하지 못하였거나 적절한 재무제표의 수정을 하지 않았으며, ② 모든 상황을 종합해 볼 때 소송이 적절하다는 사실이 포함된다.

소송 진행 및 기업에 대한 처벌(Enforcement) 집행

Review Group에게 통보를 받은 Conduct Committee는 Review Group의 제안을 검토하여 소송 진행 여부를 결정한다. 이 경우에도 일반적으로 내용을 외부에 공개한다. 그러나 대부분의 심사제도는 소송의 과정에 이르기 전 종결된다. 실제로 최근 10년간 소송으로 이어진 경우는 한 건도 없었다.

FRC에서 직접 기업에 대한 처벌을 집행하기도 한다. 심사과정 중 중대한 문제가 발생된 경우에는 FRC 안의 Enforcement Division이나 재무집행국(FCA, Financial Conduct Authority)에 기업에 관한 일체의 향후 행정을 이관한다.

이 조직에서 벌금과 회원 자격정지 등을 조치한다. 2017/2018년도에는 5개 기업에게 벌금을 부과했는데 최대 벌금은 200만 파운드였고, 기업 회계담당자 6명에게 자격정지를 조치했는데, 가장 긴 자격정지 조치는 16년이었다. 각각의 위반 사례는 기업 및 회계담당자 실명과 함께 공개된다.

감사보고서 품질 심사 및 징계

FRC의 Audit and Actuarial Regulation 산하 회계감사품질심사국(Audit Quality Review)에서는 감사인이 작성한 감사보고서의 품질에 대한 점검(inspection)을 담당한다. FTSE 350 기업에 대해서는 5년 주기로 감사보고서를 점검하는 것이 원칙이다. 회계감사품질심사국은 다음 [부록도표 6]과 같이 매년 140~150개 정도의 감사보고서를 모니터링(monitoring)한다.

[부록도표 6] 연도별 감사보고서 점검 건수

2014/2015	2015/2016	2016/2017	2017/2018	2018/2019 [planned]
126	137	140	145	160~170

출처 : Developments in Audit 2018, October 2018, FRC

일반적으로 감사품질 점검 후 70% 내외가 우수한 감사품질로 인정된다. 2017/2018년도에 최상등급의 감사품질을 인정받은 비율은 17%, 최하등급은 14%이었다. 감사보고서의 품질이 중대하게 낮은 9개 사례가 징계에 회부되어 이 중 7개 사례가 최대 1,000만 파운드의 벌금 등의 징계를 받았다.

영국 회계감독의 특징

영국의 회계감독은 여러 가지 측면에서 우리나라의 회계감독과는 다른 특징들이 있는데, 이를 크게 네 가지로 요약하면 다음과 같다.

첫째, 영국에서 기업과 감독기관의 관계는 처벌이나 제재를 목적으로 하는 '갑과 을의 관계'가 아니라 '협동적 관계(collaborative relationship)' 또는 '건설적 관계(constructive relationship)'로 표현된다. 협동적 또는 건설적 관계는 다음과 같은 특징을 가진다.

- 감독기구의 역할은 기업에게 명령하는 것이 아니라 가이드하는 것이다.
- 심사제도의 목적은 기업을 설득하여 기업의 경영인과 합의를 이루는 것이다.
- 심사제도의 목적은 잘못된 회계처리에 대한 처벌이 아니라 기업

이 올바른 회계처리를 하도록 도움으로써 더 좋은 재무보고가 이루어지도록 인도하는 것이다.

둘째, 영국의 회계감독체계는 공시 위주의 감독이다. 영국에서는 기업의 회계처리가 잘못되었다고 하더라도 매우 명확하고 중요한 잘못이 아닌 한 재무제표를 재작성하는 경우가 매우 드물다. 따라서 일반적으로 잘못된 공시의 수정이나 삭제 또는 추가적인 정보의 공시를 통하여 합의가 이루어진다. 경우에 따라서는 공시의 내용에 재무적 효과도 포함한다.

셋째, FRC는 질의회신 또는 감독지침(advance clearance system)을 운용하지 않는다. 또한 재무제표를 심사할 때도 기업이나 감사인에게 특별한 회계처리가 보고요건에 부합하는지에 대해 의견을 제시하지 않는다. 그 대신 다음과 같은 수단을 이용하여 기업들이 올바른 회계처리를 하도록 유도한다.

- 기업보고의 일반적 부분에 대해 기업이 주의해야 할 것들을 사전에 공표한다. 주의해야 할 것의 예시는 다음과 같다.
  - FRC highlights where reporting by smaller companies needs to improve
  - FRC publishes thematic review findings of IFRS 9 and IFRS 15 company disclosures
  - Corporate Reporting Review Briefing
  - FRC's 2017/18 thematic reviews expected to prompt improvements

- Financial Reporting Lab이라는 연구소를 통하여 새로운 회계이슈에 대한 연구보고서를 발표한다. 예를 들면 다음과 같다.
  - AI and Corporate reporting-how does it measure up?
  - Performance metrics-Principles and Practice
- 감사인들과 정기적으로 roundtable session을 가지고 현안에 대하여 논의한다.

이처럼 영국은 질의회신제도를 운용하지 않는다. 대신 영국의 기업들은 European Securities and Markets Authority(ESMA)가 운용하는 European Enforces Coordination Sessions(EECS)에 질의를 한다. EECS는 EU 28개국과 EEA 2개국 41개 감독기구가 함께 운용하는 질의회신기관이다.

영국의 회계감독체계에서 기업들이 IFRS IC에 질의하지 않고 EECS에 질의하는 이유는 ① ESMA가 권위가 있으며, ② 41개 유럽의 감독기구가 함께 운용하여 다른 감독기구의 경험을 공유할 수 있고, ③ 회신기간이 매우 짧기 때문이다.

넷째, FRC는 우리나라와는 달리 양적인 양정기준을 사용하지 않는다. 대신에 다음과 같은 질적인 사항을 고려한다. 또한 이 외에도 필요한 사항이 있으면 추가적으로 고려한다.

- 지적된 회계처리의 성격과 효과
- 관련 계정의 이용자를 보호해야 할 필요성
- 시장의 오류를 고치고 예방해야 할 필요성
- 기업의 보고기간

영국 FRC의 시사점

지금까지 살펴본 영국의 FRC에서 찾을 수 있는 중요한 시사점을 요약하면 다음과 같다.

첫째, 감독기관의 역할은 처벌자가 아니라 인도자

감독기관과 기업 및 감사인 간의 관계가 협동적 또는 건설적 관계라는 것이다. 다시 말해서 감독기관의 역할은 기업이나 감사인을 처벌하는 것이 아니라 재무제표를 올바르게 작성할 수 있도록 기업을 돕고 인도하는 것이다.

영국의 감독기구는 중요한 이슈만이 아니라 덜 중요한 이슈에 대해서도 질의서를 발행한다. 여기서 덜 중요한 이슈라 함은 법률이나 기준에 문제의 소지가 있는 것으로 보이지만 중요하지 않거나, 기업 스스로 재무보고 품질 향상을 할 수 있을 것이라 기대할 수 있을 경우로 기업의 응답이 필요하지 않은 이슈를 말한다. 덜 중요한 질의서를 발송하는 이유 역시 기업이 미리 문제점을 알고 스스로 문제점을 개선할 수 있는 기회를 줌으로써 기업을 지원하고 인도하는 것을 목적으로 한다.

둘째, 기업의 의견을 존중하며 공시수정 위주로 인도하는 감독기관

영국의 감독기관은 자신이 원하는 방향으로 기업의 판단을 유인하지 않는다. 감독기관은 올바른 회계처리에 대한 의견을 절대 제시하지 않는다. 이처럼 감독기관은 인도(guide)하는 역할을 담당할 뿐, 기업에게 무엇을 하라고 지시(do not tell)하지 않는다.

또한 감독의 모든 과정이 기업과 감독기구가 합의를 이루어가는 절차로 설계되어 있다. 기업의 설명이 논리정연(articulated)하고 회계정책의 선택이 충분히 문서화되었다면 기업의 의견을 존중한다. 따라서 명백하며 중요한 오류인 경우에만 재무제표의 재작성을 요구한다. 그러나 실제로 기업이 재무제표를 수정하는 경우는 매우 드물다. 명백하게 분명한 잘못이 아니거나, 중요한 것이 아니면 일반적으로는 잘못된 공시의 수정이나 삭제 또는 추가적인 정보의 공시를 통하여 합의가 이루어진다.

셋째, 뛰어난 내부 심사인력과 외부전문가들이 주도하는 감독과정

재무제표 심사에 투입되는 인력이 모두 뛰어난 전문가들이다. 먼저 1단계 심사를 담당하는 FRC 스태프들은 10~15년의 경험을 가지고 있다. CRR Committee와 Review Group의 기반이 되는 FRRP의 구성원도 전문성에 초점을 맞춰 선발한다. Review Group을 구성할 때도 전문성을 고려하여 변호사, 회계사, 산업전문가를 포함시킨다. 특히 Review Group의 구성원이 안건마다 달라지는데, 이때는 안건에 따라 관련된 산업전문가를 포함시켜 전문성을 확보한다.

기업보고서를 심사하는 과정에서 Review Group은 FRC 스태프만이 아니라 외부전문가로부터도 조언을 받을 수 있다. 기업 또한 전문가의 조언을 얻을 수 있으며 전문가를 대리인으로 사용할 수 있다. 따라서 심사과정은 감독기관과 기업을 대표하는 회계 또는 법률 전문가들의 논의과정이다. 또한 Review Group에 외부전문가를 과반수 이상 참여시키고, 2/3 찬성으로 의결하도록 함으로써 의사결정을 외

부전문가들이 주도하도록 하는 장치를 마련하고 있다.

넷째, 감독과정의 투명성

감독기구와 기업 간의 기본적인 소통은 공식문서인 편지에 기반(letter-based)하여 이루어진다. 각 단계가 시작 또는 종료될 때뿐 아니라 각 단계 안에서도 필요에 따라 여러 차례 공식문서인 편지가 발송된다. 공식문서인 편지에는 FRC가 제기한 회계문제가 분명히 기재되며 문제를 제기하는 근거가 함께 기술된다.

Review Group의 구성원이 누구인지를 기업에게 통보한다. 뿐만 아니라 기업은 Review Group의 구성원과 기업 간의 직접적인 소통이 가능하다. 이에 따라 기업은 자신의 의견을 피력할 기회를 충분히 갖게 된다.

다섯째, 감독과정의 독립성

심사제도 1단계는 FRC 스태프에 의해서 이루어지지만 2단계는 Review Group이라는 외부인 중심의 기구에서 주관한다. 이로써 감독과정의 독립성을 유지한다. 특히 Review Group에는 CRR Committee의 의장과 부의장이 반드시 포함되지만 이들이 과반수를 차지할 수 없다. 즉, 위원의 최소 숫자는 5명으로 외부인인 FRRP에서 선발된 위원이 다수를 차지하는 구조이다.

여섯째, 재무제표 심사를 위한 감독기관의 충분한 권한

영국의 FRC는 기업에 대하여 필요한 정보를 요구할 수 있는 자료요구권이 있다. 즉, 심사과정에서 기업에게 필요한 정보, 문서, 질문에 대한 답을 요구할 수 있는 권한이 있다. 즉, 기업에 대한 응답요구권을 보유하고 있다. FRC로부터 질의서(letter)를 받은 기업은 28일 이내에 응답해야 한다. 경우에 따라 기한은 연장이 가능한데, 2017/2018년도 중에 평균 응답기간은 31일이었다. FRC가 보유한 자료요구권과 응답요구권은 재무제표 심사과정의 효율성과 효과성을 제고하는 매우 중요한 권한이다.

2 독일의 재무보고감리위원회(DPR)와 금융감독청(BaFin)

독일의 회계기준

독일은 국제회계기준과 자국 회사법에 근거한 자체적인 회계기준을 함께 적용하고 있다. 독일에는 회사법(HGB, Handels Gesetz Buch)에 근거한 자체 회계기준이 존재해왔는데, 이는 원칙중심 회계의 성격이 매우 강했다. 즉, 독일의 자체 회계기준은 세부 규칙이 아니라 원칙을 제시하고 그 원칙에 부합하는 회계처리의 다양성을 인정해오고 있었고, 이에 대한 실무적 적용에 대한 많은 지침이나 해석들이 발표되고 유통되어 왔다. 실제로 국제회계기준에는 금융상품 기준이 수백 페이지이지만 독일 자체 회계기준에는 3개의 단락만 있을 뿐이라고 한다.

독일에서는 재무제표에 따라 두 가지 회계기준을 달리 적용하고 있다. 연결재무제표에 대해서는 국제회계기준을, 별도재무제표와 개별재무제표에 대해서는 독일 회계기준을 사용하고 있다. 물론 기업들은 연결재무제표 외에 별도재무제표나 개별재무제표에 대해서도 국제회계기준을 적용할 수 있다. 그러나 독일의 세법이 자체 기업회계기준과 매우 밀접하게 관련되어 있기 때문에 별도재무제표나 개별재무제표에 국제회계기준을 적용하는 기업은 거의 없다.

독일의 국제회계기준 해석

독일 회사법은 독일회계기준위원회(DRSC, Deutsche Rechnungslegungs Standards Committee e.V.)에게 민간 회계기준제정기구의 권한을 부여하고 있다. DRSC가 갖고 있는 권한은 크게 다음의 네 가지이다.

- 연결재무제표에 대한 회계기준 제정권한
- 국제회계기준 해석권한
- 정부의 회계 및 재무보고 이슈에 대한 자문
- 독일연방 대표로 해외 회계기준제정기구 참가자격

이처럼 DRSC는 독일 법령에 따라 국제회계기준에 대한 해석권한을 부여받았다. 그런데 실제로 DRSC는 국제회계기준의 공식적 해석권한을 거의 사용하지 않고 있다. 왜 그럴까? DRSC는 중요한 해석이슈를 IFRS IC에 상정하여 토론하고 문제를 해결하는 것을 원칙으로 운영되고 있기 때문이다.

국제회계기준위원회도 당연히 개별국가의 회계기준제정기구가 국제회계기준에 대해 별도의 해석을 하는 것을 권장하지 않고 있다.

이는 국제회계기준의 프로토콜이다. 왜냐하면 만약 개별국가에서 별도의 해석을 내놓으면 여러 국가에 관계사나 지점이 존재하는 다국적 기업은, 동일한 회계처리에 대해 관계사나 지점마다 서로 다른 해석을 적용해야 하는 부작용이 있기 때문이다.

이에 따라 DRSC는 자국법에 의해 국제회계기준 해석권한이 있음에도 불구하고 이를 거의 사용하지 않고 있다. 그러나 여기에도 예외가 있다. 다음 두 가지 경우에는 DRSC도 국제회계기준을 해석하여 발표하는 방안을 고려하고 있다.

- 사안이 긴급하여 매우 신속한 해석이 필요한 경우
- 사안 자체에 독일만의 지역적 또는 법률적 특수성이 커서 다른 나라에서는 나타나지 않을 것으로 기대되는 경우

실제로 DRSC는 설립 이후 지금까지 단 4개의 해석서만 발표했고, 이 해석서들은 모두 위의 두 가지 요건에 해당되는 사례들이다.[36]

독일의 회계감독체계

독일에서 회사의 재무보고에 대한 회계기준 준수 여부를 감독하는 기관은 두 종류가 있는데, 이 두 기관이 2단계에 걸쳐 감독업무를 수행한다. 이를 2단계 시스템, 즉 two-tier system이라고 한다.

1단계에서는 재무보고감리위원회인 DPR(Deutsche Prüfstelle für Rechnungslegung, 영어명칭 FREP, Financial Reporting Enforcement Panel)에 의해, 2단계에서는 독일 금융감독청인 BaFin(Bundesanstalt für Finanzdienstleistungsaufsicht)에 의해 회계감독이 이루어진다. 1단계에

서는 기업 재무제표를 조사하여 오류나 특이사항에 대한 회계처리 변경을 요청하지만, 2단계에서는 정밀감리 및 제재조치를 수행하는 방식으로 이루어진다.

또한 공인회계사의 감사업무와 감사품질에 대한 감독은 연방경제통상부(BAFA, Bundesamt für Wirtschaft und Ausfuhrkontrolle, 영어명칭 Federal Office for Economic Affairs and Export Control)에 의해 설립된 감사인감독기구(AOB, Auditor Oversight Body)에 의해 이루어진다.

DPR은 BaFin과 함께 상장회사 재무보고 심사를 담당할 목적으로 설립된 민간 감독기관이다. DPR은 집행기구로 경영위원회(Governing Board), 임원선임위원회(Nomination Committee), 집행위원회(Enforcement Panel)로 구성되어 있다. BaFin[37]은 금융감독청인데, 연방재무부(the Federal Ministry of Finance)의 지휘를 받으며, 본(Bonn)과 프랑크푸르트(Frankfurt)에 본부를 두고 있는 독립적 연방기관이다. BaFin은 우리나라 금융위원회 및 금융감독원과 유사하게 은행감독업무, 증권거래 및 자본시장관련 감독업무, 보험감독업무를 총괄하여 담당한다.

독일에서는 AOC(Auditor Oversight Commission)라는 조직이 2016년까지 회계법인에 대한 감독을 담당하고 있었다. 그러나 2016년 AOC의 감독권한은 감사감독개혁법(APAReG, Abschluss Prüfer Aufsichts Reform Gesetz)에 의해 종료되었다. 대신 연방경제통상부(BAFA)에 의해 설립된 Auditor Oversight Body(AOB)가 회계법인 감독권을 행사하게 되었다.

현재 AOB는 공인회계사법(Section 4 §1 sentence 1 WPO(Public Accountant Act))에 의해 규정된 법정외부감사를 수행하는 독일 공인회계사회 및 회원들에 대한 의무이행 여부의 감독권한을 가지고 있다.

민간조직과 정부기관의 콜라보 회계감독

이처럼 독일의 회계감독체계는 매우 독특하고 다소 복잡하다. 여러 가지 측면에서 이중구조를 이루고 있기 때문이다. 즉, 독일은 기업 재무보고에 대한 감독기관과 공인회계사의 감사업무에 대한 감독기관이 분리되어 있다. 뿐만 아니라 기업 재무보고에 대한 감독은 1단계를 담당하는 DPR과 2단계를 담당하는 BaFin으로 구분되어 있다.

독일의 회계감독체계의 또 다른 특징은 민간부문과 정부기관의 협업을 통한 감독이다. 즉, 재무보고에 대한 1단계 회계감독절차인 재무심사 부분을 담당하는 DPR은 정부기관이 아닌 민간 전문가 조직이다.

[부록도표 7] 독일의 회계감독체계

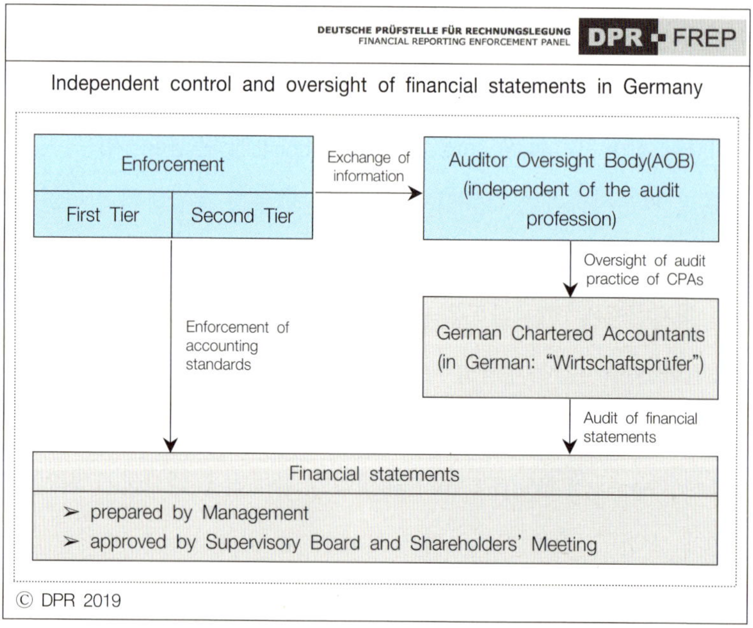

출처 : DPR 내부자료, 2019.2.12 기준

그러나 2단계 회계감독절차인 정밀감리와 제재조치 부과를 담당하는 BaFin은 정부기관이다. 공인회계사의 감사업무와 감사품질 감독기관인 AOB도 정부기관이다.

민간조직인 DPR과 정부기관인 BaFin은 유기적인 협조체계를 구축하고 있다. 회계기준 준수 여부에 대한 감독을 협업한다. DPR과 AOB도 각각 업무과정에서 생성한 정보들을 상시 교환하면서 감독업무를 협력하면서 실행한다.

예를 들어, DPR이 재무제표 심사 중 기업의 오류를 발견하면서 이와 관련된 감사인의 감사절차에도 문제가 있었을 가능성이 있다고 판단하면 관련 정보를 AOB에 전달하고, AOB는 감사절차의 적절성에 대하여 조사를 하게 된다.

2단계 감리체계를 도입한 이유

그렇다면 독일은 왜 2단계 감리체계(two tiered enforcement system)라는 민관 협업의 이중구조를 운영하고 있을까? 독일에서는 원래 독일의 회계기준과 회계 관련 규정을 법률과 규정의 일관된 체계로 여겨왔다. 회계실무와 관행을 법률적 규정으로 만들어왔다. 이 규정에 포함된 회계 관련 요건 중 일부는 법으로 강제되었고 일부는 자발적으로 운영되어 왔다. 재무보고와 감사인에 대한 독립된 감독기관이 없었다.

그러나 국제회계기준을 도입하면서부터 이와 같은 체계에 변화가 필요해졌다. 국제회계기준의 이행을 관리할 주체가 필요해졌기 때문이다. 이에 따라 독일은 2단계 감리체계를 도입했다.

첫 번째 단계에서는 공권력을 갖지 않은 전문가 심사패널이 기업의 재무제표를 조사한 후 오류나 특이사항에 대한 회계처리 변경을 요청하는 업무를 수행하도록 했고, 이러한 요청을 이행하지 않는 기업들은 두 번째 단계로 넘어가게 된다. 두 번째 단계에서는 제재와 징계의 공적 권한을 가진 금융감독기관이 정밀조사 및 제재와 징계의 집행을 하는 방식을 적용하는 것이다.

전문가 심사패널 방식은 DPR이 적용하고 있는 것으로 몇 가지 장점을 갖고 있다. 패널 방식은 먼저 절차의 공식화로 인해 발생하는 여러 문제점에서 벗어날 수 있고, 재무제표 심사과정에서 유연성과 적시성을 강화할 수 있으며, 저렴한 비용으로 이해관계자들의 전문성을 감리절차(enforcement process)에 도입할 수 있다(Brown and Tarca 2005). 독일은 이와 같은 장점을 갖고 있는 패널 방식을 1차 심사단계에서 활용하고 있다.

그렇다고 통제적 성격의 조치가 감리절차에서 없을 수는 없다. 이에 따라 독일은 강제조치와 징계 부과를 2차 단계에서 이루어지도록 했으며, 그 권한을 공적 감독기관인 BaFin에게 부여했다. 이를 통해 1차 심사단계에서는 비공식적 절차를 통한 재무제표의 신속한 수정을 통한 유연성과 적시성을 모색하고, 2차 조사 및 징계 단계에서는 공적 감독기관이 강제력을 집행해 공정성을 꾀하고 있다. 요컨대 독일은 민간조직과 정부기관의 장점을 모두 조화롭게 이용하기 위해 2단계 집행체계를 사용하고 있는 것이다.

이러한 독일의 회계감독체계 개편은 긍정적인 효과를 얻어내고 있다는 평가를 받고 있다. 이와 관련된 실증연구에서는 2단계 감리체계에 따른 회계감독체계 개편 이후 독일 기업들의 이익조정이 줄어들고 주식거래 유동성이 늘어났으며, 기업의 시가총액이 늘어났다는 실증 연구결과를 발표하기도 하였다(Ernstberger et al. 2012).

2단계 감리체계의 운영 프로세스

구체적으로 독일의 2단계 감리체계가 어떻게 운영되는지에 대해 자세히 살펴보자.

1단계에서 DPR은 정기적으로 기업의 재무제표에 대해 심사한다. 이 심사(Review)에서는 주로 재무제표의 회계처리에 오류가 존재하는지 검토한다. 그런데 이때 기업들은 원하는 경우 DPR에 의한 재무제표 심사를 받지 않을 수 있다. 그 대신 자발적으로 2단계인 BaFin에 의한 조사를 받는 선택을 할 수 있다.

1단계 DPR에 의한 심사에서 재무보고에 대한 오류를 지적받은 기업에게 자발적으로 오류 수용 여부를 결정할 수 있는 선택권이 주어진다. 기업이 오류 지적을 수용할 경우, DPR이 BaFin에게 오류의 발견 사실과 함께 오류 정정 보고를 기업이 수용하기로 했다는 사실을 고지한다. 기업이 오류 지적을 수용하지 않을 경우, DPR은 BaFin에게 이와 같은 사실을 고지하고 곧바로 BaFin은 2단계 조사를 착수한다. 한편, 1단계 심사에서 DPR이 오류를 발견하지 못한 경우에는 오류를 발견하지 못하였다는 사실을 BaFin에게 보고한다. 국제회계기준 도입 초기 DPR의 오류 적발 비율은 25% 수준까지 올라갔다가 최근에 와서는 약 15% 수준을 유지하고 있는 것으로 알려졌다.

2단계에서 BaFin은 직접 재무보고 조사를 자발적으로 신청한 기업이나, 1단계에서 DPR에 의해 오류를 지적받았으나 이 오류에 대한

[부록도표 8] 독일의 2단계 감리체계 운영 프로세스

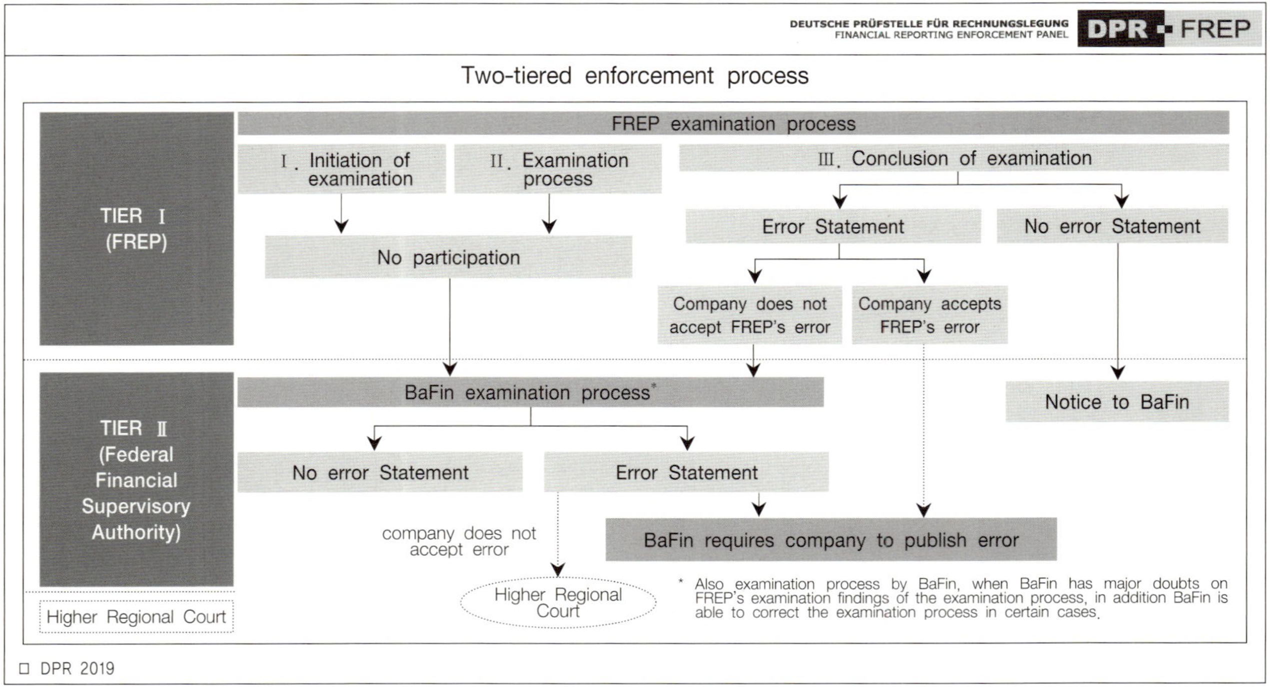

출처 : DPR 내부 제공자료(2019.2.12)

수정을 동의하지 않는 기업에 대한 조사를 시행한다. 조사한 결과, 재무보고에 오류가 있는 것으로 밝혀진 기업에게 BaFin은 재무보고에 오류가 확인되었다는 증명서(Error statement)를 발행한 뒤 수정공시를 명령한다. 기업이 BaFin의 명령에 대해서도 동의하지 않을 경우에는 법원 소송으로 넘어가 이 문제를 다투게 된다.

DPR 심사위원회의 구성과 패널 활용

DPR에서는 심사대상이 확정되면 각 사건에 대해 회장, 부회장, 패널 멤버 중 1인 해서 총 3명으로 구성된 심사위원회를 구성하여 이 심사위원회에 의사결정 권한을 부여한다. 즉, 회장, 부회장, 패널 멤버 3인이 하나의 사건을 담당하게 된다. 3인의 심사위원회 이외에 2명의 패널 멤버가 더 있는데, 1명은 심사실무, 또 다른 1명은 심사 프로세스와 결과의 Quality review를 담당하게 된다. 이 5명을 챔버(chamber) 멤버라고 부른다. 각 패널 멤버는 15명의 위원으로 구성된 인력 풀(pool)에서 선정한다.

패널 멤버는 각 사건에 따라 다른 역할을 수행하게 된다. 어떤 경우는 심사실무, 어떤 경우는 Quality review, 어떤 경우는 심사위원회의 1인이 되어 의사결정에 참여하게 된다. 이렇게 패널 멤버들이 각 사건마다 역할을 다르게 참여함으로써 전문성과 심사능력을 강화하고, 다양한 경험을 통해 학습효과를 창출하고 있다. 또한 특성이 독특한 산업이나 매우 특별한 회계처리로 인해 특수한 지식을 가진 전문가가 필요한 경우나, 회사 규모가 매우 커서 5명의 챔버 멤버로는 해결이 어려울 경우에는 외부전문가를 추가 투입할 수 있다.

심사대상 기업의 선정과정

DPR은 심사대상 기업을 유형에 따라 다음과 같은 기준으로 선정한다.

- 제1유형, 지표에 의한 선정(Indication-based examination) : 재무보고 관련 요건의 미충족 또는 위반 혐의가 존재할 가능성이 높은 것으로 판단되는 경우
- 제2유형, 요청에 의한 선정(Request-based examination) : BaFin의 별도 요청이 있는 경우
- 제3유형, 무작위 선정(Unlimited scope examination) : 무작위 표본추출방법에 따라 선정하며 특정한 증거나 혐의가 존재하지는 않는 경우

이 중에서 제1유형과 제2유형 선정은 이른바 집중 심사(focused examination)로 모든 재무제표 및 보고서에 적용된다. 반면 제3유형은 요약재무제표나 관련된 중간경영자보고서, 또는 지출보고서 및 연결지출보고서에는 적용하지 않는다.

회계처리 오류발생에 대한 대응

DPR은 회계처리 오류를 지적하는 기능과 보고하는 기능을 수행하지만, 징계 또는 제재 기능을 직접 실행하지는 않는다. 좀 더 구체적으로 DPR은 회계오류를 발견하면 이를 BaFin에 보고하고 BaFin은 기업에 대해 회계오류를 공시하여 수정을 요구한다. 만약 기업이 BaFin의 의견에 동의하지 않으면, BaFin은 추가 조사를 실시한 후 다시 회계오

[부록도표 9] 독일 DPR의 재무제표 심사대상 선정절차

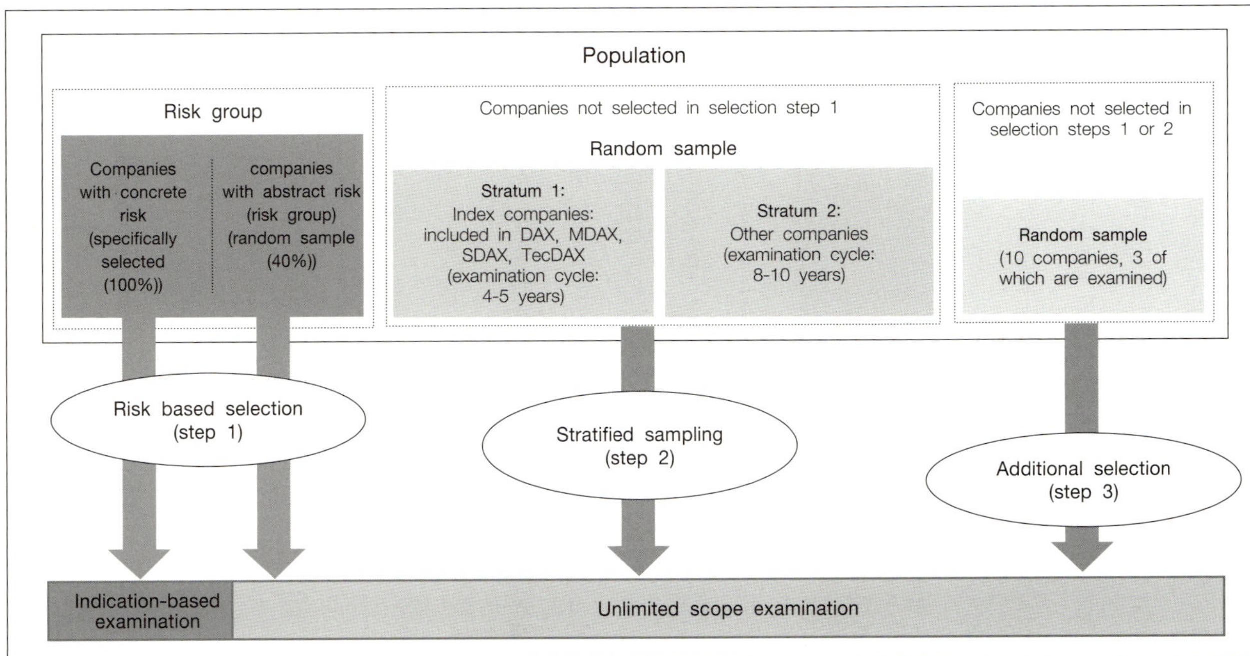

자료 : 2016. 독일 DPR 사업보고서

류를 공시하도록 요구한다. 기업이 끝내 이 요구까지 받아들이지 않을 경우에는 법원에서 소송으로 다투게 되는 것이 절차이지만, 실제로 소송까지 진행되는 경우는 상당히 드물다. 대부분의 경우에는 DPR 또는 BaFin의 권고에 의해 기업이 회계오류를 정정하는 수정공시를 한 뒤, 이에 따라 재무제표를 수정하는 단계에서 종결되기 때문이다.

DRSC 및 DPR과의 면담을 통해 확인한 바에 따르면, 독일에서는 이러한 회계감독절차가 잘 운영되고 있기 때문에 징계 강화의 필요성을 느끼지 못하고 있는 것으로 보인다. 왜냐하면 독일에서는 DPR의 회계오류 지적 자체가 기업이나 회계법인에게 내부적으로는 큰 충격을 주는 일로 받아들여지고 있고, 자본시장에 공시하는 것만으로도 징계효과가 충분히 발휘되고 있다고 판단하기 때문이다.

물론 의도적인 회계오류나 증권 사기와 관련이 있는 경우는 다르다고 여기고 있다. 이와 같은 경우는 검사가 직접 개입하여 형벌을 내리는 사법행위에 해당하기 때문에 이에 대해서는 당연히 강력한 징계와 처벌이 존재한다.

3 미국의 증권거래위원회(SEC)

SEC의 개요

미국의 증권거래위원회(SEC, Securities and Exchange Commission)는 미합중국 정부의 준사법기관이다. 1934년 자본시장의 규제와 감독을 위해 설립되었다. SEC는 투자자를 보호하고 공정하고 질서 있으며 효율적인 자본시장을 유지하여 자본형성을 촉진하는 것을 사명으로 천명하고 있다. 이에 따라 SEC는 증권거래소, 증권 중개인 및 딜러, 투자 고문 및 뮤추얼 펀드를 포함한 증권업계의 주요 참여자들을 감독하고 중요한 시장 관련 정보 공개를 장려하며 공정 거래 유지와 사기 방지 활동 등을 수행한다.

SEC의 구성

SEC는 최고의사결정기구로서 위원장(chairman)과 4명의 위원(commissioner)으로 구성된다. 위원장은 대통령이 임명하며 4명의 위원은 공화당과 민주당에서 각각 2명씩 추천한 인사들로 구성된다.

SEC는 총 5개의 부문(division)과 24개의 독립된 사무소(office)로 구성되어 있다. 그중에서 회계감독과 직접 관련되는 부문은 Office of the Chief Accountant, Division of Corporation Finance, Division of Enforcement의 세 가지이다. 회계감독과 관련 있는 SEC의 산하기관에는 감사인을 감독하고 감사기준을 제정하는 PCAOB(Public Company Accounting Oversight Board)가 있다.

먼저 Office of the Chief Accountant, 즉 OCA는 연방증권법에 의거하여 회계와 감사와 관련된 이슈들을 감독한다. 특히 회계정책의 결정, SEC에 제출된 재무제표의 형식과 내용, 그리고 내부통제제도와 관련된 이슈들을 주로 다룬다. 회계와 감사와 관련된 OCA의 의견은 SEC의 공식 입장으로 최고의 권위를 갖는다.

Division of Corporation Finance, 약칭 CorpFin은 기업의 재무제표 심사를 담당한다. SEC의 사명인 투자자 보호와 공정하고 효율적인

[부록도표 10] SEC의 조직도

SECURITIES AND EXCHANGE COMMISSION

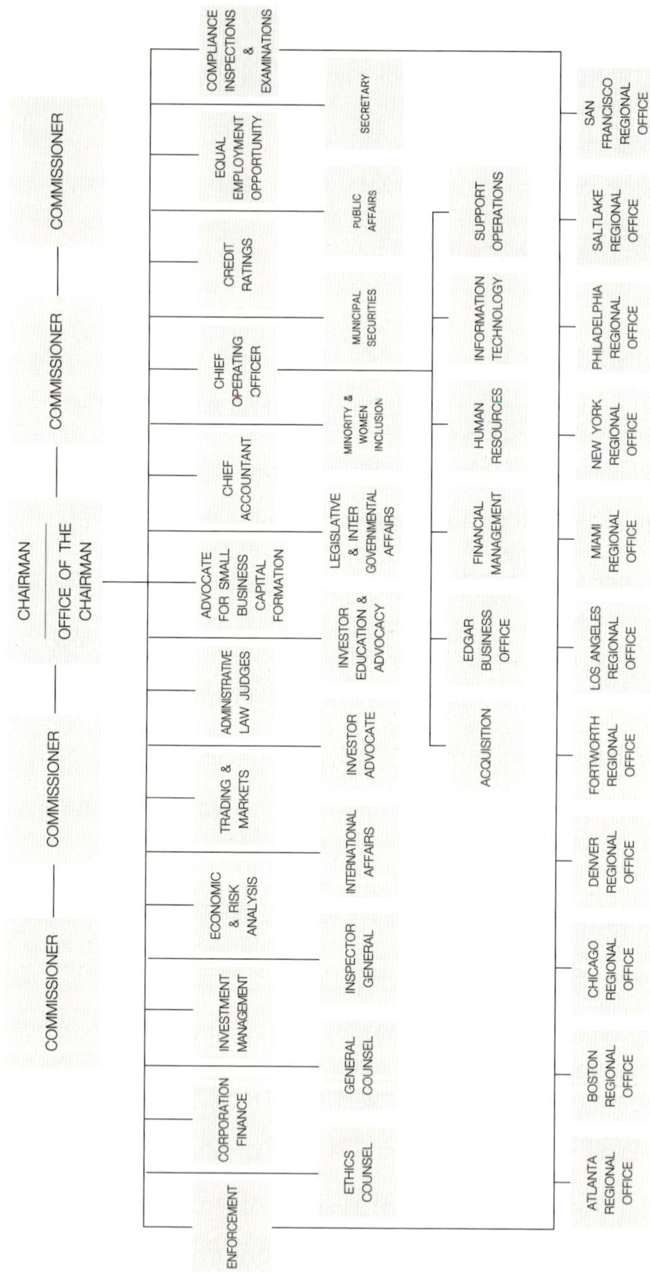

자본시장 유지를 위해 CorpFin은 기존 상장기업과 신규 상장기업이 투자자들의 의사결정에 도움이 되는 주요한 정보를 제공하는지를 확인하고 감독한다. 또한 SEC의 공시 규정과 형식에 대하여 해석 서비스를 제공하고, 새로운 규정이 필요하거나 규정의 수정이 필요할 때 이에 대한 의견을 제시하기도 한다.

ENF라는 약어로도 부르는 Division of Enforcement는 연방증권법을 집행한다. 즉, 연방증권법 위반이 의심되는 경우 조사를 진행하고, 이를 통해 심각한 법률위반이 확인된 경우 법무부(Department of Justice)와 공조하여 연방법원에 기소를 진행하기도 한다. ENF는 워싱턴 DC에 있는 본부와 11개 지역본부로 구성되어 있는데, 지역본부는 주로 초기 조사를 담당한다.

재무제표 심사제도 개요

SEC의 CorpFin은 US-GAAP와 SEC 공시규정에 의거하여 재무제표 심사를 책임진다. CorpFin의 재무제표 심사는 각 기업별로 적어도 3년에 1회 이상 이루어지는데, 일반적으로 심사의 범위는 다음과 같다.

- 제출된 공시내용 전체 심사(a full cover-to-cover review)
- 제출된 공시내용 중 재무제표 관련 부분 심사(item 7 and 8 only)
- 특정 공시내용 심사(a specific disclosure item)

SEC의 재무제표 심사과정을 살펴보자. 먼저 부족하거나 불명확한 공시 부분을 발견하면 CorpFin은 궁금한 점이나 의심되는 부분에 대해 개괄적 의견을 기재한 편지(comment letter)를 해당 기업에 발송한다. CorpFin으로부터 편지를 받은 기업에게는 지적받은 각 사안에 대하여 답변(response)할 의무가 있다. 이에 따라 기업은 추가 정보를 제공하여 소명을 하거나, 만약 소명이 충분히 되지 않으면 이전 공시 내용을 변경하거나 향후 공시에 변경사항을 반영한다. 이 과정에서 CorpFin과 기업은 수차례 후속편지와 답변(follow-up letters & responses)을 주고받게 된다. 이 과정을 통해 CorpFin이 기업의 소명에 대하여 만족한 경우에는 심사가 종료되고, 심사과정에서 교환한 편지와 답변들은 SEC의 EDGAR 시스템을 통해 일반인에게 공개된다. SEC는 현재 심사 종료 후 20 업무일 이후에 이를 공개하는 것을 원칙으로 하고 있다.

재무제표 심사기관의 조직 구성

한편 재무제표 심사는 11개의 산업군별로 진행된다. 현재 CorpFin에서는 각 산업군의 심사를 11개의 오피스가 분담하고 있다. [부록도표 11]은 이에 대한 상세한 내용을 정리한 것이다.

각 오피스는 비슷한 조직 구조를 가지고 있다. 즉, 한 개의 오피스는 보통 한 명의 디렉터(AD, Assistant Director)를 포함한 간부급 직원 5명과 약 25명에서 35명의 전문가로 구성된다. 전문가들은 주로 회계사나 변호사들이다. [부록도표 12]는 CorpFin의 산업군별 오피스의 일반적 구성을 요약한 것이다.

[부록도표 11] CorpFin의 산업군별 재무제표 심사 분담 현황

오피스 번호	산업 분류
1	의료 및 보험업(Healthcare and Insurance)
2	소비재(Consumer Products)
3	정보기술 및 서비스업(Information Technologies and Services)
4	천연자원(Natural Resources)
5	운송 및 레저(Transportation and Leisure)
6	제조 및 건설업(Manufacturing and Construction)
7	금융업(Financial Services)
8	부동산 및 상품중개(Real Estate and Commodities)
9	음료, 의류 및 광업(Beverages, Apparel, and Mining)
10	전자 및 기계(Electronics and Machinery)
11	통신업(Telecommunications)

[부록도표 12] 산업군별 오피스의 일반적 조직 구성

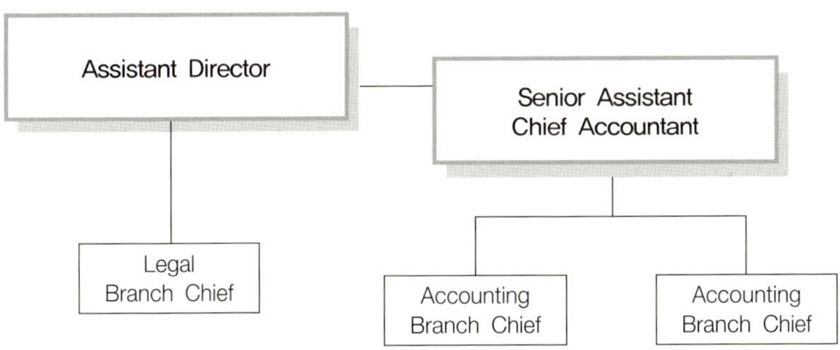

재무제표 심사과정

재무제표의 심사는 2단계로 이루어진다. 먼저 1단계에서는 조사자(examiner)가 회사의 공시자료를 읽고 불명확한 부분이나 개선이 필요한 부분을 찾아낸다. 이후 이루어지는 2단계에서는 1단계에서 발견된

내용을 중심으로 심사자(reviewer)가 공시자료를 다시 검토하고 편지를 발송하기 전에 승인하고 서명한다. 이처럼 심사자가 재검토를 하는 이유는 심사과정의 일관성을 유지하기 위함이다.

1단계 조사에서는 조사자의 전문성에 따라서 여러 명이 한 회사의 공시자료를 검토한다. 반면 2단계 심사에서는 일반적으로 한 심사자가 한 회사의 공시자료를 검토하지만, 경우에 따라서 두 명의 심사자가 검토하는 경우도 있다. 2단계 심사는 대부분 각 산업군 오피스의 간부급 직원이 담당한다.

기업 및 감사인과의 커뮤니케이션

SEC는 기업이나 감사인과의 커뮤니케이션 활성화를 위해 매우 많은 노력을 기울인다. SEC는 다음의 이슈들에 대해서는 더욱더 기업이나 감사인들이 OCA(Office of the Chief Accountant)와 적극적으로 의사소통할 것을 권장하고 있다. 특히 비정상적이고 복잡하고 새로운 회계처리임에도 불구하고 명확한 가이드라인이 없는 경우나 감사인의 독립성과 관련된 문제가 이에 해당된다.

- 회계이슈
- 재무제표 작성이슈
- 감사관련 우려사항 또는 질문

OCA 내에는 크게 회계 그룹, 실무전문가 그룹, 국제 그룹, 법률자문 및 ENF 연락 오피스의 네 가지 그룹이 있다. 먼저 회계 그룹(accounting group)은 회계와 재무보고 관련 이슈에 관한 전문가 의견을 제공한다. 이 회계 그룹은 미국회계기준위원회(FASB, Financial Accounting Standards Board)의 회계기준 제정을 감독하고, 국제회계기준위원회(IASB, International Accounting Standards Board)의 회계기준 제정을 모니터링한다.

또한 회계 그룹은 CorpFin과 함께 재무보고규정을 제정하는 과정에 참여하여 전문가 의견을 제공하며, Staff Accounting Bulletins(SABs)를 통해 중요한 회계이슈에 대한 SEC의 의견을 외부에 알리는 역할도 수행한다. 회계 그룹의 주요 역할을 정리하면 다음과 같다.

- FASB나 IASB의 회계 및 공시 기준 변경에 대한 자문
- 기업과 감사인에 대한 전문가 의견 제공
- SEC 내의 부서, 즉 CorpFin, ENF 등 다른 부서에 대한 전문가 의견 제공

OCA 내에는 실무전문가 그룹(Professional Practice Group)도 편성되어 있다. 실무전문가 그룹은 감사의 독립성이나 내부통제 같은 감사에 관한 전문가 의견을 제공한다. 또한 상장사회계감독위원회(PCAOB, Public Company Accounting Oversight Board)에 대한 감독도 수행한다.

국제 그룹(International Group)은 국제 감사 및 회계 이슈에 대한 전문가 의견을 SEC 내부 부서에 제공한다. 또한 회계 그룹 및 실무전문가 그룹과 협력하여 SEC와 유사한 목적을 공유하는 국제기구에게 거버넌스 및 기술적 이슈에 대한 전문가 의견을 제공한다.

끝으로 법률 자문 및 ENF 연락 오피스(OCCEL, Office of Chief Counsel and Enforcement Liaison)는 OCA 내에서 법률 자문을 제공하며, 회계사

또는 회계법인에 대한 징계 부과 등 ENF(Division of Enforcement)가 주관하는 재무보고와 관련된 모든 조치의 실행을 지원한다.

분식회계 적발 및 제재

ENF(Division of Enforcement)는 분식회계 적발과 제재를 담당한다. SEC 내에서 가장 크고 영향력 있는 부서라고 할 수 있다. ENF 본부는 워싱턴 DC에 있고, 주로 초기 조사를 담당하는 11개의 지역본부는 미국 전역에 고루 분포되어 있다.

SEC에서 분식회계의 적발과 제재가 이루어지려면 크게 다음 세

[부록도표 13] ENF 지역 본부 분포 현황

Atlanta Regional Office
950 East Paces Ferry, N.E., Suite 900
Atlanta, GA 30326
404-842-7600

Boston Regional Office
33 Arch Street, 24th Floor
Boston, MA 02110
617-573-8900

Chicago Regional Office
175 W. Jackson Boulevard, Suite 1450
Chicago, IL 60604
312-353-7390

Denver Regional Office
1961 Stout Street, Suite 1700
Denver, CO 80294
303-844-1000

Fort Worth Regional Office
801 Cherry Street, Suite 1900, Unit 18
Fort Worth, TX 76102
817-978-3821

Los Angeles Regional Office
444 South Flower Street, Suite 900
Los Angeles, CA 90071
323-965-3998

Miami Regional Office
801 Brickell Ave., Suite 1800
Miami, FL 33131
305-982-6300

New York Regional Office
200 Vesey Street, Suite 400
New York, NY 10281
212-336-1100

Philadelphia Regional Office
1617 JFK Boulevard, Suite 520
Philadelphia, PA 19103
215-597-3100

Salt Lake Regional Office
351 S. West Temple St., Suite 6.100
Salt Lake City, UT 84101
801-524-5796

San Francisco Regional Office
44 Montgomery Street, Suite 2800
San Francisco, CA 94104
415-705-2500

가지 조건을 충족해야 한다.

- 명확한 법률 위반 사실
- 단순 실수가 아닌 명백한 고의
- 분식회계로 인한 상당한 경제적 이익 획득

분식회계의 적발과 제재 과정에서는 ENF 내의 내부고발자 오피스(Office of Whistle Blower)가 중요한 역할을 담당하고 있다. 내부고발자로부터 입수하는 증권법 위반 관련 정보는 SEC의 ENF가 분식회계 적발 및 제재에 있어서 활용하는 가장 강력한 수단 중의 하나이다. SEC는 보통 내부고발자로부터 분식회계의 세부사항과 고의성 입증을 위해 필수적인 관련 인물들과 관련 사실에 대한 정보를 얻어낸다.

이러한 정보는 내부고발자의 제보 없이는 발견하지 못할 가능성이 매우 높고 설사 제보 없이 발견하더라도 시기가 크게 늦어질 가능성이 높다. SEC는 이러한 적시성 있는 구체적 정보를 통해 투자자의 피해를 최소화하고 미국 자본시장의 건전함을 유지하고 있다고 볼 수 있다.

내부고발자 프로그램

내부고발자 프로그램은 2010년 제정된 Dodd-Frank 법안에 의거하여 내부고발자에게 금전적 보상을 크게 지급함으로써 활성화되었다. 예를 들어 SEC는 100만 달러 이상의 벌금을 성공적으로 부과한 경우에만 정보를 자발적으로 제공한 개인에게 보상을 지급한다.

보상금으로 벌금회수액수의 10%에서 30%를 지급하는데, 2018년 1년 동안만 16,800만 달러(한화 약 1,900억 원) 이상의 보상금이 13명의 내부고발자에게 지급되었다. 한편 금전적 보상 이외에 Dodd-Frank 법안 내용에 포함되어 있는 내부고발자 보호 관련 규정이 내부고발자 프로그램 활성화의 중요한 역할을 한 것으로 보인다.

비조치의견서

비조치의견서(no action letter)란 기업이 감독기관에 대해 법규 위반 여부에 대한 심사를 청구하면 이에 대해 감독기관이 회신을 하는 제도로서, 검토 결과 문제가 없으면 추후에도 제재 등 법적 문제를 제기하지 않겠다는 의견을 간접적으로 피력하는 것을 말한다. 쉽게 말해 일종의 '사전 면죄부'를 주는 제도라고 할 수 있다.

SEC의 비조치의견서는 구체적으로 특정 거래를 기록하기 위한 회계처리에 관해서는 제공되지 않는다. 그 대신 SEC는 주로 행정적인 이슈들과 관련되어 비조치의견서를 제공하고 있다.

Pre-clearance 프로세스

미국에서는 개별기업의 구체적인 회계처리에 대한 가이드라인이 공식문서의 형태로 제공되지 않는다. 그러나 Interpretation service와 유사한 맥락에서 Pre-clearance 프로세스가 미국에도 존재한다. Pre-clearance란 기준 해석 및 적용과 관련하여 비공식적인 커뮤니케이션을 통해 SEC의 입장을 기업 또는 감사인과 공유하는 과정을 말한다. Pre-clearance는 특정 회계이슈와 관련하여 특정 회사에 한정된 커뮤니케이션이다. 다시 말해 커뮤니케이션의 내용이 문서화되어 공개되지 않는다는 의미이다.

Interpretation과 관련된 SEC의 이와 같은 입장은 시간이 지나면 바뀔 수도 있을 것이다. 그러나 변경이 되더라도 일반적으로 소급법으로 적용되는 것이 아니라, 전진법으로 바뀐 방법이 미래의 회계처리에만 적용되게 된다.

공시수정-Big R vs. Little r Restatement

미국의 공시 수정은 중요성의 원칙에 따라 'Big R restatement'와 'Little r restatement'의 두 가지 방법으로 구분된다. Big R restatement는 중요한 회계오류에 대하여 과거 재무제표를 재작성하여 다시 제출하는 것이고, Little r restatement는 상대적으로 덜 중요한 회계오류에 대하여 현 재무제표의 주석사항에 오류내용을 수정하여 공시하는 것을 말한다.

여기서 말하는 중요성(materiality)의 기준은 'rule of thumb'으로 세전이익의 5~10%라고 널리 알려져 있으나, 사실 명확히 확립된 기준은 없다고 보는 것이 타당하다. 실제로 미국에서 Big R restatement로 재무제표가 재작성되는 경우는 매우 드물다. 분명히 잘못된 것이 아니면 일반적으로는 Little r restatement를 통해 잘못된 공시의 수정이나 삭제 또는 추가적인 정보의 공시를 통하여 시장에 알린다. 한편 Amendment는 재무제표를 포함한 기업의 공시오류에 대한 수정을 말하는데, proxies, 표와 서명, 또는 감사보고서와 같이 재무제표 이외의 수정이 주류를 이룬다. 흔히 정정보고서라고 부르는 10-K/A이 이에 대한 좋은 실례이다.

기업과 감사인의 비대칭적 처벌

미국에는 회계부정을 저지른 기업이나 경영자에 대한 처벌 법규가 존재한다. 부실감사를 한 감사인에 대한 직접적인 처벌 규정이 없다. 그러나 감사인이 SEC의 조사를 방해하거나 그에 영향을 미칠 목적으로 증거물을 고의로 훼손한 경우에는 처벌할 수 있다. SEC는 기업을 처벌할 때도 양적 개념의 양정기준을 거의 사용하지 않는다. 대신 지적받은 회계이슈의 성격과 경제적 효과에 따라 기업과 SEC 양측의 합의에 의해 처벌의 내용과 수준을 결정한다.

SEC 감독담당자의 전문성

SEC는 회계사를 채용할 때 경험이 적은 회계사는 아예 뽑지 않는다. 이에 따라 SEC 소속 회계사들은 평균 10~15년의 경험을 쌓은 전문가들이다. 대략 300명 이상의 회계사가 워싱턴 DC에 근무하고 있으며, 지역본부(regional office)에 근무하는 회계사까지 포함하면 2017년 기준으로 SEC에서 근무하는 회계사는 900명 이상으로 집계된다. 워싱턴 DC에서 근무하는 회계사들은 대부분 Office of the Chief Accountant 또는 Division of Corporation Finance 소속이고, 지역본부에서 근무하는 회계사의 대부분은 Division of Enforcement에 소속되어 있다.

특히 심사과정의 질의와 답변(comment letter & response)을 담당하는 Division of Corporation Finance에 근무하는 회계사들은 모두 산업전문가로서 11개로 분류되는 산업별 전문성이 탁월하다. Division of Corporation Finance에는 회계사 외에 변호사나 기타 전문가들이 심사과정 업무를 지원하고 있다.

감독과정의 투명성

투명성 확보를 위해 심사과정에 있어서 감독기관과 기업 간의 소통은 모두 문서를 통해 투명하게 진행된다. 비공식적인 소통도 마찬가지이다. 또한 이러한 의사소통의 과정과 내용은 모두 SEC 홈페이지를 통하여 대중에게 공개된다. 또한 심사과정에서의 질의와 답변과 관련된 문서를 작성한 담당자의 실명과 연락처가 공개되기 때문에 다른 기업이 유사한 질문을 해야 할 때는 이러한 정보를 이용하여 담당자와 직접 연락을 취할 수 있다.

심사과정에서의 질의와 답변의 역할은 감독목적뿐 아니라 재무제표의 정보성(informativeness)을 강화하는 목적으로도 사용된다. 이에 따라 기업은 심사과정에서의 질의와 답변을 통해 교육효과를 얻을 수 있고, 투자자는 투자의사결정을 내리는 과정에서 큰 도움을 받을 수 있다.

주 석

1 회계제도 선진화를 위한 민관 합동 TF 구성 및 추진방안, 금융위원회 보도자료 (2008.4.17)

2 과거 규칙중심 회계기준의 예로서 다음과 같은 기업을 종속회사로 분류하라는 명료한 양적 기준이 존재하였다.
i) 지분율이 50%를 초과하거나,
ii) 지분율이 30% 이상이면서 최대주주인 경우

3 기업회계기준서 제1110호(연결재무제표)에서는 지배기업은 연결재무제표를 표시한다(문단 4)고 규정하고 지배기업에 대해 다음과 같이 설명하고 있다.
[문단 5] 투자자는, 기업(피투자자)에 관여하는 성격과 관계없이, 피투자자를 지배하는지 평가하여 자신이 지배기업인지를 결정한다.
[문단 6] 투자자는 피투자자에 관여함에 따라 변동이익에 노출되거나 변동이익에 대한 권리가 있고, 피투자자에 대한 자신의 힘으로 변동이익에 영향을 미치는 능력이 있을 때 피투자자를 지배한다.
[문단 7] 따라서 투자자는 다음 모두에 해당하는 경우에만 피투자자를 지배한다.
(1) 피투자자에 대한 힘이 있다(문단 10~14 참조).
(2) 피투자자에 관여함에 따라 변동이익에 노출되거나 변동이익에 대한 권리가 있다(문단 15와 16 참조).
(3) 투자자의 이익금액에 영향을 미치기 위하여 피투자자에 대한 자신의 힘을 사용하는 능력이 있다(문단 17과 18 참조).

4 한국채택국제회계기준과 국제회계기준이 사실상 동일함에도 불구하고 '한국채택'이라는 명칭으로 인하여 국제회계기준과 한국채택국제회계기준은 다른 것이라는 오해가 있다는 지적이 있다. 우리나라가 회계정보의 국제적 신뢰도를 향상시키기 위하여 국제회계기준을 도입한 만큼, 명칭으로 인하여 불필요한 오해가 발생하는 점에 대해서는 고민할 필요가 있다.

5 우리나라는 IFRS 100% 도입국가이다. 이제까지 만들어진 모든 국제회계기준을 예외 없이 사용하고 있고, 국제회계기준의 공표일에 한국채택국제회계기준을 공표하여 시행일이 동일했기 때문이다. 하지만 앞으로는 한국채택국제회계기준의 공표일을 경우에 따라 조금 늦추는 것도 고려해야 한다는 주장도 일부 있다. 예를 들어 국제회계기준 제17호 '보험'의 경우 국제회계기준의 시행일에 맞추어 한국 보험 산업이 충분히 준비할 수 없을 것이기 때문에

한국 보험 산업의 준비기간을 고려하여 우리나라에서는 늦추어 시행하는 것을 고려해야 한다는 주장도 있다.

6 설문 응답 기업 회계담당자 비율
기업체 유형별 : 대기업 17%(27명), 중견기업 41%(66명), 중소기업 42%(68명)
직급별 : 임원 14%, 부장급 26%, 부장 미만 60%

7 설문 응답 회계법인 공인회계사 비율
회계법인 유형별 : Big 4 78.2%, Big 10 15.4%, 기타 6.4%
직급별 : 파트너 33.5%, 이사 27.1%, 매니저/시니어 38.3%, 수습 1.1%

8 호주의 경우 IFRS 전환에 따라 감사보수가 평균 23% 상승했으며, 작은 기업일수록 IFRS 감사비용이 크게 증가했다.

9 코스닥(KOSDAQ)시장의 시간당 감사보수는 유가증권시장(KOSPI)의 시간당 감사보수보다 높음을 확인했다. 그 이유는 코스닥시장의 시간당 감사보수가 기업규모 및 사업위험(business risk), 고유위험과 통제위험으로 인해 유가증권시장의 시간당 감사보수보다 높은 것으로 추정된다. 하지만 최근 들어 코스닥시장의 시간당 감사보수는 가파르게 하락하여 유가증권시장의 감사보수와 유사하다.

10 Ball(2006)은 경제적 · 정치적 압력이 영향을 주지 못하도록 하는 강력한 근본적인 변화가 존재하지 않는 국가에서 국제회계기준과 같은 원칙중심의 회계기준의 긍정적인 도입효과는 어려울 것이라고 예상했다.

11 물론 당기 감사인이 전기 재무제표 수정을 요구하긴 했지만 당기 감사인이 수정사항까지 감사할 경우 당기 감사인의 책임범위가 확대되기 때문에 수정사항에 대한 감사를 꺼린다.

12 자본시장법에 따라 사업보고서에는 반드시 외부감사인의 감사보고서가 첨부되어야 한다. 회사가 당기 감사인의 요구를 받아들여 과거 사업보고서를 재발행하였더라도 전임 감사인이 감사보고서를 재발행하지 않으면 재발행되는 사업보고서에 첨부되는 감사보고서는 전임 감사인의 감사보고서가 된다.

13 한 신용평가회사 DB 담당자와의 면담에 따르면 이 회사는 재수정된 재무제표에 감사의견이 없는 경우에는 수정 전 재무제표를 이용하는 것으로 나타났다.

14 「감리결과조치양정기준」에 따르면 회사가 재무제표를 수정 · 공시한 경우 기본조치를 감경할 수 있도록 되어 있는데, 「감리결과조치양정기준」 개정사항 관련 Q&A(2013.3)에서 금융감독원은 감리에서 감경을 받기 위한 자진 수정 · 공시방법으로 당기 사업보고서상 비교재무제표를 수정 · 공시하거나 과거 사업보고서를 재발행하는 방법 중 하나를 선택할 수 있다고 답변하고 있다.

15 다만, 주기적 지정제가 시행될 경우 감사인의 협상력 강화로 인해 이러한 문제는 일부분 해소될 수 있을 것으로 판단된다.

16 증권선물위원회는 금융위원회 소속 위원회로서 위원장 1인을 포함한 5인의 위원으로 구성된다. 위원장은 금융위원회 부위원장이 겸임하고 위원은 금융·증권·선물·회계 분야에 경험이 많은 자, 대학에서 법률학·경제학·경영학 또는 회계학을 전공한 자 등 가운데 금융위원회 위원장의 추천으로 대통령이 임명한다. 회의는 위원 3인 이상의 찬성으로 의결한다. 증권선물위원회의 업무대상은 ① 자본시장의 불공정 거래조사, ② 기업회계의 기준 및 회계감리에 관한 업무, ③ 금융위원회가 심의·의결하는 증권·선물시장의 관리 감독 및 감시 등과 관련된 주요 사항에 대한 사전심의, ④ 자본시장의 관리·감독 및 감시 등을 위하여 금융위원회로부터 위임받은 업무, ⑤ 기타 다른 법령에서 증권선물위원회에 부여된 업무 등이다.

17 금융위원회 산하 증권선물위원회는 회계감리결과 조치에 관한 사항과 그에 관련된 이의신청, 직권재심에 관한 사항을 효율적으로 심의하기 위하여 증권선물위원회 소속으로 감리위원회를 둔다. 감리위원회는 위원장 1명을 포함한 9명의 위원으로 구성하며, 위원장은 증권선물위원회 상임위원으로 한다(외부감사 및 회계 등에 관한 규정).

18 이충훈(2018)에 따르면 IFRS 도입 이후 회계감리기간이 1년 이상 지속되는 경우가 많아 기업 입장에서 불확실한 상태의 지속 자체가 상당한 부담으로 느껴지며, 회계감리기간이 길어지는 만큼 부적절한 재무정보가 수정되지 않고 공시되는 기간도 늘어나 그로 인한 피해가 증가되는 문제가 있다고 지적하고 있다.

19 우리나라는 2020년부터 주기적 지정제를 도입하였는데, 주기적 지정제란 6년 동안은 기업이 감사인을 자유롭게 선임하고 3년 동안은 감독기관이 감사인을 지정하는 방식을 말한다. 원래 우리나라를 비롯한 대부분의 국가는 감사인의 선임은 자유수임제도를 채택하여 피감사인인 회사가 감사인을 자유롭게 선임할 수 있었으며, 일부 예외적으로 분식회계에 연루되었거나 기업재무상황이 어려운 경우, 상장예정인 법인 등 특수한 경우에만 감사인을 감독기관이 지정하였다. 그러나 2018년 외감법 개정으로 6년 동안 감사인을 자유수임제도로 선임한 후 3년간은 감사인을 감독기관이 지정하는 방식으로 감사인 선임관련 제도가 개편된 것이다. 즉, 우리나라는 완전한 지정제도는 아니며, 자유수임제도에 지정제도가 결합된 형태의 감사인 선임제도를 가지고 있는 것이다.

20 회계감사기준 200. 독립된 감사인의 전반목적 및 감사기준에 따른 감사의 수행, 적용 및 기타 설명자료 A46

21 EFRAG(European Financial Reporting Advisory Group)는 EU의 지원을 받아 설립된 유럽재무보고 자문기구로서 유럽지역의 IFRS 관련 이슈의 자문

협의조직이다.

22 전문가 면담은 회계감독당국, 기업체, 회계법인 등 다양한 분야의 전문가들과의 면담조사로 이루어졌다. 첫 번째는 원칙중심 회계에서의 회계감독의 문제점에 대해서 회계감독 및 기업체, Big 4 회계법인 및 Non Big 4 회계법인 심리당당 대표임원이 참석한 Agenda meeting(2018.9.20)에서 원칙중심 회계감독에 이해관계자들의 의견을 청취하였으며, Non Big 4 회계법인 대표와 심리담당 임원(2018.10.25), 또한 4대 회계법인(삼일, 안진, 한영, 삼정 회계법인)의 원칙중심 회계기준과 회계감독에 대한 최고경영진의 의견을 듣는 면담을 시행하였다.

두 번째로 감리담당 감독기관의 입장을 청취하기 위해 금융감독원 감리담당자와 한국공인회계사회 위탁감리 담당자를 면담하였다. 금융감독원 감독담당자 면담(2018.10.29), 한국공인회계사회의 위탁감리위원(2018.10.23), 금융감독원 전문심의위원 및 회계감리담당자 간담회(2019.5.19)를 통한 면담을 시행하였다.

23 「감리결과조치양정기준」에 재무제표를 수정 · 공시한 경우 기본조치를 감경할 수 있다고 규정되어 있다.

24 현재 발간된 감독지침은 다음과 같다.

「제약 · 바이오 기업의 연구개발비 회계처리 관련 감독지침」(2018.9.19)

「비상장주식에 대한 공정가치 평가 관련 감독지침」(2019.3.12)

「新리스기준서 시행(19년) 前後 해운사 · 화주 간 장기 운송계약(CVC) 회계처리 관련 감독지침」(2019.4.23)

25 「제약 · 바이오 기업의 연구개발비 회계처리 관련 감독지침」(2018.9.19) 참조.

26 외감규정 제23조 제1항 제1호 나목, 2019년 4월 1일부터 적용.

27 「외부감사 및 회계 등에 관한 규정」 제23조(감리등의 착수) ① 감리집행기관은 회사가 다음 각 호의 어느 하나에 해당하는 경우에는 재무제표 감리를 실시할 수 있다.

2. 재무제표 심사를 수행한 결과가 다음 각 목의 어느 하나에 해당하는 경우
   가. 회계처리기준 위반 혐의가 고의 또는 중과실에 해당한다고 판단한 경우
   나. 재무제표 심사를 시작한 날부터 과거 5년 이내의 기간 동안 경고를 2회 이상 받은 상태에서 회계처리기준 위반 혐의가 발견된 경우
   다. 감리집행기관이 회사의 공시된 재무제표에 회계처리기준 위반이 있다고 판단하여 그 재무제표를 수정하여 공시할 것을 권고하였으나 해당 회사가 특별한 이유 없이 권고사항을 이행하지 않는 경우
3. 공시된 재무제표를 회사가 자진하여 수정하는 경우로서, 수정된 금액이

중요성 금액의 4배 이상이거나 최근 5년 이내에 3회 이상 수정한 경우

28 「외부감사 및 회계 등에 관한 규정」 제27조(조치등의 기준) ③ 금융감독원장은 재무제표 심사(내부회계 관리제도 감리를 한 경우에는 내부회계 관리제도 감리를 포함한다. 이하 같다)를 수행한 결과 다음 각 호의 어느 하나에 해당하는 조치를 할 수 있다. 다만, 피조사자의 재무제표에 회계처리기준 위반이 발견된 경우에는 그 위반사항에 대한 수정공시를 한 경우에 한정한다.

1. 경고
2. 주의
3. 내부회계 관리제도상 취약사항의 해소 등 위법상태를 시정하거나 다른 위법행위를 방지하기 위한 권고

29 http://www.fetv.co.kr/news/article.html?no=17853

30 https://cnbc.sbs.co.kr/article/10000934154?division=NAVER

31 http://www.dt.co.kr/contents.html?article_no=2011080502010351744002

32 종전의 금융감독원 품질감리 사후조치와 미국 PCAOB의 품질감리 사후조치를 비교한 결과를 보면 PCAOB의 경우는 감사업무 프로세스 개선권고를 감사인이 미이행하였을 경우 외부 공개를 시행하며, 개별 감사에 대한 프로세스 검토에서 회계감사기준상 감사절차를 위반한 사항이 적발될 경우는 여러 가지 징계를 시행하고 있다. 우리나라의 경우는 개별 감사에 대해서는 품질관리 감리가 아니라 감사보고서 감리에서 문제가 지적된 경우 회계감사기준 위반 여부를 조사하여 제재하고 있다.

33 품질관리 감리인력의 잦은 교체 등으로 새로운 담당자가 이전 담당자와는 다른 방향의 질문을 하거나 다른 잣대를 적용하는 문제점이 제기되기도 한다. 또한 이전 품질관리 감리시 지적한 담당자와 향후 이행보고 결과를 검토하는 담당자가 다른 경우에 사전적인 충분한 communication이 이루어지지 않고 서로 다른 얘기를 하기도 한다는 지적이 실무에서 꾸준히 제기되고 있다.

34 The-FRC-About-Us-February-2018.pdf

35 이러한 제도를 일반적으로 Two tier system으로 부르는데, 독일도 유사한 제도를 운영하고 있다.

36 ASCG Interpretation 4 (IFRS) Accounting for Interest and Penalties Related to Income Taxes under IFRSs. Publication Date:05.09. 2018//Effective Date: 01.01.2018

ASCG Interpretation 3 (IFRS) Interpretation Issues relating to Puttable Financial Instruments in Accordance with IAS 32. Publication Date: 22.01.2009//Applicable from:22.01.2009//Last Revision:12.07.2013

ASCG Interpretation 2 (IFRS) Obligation to Dispose of Electrical and

Electronic Equipment. Publication Date:20.01.2006//Applicable from:20.01.2006//Last Revision:12.07.2013
ASCG Interpretation 1 (IFRS) The Current/Non-current Classification in the Statement of Financial Position under IAS 1 Presentation of Financial Statements. Publication Date:19.07.2005//Applicable from:19.07.2005// Last Revision:12.07.2013

37 BaFin은 2002년 the Financial Services and integration Act(German: Gesetz über die integrierte Finanzaufsicht(FinDAG))의 법령이 통과됨으로써 설치되었으며, 종전의 the Federal Banking Supervisory Office(German: Bundesaufsichtsamt für das Kreditwesen(BAKred)), the Federal Supervisory Office for the Securities Trading(German: Bundesaufsichtsamt für den Wertpapierhandel(BAWe)), and the Federal Insurance Supervisory Office(German: Bundesaufsichtsamt für das Versicherungswesen(BAV))의 3기관의 통합으로 설치된 것이다.

◉ 참조자료_원칙중심 회계 특별 세미나 경과

❑ 원칙중심 회계기준과 회계 특별 세미나 1차

- 주제 : 원칙중심 회계와 회계감독
- 일시 : 2018년 11월 23일(금) 오후 1:30 ~ 4:30
- 장소 : 전경련회관 컨퍼런스센터 2층 루비홀
- 환영사 : 조성표 한국회계학회장
- 축사 : 김학수 금융위원회 증권선물위원회 상임위원
- 제1주제 발표

  원칙중심 회계기준의 특성과 국내외 논의 / 이영한(서울시립대학교 교수)
- 제2주제 발표

  원칙중심 회계기준하에서의 회계감독의 문제점과 개선방향 / 전규안(숭실대학교 교수)
- 토론 및 질의응답

  좌장 : 한종수(이화여자대학교 교수)

  토론 : 김상원(금융감독원 국장)
김종일(가톨릭대학교 교수)
손영채(금융위원회 과장)
이동근(한영회계법인 부대표)
이태홍((주)두산 관리본부장)

❑ 원칙중심 회계기준과 회계 특별 세미나 2차

- 주제 : 원칙중심 회계와 회계감사
- 일시 : 2019년 1월 25일(금) 오후 2:00~4:30
- 장소 : 대한상공회의소 지하 2층 중회의실 A
- 환영사 : 조성표 한국회계학회장
- 축사 : 최중경 한국공인회계사회 회장
- 제1주제 발표

  원칙중심 회계와 회계감사 / 손혁(계명대학교 교수), 오명전(숙명여자대학교 교수)
- 제2주제 발표

  원칙중심 회계하에서 감사인 간 견해차이로 인해 발생되는 문제점과 개선방향 / 박종성(숙명여자대학교 교수)
- 토론 및 질의응답

  좌장 : 한종수(이화여자대학교 교수)

  토론 : 김선문(금융위원회 회계팀장)
  김태홍(대우건설 회계팀 차장)
  김한수(경기대학교 교수)
  장석일(금융감독권 회계심사국 국장)
  조성연(한영회계법인 상무)
  조연주(한국공인회계사회 연구1본부 본부장)

❑ 원칙중심 회계기준과 회계 특별 세미나 3차

- 주제 : 원칙중심 회계와 기업
- 일시 : 2019년 3월 20일(수) 오후 1:30~4:30
- 장소 : 여의도 중소기업중앙회 제1대회의실(2층)
- 환영사 : 조성표 한국회계학회장
- 축사 : 김의형 한국회계기준원 원장
- 제1주제 발표

  기업의 입장에서 바라본 원칙중심 회계 / 한승수(고려대학교 교수)
- 제2주제 발표

  원칙중심 회계의 정착을 위한 기업의 바람직한 대응방안 / 김웅길(숭실대학교 교수), 현승임(삼정회계법인 상무)
- 토론 및 질의응답

  좌장 : 한종수(이화여자대학교 교수)

  토론 : 김광오(효성 재무본부 부사장)

  손영채(금융위원회 과장)

  신상철(중소기업연구원 수석연구위원)

  이광준(카이스트 교수)

  이기영(삼덕회계법인 심리실장)

  홍기수(삼일회계법인 전무)

❑ 원칙중심 회계기준과 회계 특별 세미나 4차

- 주제 : 원칙중심 회계와 법적 이슈
- 일시 : 2019년 4월 26일(금) 오후 1:30～4:30
- 장소 : 대한상공회의소 지하 2층 중회의실 B
- 환영사 : 조성표 한국회계학회장
- 축사 : 유진희 상사법학회 수석부회장
- 제1주제 발표

  원칙중심 회계에서의 절차적 보장 강화방안 / 김도희(법무법인 광장 변호사)
- 제2주제 발표

  원칙중심 회계관련 형사법적 문제 / 강태훈(법무법인 바른 변호사)
- 토론 및 질의응답

  좌장 : 한종수(이화여자대학교 교수)

  토론 : 김선문(금융위원회 회계팀장)

  김은조(금융감독원 회계심사국 부국장)

  송옥렬(서울대학교 교수)

  이한성(삼일회계법인 상무)

❑ 원칙중심 회계기준과 회계 특별 세미나 5차

- 주제 : 1~4차 주제 종합
- 일시 : 2019년 5월 21일(화) 오후 1:30~5:30
- 장소 : 국회의사당 헌정기념관
- 환영사 : 유동수 더불어민주당 정무위원회 간사
  김종석 자유한국당 정무위원회 간사
  김병관 더불어민주당 국회의원
  조성표 한국회계학회장
- 축사 : 채이배 바른미래당 국회의원
  김부겸 더불어민주당 국회의원
  김관영 바른미래당 국회의원
- 제1주제 발표

  원칙중심 회계의 올바른 정착방안 / 한종수(이화여자대학교 교수)
- 제2주제 발표

  영국감독기관의 심사제도 / Paul George(영국 FRC Corporate Governance and Reporting Executive Director)
- 토론 및 질의응답

  좌장 : 조성표(한국회계학회 회장)

  토론 : 김민교(LG전자 상무이사)
  박권추(금융감독원 전문심의위원)
  박재환(증권선물위원회 비상근위원)
  윤경식(한국공인회계사회 상근 감리조사위원장)
  정우용(한국상장회사협의회 전무이사)

• 주최 : 민병두(국회 정무위원회 위원장)
김병관(더불어민주당 국회의원)
유동수(더불어민주당 국회의원)
김종석(자유한국당 국회의원)
금융위원회
한국회계학회
한국회계기준원

• 후원 : 한국공인회계사회 삼일회계법인 안진회계법인
삼정회계법인 한영회계법인 성도이현회계법인
삼덕회계법인 신한회계법인 한국상장회사협의회
코스닥협회 한국경제신문

• 원칙중심회계연구위원회 연구진

강태훈(법무법인 바른) 김도희(법무법인 광장)
김웅길(숭실대) 박종성(숙명여대)
손 혁(계명대) 오명전(숙명여대)
이영한(서울시립대) 전규안(숭실대)
조성연(한영회계법인) 한승수(고려대)
한종수(이화여대) 현승임(삼정회계법인)
홍기수(삼일회계법인)

참고문헌

금융감독원. 2017. 2017년도 회계감리업무 운영계획.

금융감독원. 2018. 2018년도 회계감리업무 운영계획.

김경태. 2014. K-IFRS 제도 변경이 이익조정에 미치는 영향: 감사법인 규모를 중심으로. 회계 · 세무와 감사 연구(제56권 제1호):117-146.

배길수 · 이재은. 2013. 회계감리제도 개선방안에 대한 연구. 회계저널(제22권 제2호):23-60.

서원정. 2009. IFRS 원칙중심 회계기준 도입의 의미. IFRS 도입에 대비한 회계감독방향 심포지움 보고서.

이재은 · 이영한. 2018. 회계감리제도 선진화를 위한 재무제표 심사 및 외부감사인 감리시스템 개선방안에 관한 연구. 한국공인회계사회 연구보고서.

이충훈. 2018. IFRS시대 회계감리절차와 조치양정기준의 개선방향에 대한 제언. 월간공인회계사(제305권):44-49.

정태범. 2013. 국제회계기준의 도입과 이익조정. 회계저널(제22권 제1호):327-348.

조성표 · 박선영 · 하석태 · 김현아. 2013. IFRS 도입으로 인한 장기영업손실의 흑자전환에 대한 자본시장의 반응. 회계학연구(제38권 제4호):261-295.

조중희. 2019. 원칙중심회계기준 어떻게 실행할 것인가? – 삼성바이오로직스 사례에 대한 토론. 한국회계학회 학술발표논문집(제2호):1-36.

최서아 · 최국현. 2015. 한국채택국제회계기준(K-IFRS)의 도입은 회계투명성을 향상시키는가? – 자본시장에서의 회계정보 유용성을 통한 분석. 생산성논집(제29권 제2호):197-230.

한종수. 2018. IFRS 시행 아래 감리제도의 문제점과 개선방향. 제3회 감사인워크숍.

Ahmed, A. S., M. Neel, and D. Wang. 2013. Does mandatory adoption of IFRS improve accounting quality? Preliminary evidence. *Contemporary Accounting Research* 30(4):1344-1372.

Ball, R. 2006. International financial reporting standards (IFRS): pros and cons for investors. *Accounting and Business Research* 36:5-27.

Barth, M., W. Landsman, and M. Lang. 2008. International Accounting Standards and Accounting Quality. *Journal of Accounting Research* 46:467-498.

Barth, M., W. Landsman, M. Lang, and C. Williams. 2012. Are IFRS-based and US GAAP-based accounting amounts comparable? *Journal of Accounting and Economics* 54:68-93.

Black, J., M. Hopper, and C. Band. 2007. Making a success of principles-based regulation. *Law and Financial Markets Review* 1(3):191-206.

Braun, G. P., C. M. Haynes, T. D. Lewis, and M. H. Taylor. 2015. Principles-based vs. rules-based accounting standards: The effects of auditee proposed accounting treatment and regulatory enforcement on auditor judgments and confidence. *Research in Accounting Regulation* 27(1):45-50.

Brown, P. and A. Tarca. 2005. A commentary on issues relating to the enforcement of International Financial Reporting Standards in the EU. *European Accounting Review* 14(1):181-212.

Callao, S. and J. I. Jarne. 2010. Have IFRS affected earnings management in the European Union? *Accounting in Europe* 7(2):159-189.

Cascino, S. and J. Gassen. 2010. Mandatory IFRS adoption and accounting comparability. *Working Paper.*

Cohen, J. R., G. Krishnamoorthy, M. Peytcheva, and A. M. Wright. 2013. How does the strength of the financial regulatory regime influence auditors' judgments to constrain aggressive reporting in a principles-based versus rules-based accounting environment? *Accounting Horizons* 27(3):579-601.

Daske, H., L. Hail, C. Leuz, and R. Verdi. 2008. Mandatory IFRS reporting around the world: Early evidence on the economic consequences. *Journal of Accounting Research* 46:1085-1142.

De George, E. T., C. B. Ferguson, and N. A. Spear. 2013. How much does IFRS Cost? IFRS adoption and audit fees. *The Accounting Review* 88(2):429-462.

DiPiazza, S., T. Flynn, D. McDonnell, J. Quigley, F. Samyn, and J. Turley. 2008. Principles-based accounting standards. *Global Public Policy Symposium Report.*

Ernstberger, J., M. Stich, and O. Vogler. 2012. Economic consequences of accounting enforcement reforms: the case of Germany. *European Accounting Review* 21(2):217-251.

Fédération des Experts Comptables Européens. 2002. *Discussion paper on enforcement of IFRS with Europe.*

Financial Accounting Standards Board. 2003. Principles-based approach to U.S. standard setting (File Reference No. 1125-001).

Gray, S. J., K. Nagata, M. Nakamura, and C. Ozu. 2019. Voluntary Adoption of IFRS: What Motivates Japanese Firms to Voluntarily

Adopt IFRS? available at: https://ssrn.com/abstract=3364253.

Kim, J. and H. Shi. 2012. Voluntary IFRS adoption, analyst coverage, and information quality: International evidence. *Journal of International Accounting Research* 11(1):45-76.

Lang, M., M. Maffett, and E. Owens. 2010. Earnings Comovement and Accounting Comparability: the Effects of Mandatory IFRS Adoption. *Working paper,* University of North Carolina, University of Chicago, and University of Utah.

McEnroe, J. E. and M. Sullivan. 2013. An examination of the perceptions of auditors and chief financial officers regarding principles versus rules based accounting standards. *Research in Accounting Regulation* 25(2):196-207.

Schipper, K. 2003. Principles-based accounting standards. *Accounting Horizons* 17(1):61-72.

SEC. 2004. Study pursuant to Section 108(d) of the Sarbanes-Oxley Act of 2002 on the adoption by the United States financial reporting system of a principles-based accounting system.

■ 집필진

한종수 [대표저자] 이화여자대학교 경영대학 교수
미국 피츠버그대학교에서 회계학 박사학위를 취득했다. 미국 럿거스대학교에서 조교수를 역임했으며, 현재 이화여자대학교 교수, 국제회계기준 해석위원회(IFRS Interpretations Committee) 위원으로 재임 중이다. 공인회계사로 삼일회계법인에서 근무하였으며, 대한회계학회 회장, 한국회계학회 학술위원회 위원장 등의 학술활동과 한국회계기준위원회 비상임위원, 금융위원회 회계제도심의위원회 위원, 금융감독원 금융감독자문위원회 위원, 한국공인회계사회 회계연구회 위원장, 그 외 KB금융지주, (주)LG, 현대커머셜의 사외이사와 감사위원장 등의 사회활동을 하면서, 대통령상 표창, 금융위원회 위원장상, 삼일저명교수상 등을 수상하였다.

김응길 숭실대학교 회계학과 교수
고려대학교에서 경영학 박사학위를 취득했다. 2018년부터 숭실대학교 경영대학 회계학과 교수로 재직 중이다. 현재 「회계정보연구」 편집위원을 맡고 있다.

박종성 숙명여자대학교 경영학부 교수
연세대학교에서 경영학 박사학위를 취득했다. 전주대학교에서 조교수를 역임했으며, 2000년부터 숙명여자대학교 경영학부 교수로 재직 중이다. 현재 한국회계학회 회계경쟁력강화위원회 위원장, 한국세무학회 부회장, 「회계정책연구」 편집위원장 등을 맡고 있으며, 기획재정부 세제발전심의위원회 위원, 조세심판원 비상임심판관, 한국공인회계사회 위탁감리위원, 한국공인회계사회 회계연구위원회 위원장 등으로도 활동하고 있다.

송민섭 서강대학교 경영대학 교수
미국 시라큐스대학교에서 경영학(회계) 박사학위를 취득했다. 미국 아이다호주립대에서 조교수를 역임하고 2007년부터 서강대학교 교수로 재직 중이다. 재무회계를 전공하고 있으며 The Accounting Review와 Management Science 등 다수의 학술지에 논문에 게재하였다. 회계학연구 편집위원장, 경영학연구 회계분야 편집위원장, 금융감독원 자문교수, 금융위원회 회계제도심의위원회 위원 등의 활동을 하였다.

이영한 서울시립대학교 세무학과 교수
연세대학교에서 경영학 박사학위를 취득했다. KPMG산동회계법인과 한국기업평가에서 공인회계사로 근무했고, 2006년부터 서울시립대 세무학과 교수로 재직 중이다. 회계감독과 회계감사제도에 대하여 관심을 두고 연구를 수행하고 있다. 현재 한국세무학회 「세무와 회계저널」 편집위원장, 금융위원회 감리위원, 한국회계기준원 회계기준자문위원회 자문위원, 한국거래소 코스닥시장본부 기업심사위원회 위원 등을 맡고 있으며, 기획재정부, 국토부, 서울시 및 인천시 공공기관 평가위원, 중부지방국세청 국세심사위원, 한국공인회계사회 교육연수위원회 위원 등으로도 활동한 바 있다.

조성표 경북대학교 경영학부 교수

연세대학교와 KAIST에서 수학하였다. 공인회계사이며, 경북대학교 기획처장, BK21 사업단장, 기독교학문연구회 학회장, 미국회계학회 국제위원회 위원, 한국회계학회 37대 회장을 역임하였다. 현재 대성홀딩스 감사위원장, KAIST 이사를 맡고 있다. 주요 저서로는 캘리포니아주립대 심재강(Jae K. Shim) 교수와 공저로 「공학회계」, 杉本德榮와 공저로 「韓國企業の IFRS 導入」, 4인 공저로 「IFRS 중급회계」를 출간하였다. 1992년 「Fulbright Research Award」, 2003년 한국가상캠퍼스 「Best Teacher 상」, 2002년 한국회계학회 「회계저널 우수논문상」, 2016년 한국경영학회 「60주년기념 최우수논문상」, 2018년 The Asian Accounting Associations에서 「Best Paper Award」를 수상하였다.

한승수 고려대학교 경영대학 교수

미국 일리노이대학교에서 회계학 박사학위를 취득하고 싱가포르 경영대학에서 조교수를 역임하였다. 2009년부터 고려대학교 경영대학에서 재직하고 있으며 국제회계, 재무보고 품질 및 공시, 기업지배구조 및 경영자 보상 등에 대한 연구와 강의를 수행하고 있다. 현재 한국회계학회 회계법률위원장, 금융감독원 회계심의위원회 위원, 한국공인회계사회 회계연구위원회 위원, 한국회계정책학회 부회장 등을 맡고 있으며 다수의 국내외 회계관련 소송의 전문가 증인으로 활동한 바 있다.

원칙중심 회계 : 부딪혀야 빛을 낸다

2020년 5월 10일 제 1 판 1쇄 인쇄
2020년 5월 15일 제 1 판 1쇄 발행

저 자 한국회계학회
발행인 권 영 섭
발행처 (주)**신 영 사**

경기도 파주시 심학산로 12(출판문화단지)
등 록 : 1988. 5. 2 / 제406-1988-000020호
전 화 : 031-946-2894(代)
F A X : 031-946-0799
e-mail : sys28945@naver.com
홈페이지 : http://www.shinyoungsa.co.kr

㈜신영사

정가 **17,000**원

ISBN 978-89-5501-733-5